CODE

DE LA

LÉGISLATION FORESTIÈRE

CODE

DE LA

LÉGISLATION FORESTIÈRE

LOIS — DÉCRETS — ORDONNANCES
AVIS DU CONSEIL D'ÉTAT ET RÈGLEMENTS

EN MATIÈRE DE

FORÊTS — CHASSE — LOUVETERIE
DUNES ET REBOISEMENTS

PAR

A. PUTON
Directeur et Professeur de Droit à l'École nationale forestière

PUBLIÉ SOUS LES AUSPICES DE LA DIRECTION DES FORÊTS

PARIS
J. ROTHSCHILD, ÉDITEUR
13, RUE DES SAINTS-PÈRES, 13

1883

Strasbourg, typ. G. Fischbach. — 2928.

TABLE DES MATIÈRES.

CODE FORESTIER.

APPENDICE.

ORGANISATION MILITAIRE.

ORDONNANCE RÈGLEMENTAIRE.

CHASSE ET LOUVETERIE.

DUNES.

REBOISEMENT.

ADDITIONS.

ABRÉVIATIONS

Civ.	Code civil.
C. Pén.	Code pénal.
Pr.	Code de procédure civile.
I. cr.	Code d'instruction criminelle.
Ch.	Loi de 1844 sur la chasse.
L. R.	Loi de 1860 sur le reboisement.
L. G.	Loi de 1864 sur le gazonnement.
O. *ou* O. R.	Ordonnance règlementaire de 1827.
D. R.	Décret de 1864 sur le reboisement.
F.	Code forestier.

ERRATA

P. 350, lig. 11 : *au lieu de* avis du Conseil d'État du 11 prairial an VIII, *lisez* 25 prairial an XIII.

P. 433, lig. 6 : *après le mot* infractions, *ajoutez* aux mises en défens, aux règlements.

CODE FORESTIER

Loi du 21 Mai 1827, promulguée le 31 Juillet suivant.

TITRE PREMIER

DU RÉGIME FORESTIER.

Art. 1er. — Sont soumis au régime forestier et seront administrés conformément aux dispositions de la présente loi :

1° Les bois et forêts qui font partie du domaine de l'État (F. 8) ;

2° Ceux qui font partie du domaine de la Couronne (F. 86) ;

3° Ceux qui sont possédés à titre d'apanage et de majorats réversibles à l'État (F. 89) ;

4° Les bois et forêts des communes et des sections de communes (F. 90) ;

5° Ceux des établissements publics (F. 90) ;

6° Les bois et forêts dans lesquels l'État, la Couronne, les communes ou les établissements publics ont des droits de propriété indivis avec des particuliers (F. 113 ; O. 147).

Loi du 14 ventôse an vii, relative aux domaines engagés. — Art. 13. Les engagistes et les échangistes. . . sont tenus, à peine d'être déchus de la faculté portée en l'article suivant, de faire dans le mois, à l'administration centrale du département où sont situés les biens engagés ou échangés, ... la déclaration générale des fonds faisant l'objet de leur engagement, échange ou autre titre de concession.

Art. 14. — Ceux qui auront fait la déclaration ci-dessus pourront, dans le mois suivant, faire devant la même administration la soumission irrévocable de payer en numéraire métallique le quart de la valeur desdits biens, estimés comme il sera dit ci-après, avec renonciation à toute imputation, compensation, distinction de finance ou amélioration.

Avis du conseil d'état du 12 floréal an xiii relatif aux engagistes de forêts domaniales au-dessus de 150 hectares. Le Conseil d'État, ... vu la loi du 11 pluviôse an XII, révoquant le sursis porté par celle du 14 ventôse an VII, ... vu l'article 5, titre XII, ordonnance 1669 . . . . . Est d'avis que, dans l'expertise des bois dont il s'agit, il doit être formé deux prix : l'un du quart de la valeur du bois, non compris la futaie, l'autre de la totalité de la valeur des futaies; et que les engagistes, pour devenir propriétaires incommutables de la futaie et du taillis, doivent être astreints au paiement du montant des deux estimations.

Art. 2. — Les particuliers exercent sur leurs bois tous les droits résultant de la propriété, sauf les restrictions qui seront spécifiées dans la présente loi. (F. 117 s., 124, 136, 219 s. Voy. *Appendice.*)

TITRE II.

DE L'ADMINISTRATION FORESTIÈRE.

Art. 3. — Nul ne peut exercer un emploi forestier s'il n'est âgé de 25 ans accomplis; néanmoins les élèves sortant de l'École forestière pourront obtenir des dispenses d'âge. (F. 4, 5; O. 11 s., 50.)

Loi du 27 juillet 1872. — Art. 71. Tout homme ayant passé sous les drapeaux douze ans, dont quatre au moins avec le grade de sous-officier, reçoit du chef de corps un certificat en vertu duquel il obtient, au fur et à mesure des vacances, un emploi civil ou militaire en rapport avec ses aptitudes ou son instruction.

Lois des 24 juillet — 8 août 1873. — Art. 1er. Les emplois civils et militaires désignés aux états annexés à la présente loi sont exclusivement attribués, dans la proportion des vacances annuelles et dans les conditions d'admissibilité déterminées auxdits états, aux sous-officiers ayant passé douze ans sous les drapeaux dans l'armée active, dont quatre avec le grade de sous-officier.

Forêts : Gardes domaniaux. — Savoir rédiger un procès-verbal, rithmétique (quatre règles) et système décimal. 36 ans. — 3/4 des emplois.

Gardes forestiers dans le service sédentaire. — Bonne écriture et orthographe. 36 ans. — 3/4.

Art. 2. — Tout sous-officier en situation de remplir à l'expiration de son rengagement les conditions déterminées en l'article précédent, et qui veut obtenir un des emplois portés aux états annexés à la présente loi, en fait, dans les douze mois qui précèdent le terme de son rengagement, la demande par écrit à son chef de corps, en indiquant par ordre de préférence les divers emplois auxquels il pourrait être appelé et les localités dans lesquelles il désire être placé.

Art. 3. — Un règlement d'administration publique déterminera le mode de l'examen destiné à constater l'aptitude professionnelle du candidat. . . . .

Art. 4. — Lorsque l'emploi demandé exige un surnumérariat, le sous-officier peut être mis en subsistance dans un corps et autorisé à travailler dans un des bureaux de l'administration dans laquelle il a été admis.

Un règlement du ministre de la guerre détermine les conditions dans lesquelles cette autorisation peut être accordée.

Art. 5. — Tout sous-officier remplissant les conditions déterminées à l'article 71 de la loi du 27 juillet 1872, qui quitte son corps sans avoir demandé un des emplois portés aux états annexés, reçoit, s'il le réclame, le certificat mentionné audit article, après avoir été examiné conformément à l'article 3 ci-dessus.

S'il désire ultérieurement obtenir un de ces emplois, il en adresse la demande au ministre de la guerre, par l'intermédiaire du commandant de la gendarmerie du département dans lequel il est domicilié.

Le sous-officier subit alors l'examen prescrit par l'article 3, et sa demande est classée à sa date.

Art. 6. . . . . . et s.

Art. 4. — Les emplois de l'administration forestière sont incompatibles avec toutes autres fonctions, soit administratives, soit judiciaires. (O. 31 à 33.)

4° Loi du 5 mai 1855. — Art. 5. Ne peuvent être ni maires, ni adjoints, ... 6° les agents et employés des administrations financières et des forêts, ainsi que les gardes des établissements publics et des particuliers.

Loi des 10-29 août 1871. — Art. 8. — Ne peuvent être élus membres du Conseil général : . . . . 15° Les conservateurs, inspecteurs et autres agents des eaux et forêts dans les cantons de leur ressort.

Loi des 21-24 novembre 1872. — Art. 3. — Les fonctions de jurés sont incompatibles avec celles . . . . de fonctionnaire ou préposé du service actif des forêts de l'État.

Loi des 30 novembre—31 décembre 1875. — Art. 8. L'exercice des fonctions publiques rétribuées sur les fonds de l'État est incompatible avec le mandat de député.

Art. 5. — Les agents et préposés de l'administration forestière ne pourront entrer en fonctions qu'après avoir prêté serment devant le tribunal de première instance de leur résidence et avoir fait enregistrer leur commission et l'acte de prestation de leur serment au greffe des tribunaux dans le ressort desquels ils devront exercer leurs fonctions. (Pén. 196.)

Dans le cas d'un changement de résidence qui les placerait dans un autre ressort en la même qualité, il n'y aura pas lieu à une autre prestation de serment. (F. 3, 87, 99, 117, 160; O. 24; I. Cr. 16, 190.)

LOI DU 22 FRIMAIRE AN VII. — Art. 68. Les actes compris sous cet article seront enregistrés et les droits payés ainsi qu'il suit : . . . . . § 3. *Actes sujets au droit fixe de trois francs ;* . . . . . 3° Les prestations de serment des . . . . . gardes forestiers et gardes champêtres pour entrer en fonctions ; . . . . . § 6. *Actes sujets au droit fixe de quinze francs* ; . . . . . 4° Les prestations de serment . . . . . de tous employés salariés par la République autres que ceux compris dans le § 3, n° 3, pour entrer en fonctions.

Aux termes de l'article 14 de la loi du 27 ventôse an IX, « les actes de prestation de serment sont soumis à l'enregistrement sur les minutes, dans les vingt jours de leur date, sous les obligations et peines portées aux articles 33 et 37 de la loi du 22 frimaire an XII. »

LOI DES 28-29 FÉVRIER 1872. — Art. 4. Les divers droits fixes auxquels sont assujettis par les lois en vigueur les actes civils, administratifs ou judiciaires (*ou extrajudiciaires*, loi des 19-20 février 1874, art. 2), autres que ceux dénommés en l'article 1er (*droits gradués*), sont augmentés de moitié.

Les actes de prestation de serment des gardes des particuliers et des agents salariés par l'État, les départements et les communes, dont le traitement et ses accessoires n'excèdent pas 1500 francs, ne seront soumis qu'à un droit de 3 francs.

Art. 6. — Les gardes sont responsables des délits, dégâts et abroutissements qui ont lieu dans leur triage, et passibles des amendes et indemnités encourues par les délinquants, lorsqu'ils n'ont pas dûment constaté les délits. (F. 31, 134, 143, 160, 165 à 167, 170, 175 à 178, 186, 191; O. 39; I. Cr. 182; Civ. 1382 et 1383 *sur la responsabilité en général.*)

Art. 7. — L'empreinte de tous les marteaux dont les agents et les gardes forestiers font usage, tant pour la marque des bois de délit et des chablis que pour les opérations de balivage et de martelage, est déposée au greffe des tribunaux, savoir :

Celle des marteaux particuliers dont les agents et gardes sont pourvus, au greffe des tribunaux de première instance dans le ressort desquels ils exercent leurs fonctions;

Celle du marteau royal uniforme, aux greffes des tribunaux de première instance et des cours royales. (O. 36, 37, 79.)

Code pénal. — Art. 140. Ceux qui auront contrefait ou falsifié soit un ou plusieurs timbres nationaux, soit les marteaux de l'État servant aux marques forestières, ... ou qui auront fait usage des . . . . . timbres, marteaux ou poinçons falsifiés ou contrefaits, seront punis des travaux forcés à temps, dont le *maximum* sera toujours appliqué dans ce cas.

Art. 141. — Sera puni de la réclusion, quiconque s'étant indûment procuré les vrais timbres, marteaux ou poinçons ayant l'une des destinations exprimées en l'article 140, en aura fait une application ou un usage préjudiciable aux droits ou intérêts de l'État. (Voy. Pén. 439, *Destruction des actes de l'autorité publique ;* Pén. 401, *Vol et filouterie.*)

TITRE III.

DES BOIS ET FORÊTS QUI FONT PARTIE DU DOMAINE DE L'ÉTAT.

SECTION PREMIÈRE.

DE LA DÉLIMITATION ET DU BORNAGE.

Art. 8. — La séparation entre les bois et forêts de l'État et les propriétés riveraines pourra être requise, soit par l'administration forestière, soit par les propriétaires riverains. (F. 1, 9, 113, 115; O. 57, 129. Voy. Civ. 646. *Bornage des propriétés contiguës.*)

ORDONNANCE DE 1669. — Titre XXVII.

Art. 4. — Tous les riverains possédant bois joignants nos forêts et buissons seront tenus de les séparer des nôtres par des fossés ayant quatre pieds de largeur et cinq pieds de profondeur, qu'ils entretiendront en cet état, à peine de réunion. (F. 218.)

Cet article a été rendu applicable aux forêts nationales venant des gens de mainmorte et des émigrés par arrêté du Directoire exécutif du 19 pluviôse an VI. (7 févr. 1798.)

Art. 9. — L'action en séparation sera intentée, soit par l'État, soit par les propriétaires riverains, dans les formes ordinaires.

Toutefois, il sera sursis à statuer sur les actions partielles, si l'administration forestière offre d'y faire droit dans le délai de six mois, en procédant à la délimitation générale de la forêt. (O. 57, 58; Pr. 49 1°, 59, 69.)

LOI DU 25 MAI 1838. — Art. 6. — Les juges de paix connaissent, en outre, à charge d'appel : . . . . 2° Des actions en bornage . . . . . lorsque la propriété ou les titres qui l'établissent ne sont pas contestés.

Art. 10. — Lorsqu'il y aura lieu d'opérer la délimitation générale et le bornage d'une forêt de l'État, cette opération sera annoncée deux mois d'avance par un arrêté du préfet, qui sera publié et affiché dans les communes limitrophes, et signifié au domicile des propriétaires riverains ou à celui de leurs fermiers, gardes ou agents. (Pr. 1033.)

Après ce délai, les agents de l'administration forestière procéderont à la délimitation, en présence ou en l'absence des propriétaires riverains (F. 12; O. 59, 60.)

LOI DU 25 VENTÔSE AN XI. — Art. 1er . . . . Le caractère d'authenticité est attaché à tous les actes de l'autorité publique. (Civ. 1325.)

Art. 11. — Le procès-verbal de la délimitation sera immédiatement déposé au secrétariat de la préfecture, et par extrait au secrétariat de la sous-préfecture, en ce qui concerne chaque arrondissement. Il en sera donné avis par un arrêté du préfet, publié et affiché dans les communes limitrophes. Les intéressés pourront en prendre connaissance et former leur opposition dans le délai d'une année, à dater du jour où l'arrêté aura été publié.

Dans le même délai, le gouvernement déclarera s'il approuve ou s'il refuse d'homologuer ce procès-verbal en tout ou en partie.

Sa déclaration sera rendue publique de la même manière que le procès-verbal de la délimitation. (F. 13; O. 60 à 65.)

Art. 12. — Si, à l'expiration de ce délai, il n'a été élevé aucune réclamation par les propriétaires riverains contre le procès-verbal de délimitation, et si le gouvernement n'a pas déclaré son refus d'homologuer, l'opération sera définitive.

Les agents de l'administration forestière procéderont dans le mois suivant au bornage, en présence des parties intéressées, ou elles dûment appelées par un arrêté du préfet, ainsi qu'il est prescrit par l'article 10. (O. 60, 65.)

Art. 13. — En cas de contestations élevées, soit pendant les opérations, soit par suite d'oppositions formées par les riverains, en vertu de l'article 11, elles seront portées par les parties intéressées devant les tribunaux compétents, et il sera sursis à l'abornement jusqu'après leur décision.

Il y aura également lieu au recours devant les tribunaux de la part des propriétaires riverains, si dans le cas prévu par l'article 12, les agents forestiers se refusaient à procéder au bornage. (O. 64, 132.)

AVIS DU CONSEIL D'ÉTAT DU 16 FÉVRIER 1831. — Lorsqu'il aura été élevé des contestations contre un procès-verbal de délimitation générale sans que les opposants fassent, dans un court délai, aucune démarche ultérieure, le préfet instruira l'affaire conformément à la décision du 16 mai 1821 (*actuellement : règl. min. du 3 juillet 1834 et ord. du 24 mai 1838*) et à l'article 64, O. R.; puis il fera signifier aux opposants, chacun en ce qui le concerne, un extrait du procès-verbal de délimitation qui, pour faire prononcer la main-levée des oppositions, contiendra assignation à comparaître devant le tribunal de la situation de l'objet litigieux, pour être ensuite statué ou pris tel parti qu'il appartiendra aux fins de passer outre à l'abornement. (Pr. 77, 78. F. 182.)

LOI DU 13 BRUMAIRE AN VII. — Art. 29. — Le timbre des quittances fournies à la République est à la charge des particuliers qui les donnent; il en est de même pour tous les autres actes entre la République et les citoyens.

Art. 14. — Lorsque la séparation ou délimitation sera effectuée par un simple bornage, elle sera faite à frais communs.

Lorsqu'elle sera effectuée par des fossés de clôture, ils seront exécutés aux frais de la partie requérante et pris en entier sur son terrain. (F. 8; O. 66. Voy. civ. 666, *Fossés, présomption de mitoyenneté ;* civ. 667, *Marque de non-mitoyenneté;* civ. 668, *Présomption de propriété;* civ. 669, *Entretien du fossé mitoyen;* Pén. 456, *Comblement de fossés, destruction de clôtures, de bornes et d'arbres corniers.*)

Loi des 22 décembre 1789 — 8 janvier 1790. — *Section III*, Art. 1. — Les administrations départementales sont chargées sous l'autorité et l'inspection du Roi, comme chef suprême de la nation et de l'administration générale du royaume, de toutes les parties de cette administration, notamment de celles qui sont relatives . . . 5° à la conservation des proprétés publiques, 6° à celles des forêts, rivières, chemins et autres choses communes. (*Délimitation administrative.*)

SECTION II.

DE L'AMÉNAGEMENT.

Art. 15. — Tous les bois et forêts du domaine de l'État sont assujettis à un aménagement réglé par des ordonnances royales. (F. 16; O. 67 à 72, 135.)

Avis du Conseil d'État du 12-25 prairial an XIII. — Les décrets qui ne sont point insérés au *Bulletin des lois* ou qui n'y sont indiqués que par leurs titres, ne sont obligatoires que du jour où il en est donné connaissance aux personnes qu'ils concernent par publication, affiche, notification ou signification ou envois faits et ordonnés par les fonctionnaires publics, chargés de l'exécution.

Art. 16. — Il ne pourra être fait dans les bois de l'État aucune coupe extraordinaire quelconque, ni aucune coupe de quarts en réserve ou de massifs réservés par l'aménagement pour croître en futaie, sans une ordonnance spéciale du roi, à peine de nullité des ventes; sauf le recours des adjudicataires, s'il y a lieu, contre les fonctionnaires ou agents qui auraient ordonné ou autorisé ces coupes.

Cette ordonnance spéciale sera insérée au *Bulletin des lois*. (F. 15, 88 à 93, 113; O. 7, 71, 73, 83, 85.)

SECTION III.

DES ADJUDICATIONS DES COUPES.

Art. 17. — Aucune vente ordinaire ou extraordinaire ne pourra avoir lieu dans les bois de l'État que par voie d'adjudication publique, laquelle devra être annoncée, au moins quinze jours d'avance, par des affiches apposées dans le chef-lieu du département, dans le lieu de la vente, dans la commune de la situation des bois et dans les communes environnantes. (F. 18, 19, 100, 205; O. 73 à 85. Voy. Civ. 1582 s., *De la vente.*)

Civ. 521. — Les coupes ordinaires des bois taillis ou de futaies mises en coupes réglées ne deviennent meubles qu'au fur et à mesure que les bois sont abattus. (Civ. 529.)

Art. 18. — Toute vente faite autrement que par adjudication publique sera considérée comme vente clandestine et déclarée nulle. Les fonctionnaires et agents qui auraient ordonné ou effectué la vente seront condamnés solidairement à une amende de 3000 francs au moins et de 6000 francs au plus, et l'acquéreur sera puni d'une amende égale à la valeur des bois vendus. (F. 19, 53, 203, 205, 207. Voy. Civ. 1149, *Dommages-intérêts;* Civ. 1200, *Solidarité;* Civ. 1304, *Délai général de l'action en nullité:* I. cr. 637, 638, *Prescription de l'action civile née du délit.*)

Art. 19. — Sera de même annulée, quoique faite par adjudication publique, toute vente qui n'aura point été précédée des publications et affiches prescrites par l'article 17, ou qui aura été effectuée dans d'autres lieux ou à un autre jour que ceux qui auront été indiqués par les affiches ou les procès-verbaux de remise de vente.

Les fonctionnaires ou agents qui auraient contrevenu à ces dispositions seront condamnés solidairement à une amende de 1000 à 3000 francs ; et une amende pareille sera prononcée contre les adjudicataires, en cas de complicité. (F. 18, 21, 53, 81, 186, 203, 205. Voy. Pén. 59 s., *Complicité;* Pén. 55, *Condamnation solidaire.*

Art. 20. — LOI DU 4 MAI 1837. Toutes les contestations qui pourront s'élever pendant les opérations d'adjudication, soit sur la validité desdites opérations, soit sur la solvabilité de ceux qui auront fait des offres et de leurs cautions, seront décidées immédiatement par le fonctionnaire qui présidera la séance d'adjudication.

Ancien article 20. — Toutes les contestations qui pourront s'élever pendant les opérations d'adjudication, sur la validité des enchères ou sur la solvabilité des enchérisseurs et des cautions, seront décidées immédiatement par le fonctionnaire qui présidera la séance d'adjudication.

Art. 21. — Ne pourront prendre part aux ventes, ni par eux-mêmes ni par personnes interposées, directement ou indirectement, soit comme parties principales, soit comme associés ou cautions :

1° Les agents et gardes forestiers et les agents forestiers de la marine, dans toute l'étendue du royaume; les fonctionnaires chargés de présider ou de concourir aux ventes, et les receveurs du produit des coupes, dans toute l'étendue du territoire où ils exercent leurs fonctions ;

En cas de contravention, ils seront punis d'une amende qui ne pourra excéder le quart ni être moindre du douzième du montant de l'adjudication, et ils seront en outre passibles de l'emprisonnement et de l'interdiction qui sont prononcés par l'article 175 du Code pénal ;

2° Les parents et alliés en ligne directe, les frères et beaux-frères, oncles et neveux des agents et gardes forestiers et des agents forestiers de la marine, dans toute l'étendue du territoire pour lequel ces agents ou gardes sont commissionnés ;

En cas de contravention, ils seront punis d'une amende égale à celle qui est prononcée par le paragraphe précédent ;

3° Les conseillers de préfecture, les juges, officiers du ministère public et greffiers des tribunaux de première instance, dans tout l'arrondissement de leur ressort ;

En cas de contravention, ils seront passibles de tous dommages-intérêts, s'il y a lieu.

Toute adjudication qui serait faite en contravention aux dispositions du présent article, sera déclarée nulle. (F. 19, 29, 101, 205, 207 ; O. 31.)

PÉN. 175. — Tout fonctionnaire, tout officier public, out agent du gouvernement qui, soit ouvertement, soit par des actes simulés, soit par interposition de personnes, aura pris ou reçu quelque intérêt que ce soit dans les actes, adjudications, entreprises ou régies dont il avait, au temps de l'acte, en tout ou en partie, l'administration ou la surveillance, sera puni d'un emprisonnement de six mois au moins et de deux ans au plus, et sera condamné à une amende qui ne pourra excéder le quart des restitutions et des indemnités ni être au-dessous du douzième. — Il sera, de plus, déclaré à jamais incapable d'exercer aucune fonction publique. (Pén. 176; voy. Civ. 488, *Capacité civile*; Civ. 1596, *Incapacités relatives, générales.*)

Art. 22. — Toute association secrète ou manœuvre entre les marchands de bois ou autres tendant à nuire aux enchères, à les troubler ou à obtenir les bois à plus bas prix, donnera lieu à l'application des peines portées par l'article 412 du Code pénal, indépendamment de tous dommages-intérêts; et si l'adjudication a été faite au profit de l'association secrète ou des auteurs desdites manœuvres, elle sera déclarée nulle. (Pén. 463.)

Pén. 412. — Ceux qui dans les adjudications de la propriété de l'usufruit ou de la location des choses mobilières ou immobilières, d'une entreprise d'une fourniture, d'une exploitation ou d'un service quelconque, auront entravé ou troublé la liberté des enchères ou des soumissions par voie de fait, violences ou menaces, soit avant, soit pendant les enchères ou les soumissions, seront punis d'un emprisonnement de quinze jours au moins, de trois mois au plus, et d'une amende de

100 francs au moins et de 5000 francs au plus. — La même peine aura lieu contre ceux qui par dons ou promesses auront écarté les enchérisseurs. (Pén. 60, 177; Com. 47, s., *Sociétés en participation*.)

Art. 23. — Aucune déclaration de command ne sera admise si elle n'est faite immédiatement après l'adjudication et séance tenante. (P. 17.)

Loi du 22 frimaire an VII. — Art. 69. — Les actes et mutations compris sous cet article seront enregistrés et les droits proportionnels payés, savoir.... § 7, n° 3. Les déclarations ou élections de command ou d'ami, par suite d'adjudication ou contrat de vente de biens immeubles, autres que celles des domaines nationaux, si la déclaration est faite après les vingt-quatre heures de l'adjudication ou du contrat ou lorsque la faculté d'élire un command n'y a pas été réservée.

Loi du 28 avril 1816. — Art. 44. — Sont sujets au droit fixe de 3 francs. (Voy. loi 28 févr. 1872. F. 5.)
. . . . . 3° Les déclarations de command, lorsque la faculté d'élire un command a été réservée dans l'acte d'adjudication et que la déclaration est faite par acte public notifié dans les vingt-quatre heures de l'adjudication ou du contrat.

Art. 24. — Faute par l'adjudicataire de fournir les cautions exigées par le cahier des charges dans le délai prescrit, il sera déclaré déchu de l'adjudication par un arrêté du préfet, et il sera procédé, dans les formes ci-dessus prescrites, à une nouvelle adjudication de la coupe à sa folle enchère.

L'adjudicataire déchu sera tenu, par corps, de la différence entre son prix et celui de la revente, sans pouvoir réclamer l'excédent, s'il y en a. (F. 28, 40, 41, 46, 185, 206; civ. 2011 s., *Cautionnement; loi du 22 juillet 1867, Abolition de la contrainte par corps*; Pr. 733 s., *Folle enchère.*)

Art. 25. — Loi du 4 mai 1837. Toute adjudication sera définitive du moment où elle sera prononcée, sans que, dans aucun cas, il puisse y avoir lieu à surenchère. (Civ. 1583 s., *Vente parfaite;* civ. 1585, *Vente à la mesure et au compte.*)

Ancien article 25. — Toute personne capable et reconnue solvable sera admise, jusqu'à l'heure de midi du lendemain de l'adjudication, à faire une offre de surenchère, qui ne pourra être moindre du cinquième du montant de l'adjudication.

Dès qu'une pareille offre aura été faite, l'adjudicataire et les surenchérisseurs pourront faire de semblables déclarations de simple surenchère jusqu'à l'heure de midi du surlendemain de l'adjudication, heure à laquelle le plus offrant restera définitivement adjudicataire.

Toutes déclarations de surenchères devront être faites au secrétariat qui sera indiqué par le cahier des charges, et dans les délais ci-dessus fixés; le tout sous peine de nullité.

Le secrétaire commis à l'effet de recevoir ces déclarations sera tenu de les consigner immédiatement sur un registre à ce destiné, d'y faire mention expresse du jour et de l'heure précise où il les aura reçues, et d'en donner communication à l'adjudicataire et aux surenchérisseurs, dès qu'il en sera requis ; le tout sous peine de 300 francs d'amende, sans préjudice de plus fortes peines en cas de collusion.

En conséquence, il n'y aura lieu à aucune signification des déclarations de surenchère, soit par l'administration, soit par les adjudicataires et surenchérisseurs.

Art. 26. — Loi du 4 mai 1837. Les divers modes d'adjudication seront déterminés par une ordonnance royale ; ces adjudications auront toujours lieu avec publicité et libre concurrence. (Ord. 26 nov. 1836 ; O. R. 87.)

Ancien article 26. — Toutes contestations au sujet de la validité des surenchères seront portées devant les Conseils de préfecture.

Art. 27. — Loi du 4 mai 1837. Les adjudicataires sont tenus, au moment de l'adjudication, d'élire domicile dans le lieu où l'adjudication aura été faite ; à défaut de quoi, tous actes postérieurs leur seront valablement signifiés au secrétariat de la sous-préfecture. (Civ. 9, 74, 103, 107, 108, 109, 110, 111, 175, 1258, 1264 ; Pr. 35, 59, 61, *Domicile.*)

Ancien article 27. — Les adjudicataires et surenchérisseurs sont tenus, au moment de l'adjudication ou de leurs déclarations de surenchère, d'élire domicile dans le lieu où l'adjudication aura été faite ; faute par eux de le faire, tous actes postérieurs leur seront valablement signifiés au secrétariat de la sous-préfecture.

Art. 28. — Tout procès-verbal d'adjudication emporte exécution parée et contrainte par corps contre les adjudicataires, leurs associés et cautions, tant pour le paiement du prix principal de l'adjudication que pour accessoires et frais.

Les cautions sont en outre contraignables, solidairement et par les mêmes voies, au paiement des dommages, restitutions et amendes qu'aurait encouru l'adjudicataire. (F. 24, 45, 46, 211 s. ; loi du 22 juillet 1867.)

SECTION IV.

DES EXPLOITATIONS.

Art. 29. — Après l'adjudication, il ne pourra être fait aucun changement à l'assiette des coupes, et il n'y sera ajouté aucun arbre ou portion de bois, sous quelque prétexte que ce soit, à peine, contre l'adjudicataire, d'une amende égale au triple de la valeur des bois non compris dans l'adjudication, et sans préjudice de la restitution de ces mêmes bois ou de leur valeur.

Si les bois sont de meilleure nature ou qualité, ou plus âgés que ceux de la vente, il paiera l'amende comme pour bois coupé en délit et une somme double à titre de dommages-intérêts.

Les agents forestiers qui auraient permis ou toléré ces additions ou changements seront punis de pareille amende, sauf l'application, s'il y a lieu, de l'article 207 de la présente loi. (F. 192 à 194, 198; O. 74 à 81.)

Art. 30. — Les adjudicataires ne pourront commencer l'exploitation de leurs coupes avant d'avoir obtenu, par écrit, de l'agent forestier local, le permis d'exploiter, à peine d'être poursuivis comme délinquants pour les bois qu'ils auraient coupés. (F. 192 à 194; O. 92.)

Art. 31. — Chaque adjudicataire sera tenu d'avoir un facteur ou garde-vente, qui sera agréé par l'agent forestier local et assermenté devant le juge de paix.

Ce garde-vente sera autorisé à dresser des procès-verbaux, tant dans la vente qu'à l'ouïe de la cognée. Ses procès-verbaux seront soumis aux mêmes formalités que ceux des gardes forestiers et feront foi jusqu'à preuve contraire.

L'espace appelé l'*ouïe de la cognée* est fixé à la distance de 250 mètres, à partir des limites de la coupe. (F. 6, 44 à 46, 165 à 170; O. 94.)

Enregistrement de la commission : droit de 2 francs (loi du 28 avril 1816, art. 43), porté à 3 francs par la loi du 28 février 1872; les décimes en plus. (F. 5.)

Enregistrement de l'acte de serment: droit de 1 franc (déc. min. 12 déc. 1810. Loi 22 frim. an VII, Sol. conforme enreg. 1er sept. 1875), porté à 1 fr. 50 c. par la loi du 28 février 1872; les décimes en plus.

Art. 32. — Tout adjudicataire sera tenu, sous peine de 100 francs d'amende, de déposer chez l'agent forestier local et au greffe du tribunal de l'arrondissement l'empreinte du marteau destiné à marquer les arbres et bois de sa vente.

L'adjudicataire et ses associés ne pourront avoir plus d'un marteau pour la même vente, ni en marquer d'autres bois que ceux qui proviendront de cette vente, sous peine de 500 francs d'amende. (F. 43; O. 95.)

Art. 33. — L'adjudicataire sera tenu de respecter tous les arbres marqués ou désignés pour demeurer en réserve, quelle que soit leur qualification, lors même que le nombre en excéderait celui qui est porté au procès-verbal de martelage, et sans que l'on puisse admettre, en compensation d'arbres coupés en contravention, d'autres arbres non réservés que l'adjudicataire aurait laissés sur pied. (F. 34, 192; O. 78 s., 81.)

Art. 34. — Les amendes encourues par les adjudicataires, en vertu de l'article précédent, pour abatage ou déficit d'arbres réservés, seront du tiers en sus de celles qui sont déterminées par l'article 192, toutes les fois que l'essence et la circonférence des arbres pourront être constatées. (F. 45, 46.)

Si, à raison de l'enlèvement des arbres et de leurs souches, ou de toute autre circonstance, il y a impossibilité de constater l'essence et la dimension des arbres, l'amende ne pourra être moindre de 50 francs ni excéder 200 francs.

Dans tous les cas, il y aura lieu à la restitution des arbres, ou, s'ils ne peuvent être représentés, de leur valeur, qui sera estimée à une somme égale à l'amende encourue.

Sans préjudice des dommages-intérêts. (F. 28, 192, 198, 202, 204, 205.)

Art. 35. — Les adjudicataires ne pourront effectuer aucune coupe ni enlèvement de bois avant le lever ni après le coucher du soleil, à peine de 100 francs d'amende. (F. 28, 201.)

Art. 36. — Il leur est interdit, à moins que le procès-verbal d'adjudication n'en contienne l'autorisation expresse, de peler ou d'écorcer sur pied aucun des bois de leurs ventes, sous peine de 50 à 500 francs d'amende; et il y aura lieu à la saisie des écorces et bois écorcés, comme garantie des dommages-intérêts, dont le montant ne pourra être inférieur à la valeur des arbres indûment pelés ou écorcés. (F. 196.)

Art. 37. — Toute contravention aux clauses et conditions du cahier des charges, relativement au mode d'abatage des arbres et au nettoiement des coupes, sera punie d'une amende qui ne pourra être moindre de 50 francs, ni excéder 500 francs, sans préjudice des dommages-intérêts. (F. 28, 41, 202; O. 82).

Art. 38. — Les agents forestiers indiqueront, par écrit, aux adjudicataires, les lieux où il pourra être établi des fosses ou fourneaux pour charbon, des loges ou des ateliers; il n'en pourra être placé ailleurs, sous peine, contre l'adjudicataire, d'une amende de 50 francs pour chaque fosse ou fourneau, loge ou atelier établi en contravention à cette disposition. (F. 42, 148.)

Art. 39. — La traite des bois se fera par les chemins désignés au cahier des charges, sous peine, contre ceux qui en pratiqueraient de nouveaux, d'une amende dont le *minimum* sera de 50 francs et le *maximum* de 200 francs, outre les dommages-intérêts. (F. 24, 147, 202 s.; O. 82; Ord. 4 déc. 1844, art. 1er, § 4.)

Art. 40. — La coupe des bois et la vidange des ventes seront faites dans les délais fixés par le cahier des charges, à moins que les adjudicataires n'aient obtenu de l'administration forestière une prorogation de délai; à peine d'une amende de 50 à 500 francs, et, en outre, des dommages-intérêts, dont le montant ne pourra être inférieur à la valeur estimative des bois restés sur pied ou gisant sur les coupes.

Il y aura lieu à la saisie de ces bois, à titre de garantie pour les dommages-intérêts. (F. 41, 46, 202; O. 96.)

Art. 41. — A défaut, par les adjudicataires, d'exécuter, dans les délais fixés par le cahier des charges, les travaux que ce cahier leur impose, tant pour relever et faire façonner les ramiers et pour nettoyer les coupes des épines, ronces et arbustes nuisibles, selon le mode prescrit à cet effet, que pour les réparations des chemins de vidange, fossés, repiquement de places à charbon et autres ouvrages à leur charge, ces travaux seront exécutés à leurs frais, à la diligence des agents forestiers, et sur l'autorisation du préfet, qui arrêtera ensuite le mémoire des frais et le rendra exécutoire contre les adjudicataires pour le paiement. (F. 40, 46, 140, 122; O. 82; Civ. 1139, *Mise en demeure;* 1142 s., *Obligation de faire.*)

Art. 42. — Il est défendu à tous adjudicataires, leurs facteurs et ouvriers, d'allumer du feu ailleurs que dans leurs loges ou ateliers, à peine d'une amende de 10 à 100 francs, sans préjudice de la réparation du dommage qui pourrait résulter de cette contravention. (F. 38, 148, 45, 46.)

Art. 43. — Les adjudicataires ne pourront déposer dans leurs ventes d'autres bois que ceux qui en proviendront, sous peine d'une amende de 100 à 1000 francs.

Art. 44. — Si, dans le cours de l'exploitation ou de la vidange, il était dressé des procès-verbaux de délits ou vices d'exploitation, il pourra y être donné suite sans attendre l'époque du récolement.

Néanmoins, en cas d'insuffisance d'un premier procès-verbal sur lequel il ne sera pas intervenu de jugement, les agents forestiers pourront, lors du récolement, constater par un nouveau procès-verbal les délits et contraventions. (F. 31, 47 s., 134, 143, 165 s., 185.)

Art. 45. — Les adjudicataires, à dater du permis d'exploiter, et jusqu'à ce qu'ils aient obtenu leur décharge, sont responsables de tout délit forestier commis dans leurs ventes et à l'ouïe de la cognée, si leurs facteurs ou garde-ventes n'en font leurs rapports, lesquels doivent être remis à l'agent forestier dans le délai de cinq jours. (F. 6, 28, 31, 34, 46, 47, 51, 187; O. 93, 99.)

Art. 46. — Les adjudicataires et leurs cautions seront responsables et contraignables par corps au paiement des amendes et restitutions encourues pour délits et contraventions commis soit dans la vente, soit à l'ouïe de la cognée, par les facteurs, garde-ventes, ouvriers, bûcherons, voituriers et tous autres employés par les adjudicataires. (F. 28, 31, 34, 40, 206; O. 93, 99; Civ. 1384; Pén. 52.)

SECTION V.

DES RÉARPENTAGES ET RÉCOLEMENTS.

Art. 47. — Il sera procédé au réarpentage et au récolement de chaque vente dans les trois mois qui suivront le jour de l'expiration des délais accordés pour la vidange des coupes.

Ces trois mois écoulés, les adjudicataires pourront mettre en demeure l'administration par acte extrajudiciaire signifié à l'agent forestier local; et si, dans le mois après la signification de cet acte, l'administration n'a pas procédé au réarpentage et au récolement, l'adjudicataire demeurera libéré. (F. 45 à 49, 185; O. 97 s.)

Art. 48. — L'adjudicataire ou son cessionnaire sera tenu d'assister au récolement; et il lui sera, à cet effet, signifié, au moins dix jours d'avance, un acte contenant l'indication des jours où se feront le réarpentage et le récolement : faute par lui de se trouver sur les lieux ou de s'y faire représenter, les procès-verbaux de réarpentage et de récolement seront réputés contradictoires.

Les procès-verbaux de récolement sont des actes administratifs non assujettis à la formalité de l'enregistrement (Loi du 15 mai 1818, art. 80)... à moins qu'ils ne mentionnent des délits ou contraventions, auquel cas ils devraient être enregistrés avant de servir de base à des poursuites. (F. 44, 104.)

Art. 49. — Les adjudicataires auront le droit d'appeler un arpenteur de leur choix pour assister aux opérations du réarpentage : à défaut par eux d'user de ce droit, les procès-verbaux de réarpentage n'en seront pas moins réputés contradictoires. (F. 27, 50 ; O. 97.)

Art. 50. — Dans le délai d'un mois après la clôture des opérations, l'administration et l'adjudicataire pourront requérir l'annulation du procès-verbal pour défaut de forme ou pour fausse énonciation.

Ils se pourvoiront à cet effet devant le Conseil de préfecture, qui statuera.

En cas d'annulation du procès-verbal, l'administration pourra, dans le mois qui suivra, y faire suppléer par un nouveau procès-verbal. (F. 51.)

Art. 51. — A l'expiration des délais fixés par l'article 50, et si l'administration n'a élevé aucune contestation, le préfet délivrera à l'adjudicataire la décharge d'exploitation. (F. 45; O. 99.)

Art. 52. — Les arpenteurs seront passibles de tous dommages-intérêts par suite des erreurs qu'ils auront commises, lorsqu'il en résultera une différence d'un vingtième de l'étendue de la coupe.

Sans préjudice de l'application, s'il y a lieu, des dispositions de l'article 207. (F. 49; O. 97.)

Avis du Conseil d'État (*Comité des finances*) du 22 juin 1831, *approuvé par décision ministérielle du 23 juillet 1831*. — Considérant qu'il importe à l'administration que les opérations des arpenteurs donnent une entière confiance aux adjudicataires; qu'ainsi, les erreurs commises dans le mesurage causent par elles-mêmes un préjudice indépendant des intérêts pécuniaires; que l'administration est, dès lors, fondée à exercer une action civile en réparation des dommages, conformément à la loi des 19 août — 12 septembre 1791, article 8, titre XIV;

Considérant qu'il peut néanmoins se rencontrer des circonstances atténuantes qui engagent l'administration à ne pas user de toute la rigueur du droit qui lui est accordé par la loi précitée et par l'article 52 du Code forestier; que cependant elle ne peut s'en dispenser qu'après avoir rendu compte au ministre des faits qui motivent cette exception, et en avoir obtenu son autorisation spéciale;

Est d'avis, sur la question de savoir par qui l'action doit être intentée : que les attributions de l'administration des forêts sont limitées aux seuls délits et contraventions d'après le titre XI du Code forestier, qu'en conséquence les poursuites à fins civiles ne peuvent être intentées que par l'administration des domaines après qu'une décision ministérielle est intervenue à cet effet.

SECTION VI.

DES ADJUDICATIONS DE GLANDÉE, PANAGE ET PAISSON.

Art. 53. — Les formalités prescrites par la section III du présent titre, pour les adjudications des coupes de bois, seront observées pour les adjudications de glandée, panage et paisson.

Toutefois, dans les cas prévus par les articles 18 et 19, l'amende infligée aux fonctionnaires et agents sera de 100 francs au moins et de 1000 francs au plus, et celle qui aura été encourue par l'acquéreur sera égale au montant du prix de la vente. (F. 17 à 19, 205; O. 84 s., 100, 139.)

Art. 54. — Les adjudicataires ne pourront introduire dans les forêts un plus grand nombre de porcs que celui qui sera déterminé par l'acte d'adjudication, sous peine d'une amende double de celle qui est prononcée par l'article 199. (F. 55, 56, 77, 199, 202.)

Art. 55. — Les adjudicataires seront tenus de faire marquer les porcs d'un fer chaud, sous peine d'une amende de 3 francs par chaque porc qui ne serait point marqué.

Ils devront déposer l'empreinte de cette marque au greffe du tribunal, et le fer servant à la marque, au bureau de l'agent forestier local, sous peine de 50 francs d'amende. (F. 54, 73, 74.)

Art. 56. — Si les porcs sont trouvés hors des cantons désignés par l'acte d'adjudication, ou des chemins indiqués pour s'y rendre, il y aura lieu, contre l'adjudicataire, aux peines prononcées par l'article 199. En cas de récidive, outre l'amende encourue par l'adjudicataire, le pâtre sera condamné à un emprisonnement de cinq à quinze jours. (F. 54, 76, 146, 147, 199.)

Art. 57. — Loi du 18 juin 1859. Il est défendu aux adjudicataires d'abattre, de ramasser ou d'emporter des glands, faînes ou autres fruits, semences ou productions des forêts, sous peine d'une amende double de celle qui est prononcée par l'article 144. (F. 85, 120, 144, 198.)

Il pourra, en outre, être prononcé un emprisonnement de trois jours au plus. (F. 214.)

SECTION VII.

DES AFFECTATIONS A TITRE PARTICULIER DANS LES BOIS DE L'ÉTAT.

Art. 58. — Les affectations de coupes de bois ou délivrances, soit par stères, soit par pieds d'arbre, qui ont été concédées à des communes, à des établissements industriels ou à des particuliers, nonobstant les prohibitions établies par les lois et ordonnances alors existantes, continueront d'être exécutées jusqu'à l'expiration du terme fixé par les actes de concession, s'il ne s'étend pas au delà du 1er septembre 1837.

Les affectations faites au préjudice des mêmes prohibitions, soit à perpétuité, soit sans indication de termes, ou à des termes plus éloignés que le 1er septembre 1837, cesseront à cette époque d'avoir aucun effet.

Les concessionnaires de ces dernières affectations qui prétendraient que leur titre n'est pas atteint par les prohibitions ci-dessus rappelées, et qu'il leur confère des droits irrévocables, devront, pour y faire statuer, se pourvoir devant les tribunaux, dans l'année qui suivra la promulgation de la présente loi, sous peine de déchéance.

Si leur prétention est rejetée, ils jouiront néanmoins des effets de la concession jusqu'au terme fixé par le second paragraphe du présent article.

Dans le cas où leur titre serait reconnu valable par les tribunaux, le gouvernement, quelles que soient la nature et la durée de l'affectation, aura la faculté d'en affranchir les forêts de l'État, moyennant un cantonnement qui sera réglé de gré à gré, ou, en cas de contestation, par les tribunaux, pour tout le temps que devait durer la concession. L'action en cantonnement ne pourra pas être exercée par les concessionnaires. (F. 63; O. 109 à 111.)

Art. 59. — Les affectations faites pour le service d'une usine cesseront en entier, de plein droit et sans retour, si le roulement de l'usine est arrêté pendant deux années consécutives, sauf les cas d'une force majeure dûment constatée. (Civ. 1148.)

Art. 60. — A l'avenir, il ne sera fait dans les bois de l'État aucune affectation ou concession de la nature de celles dont il est question dans les deux articles précédents. (F. 62, 89.)

SECTION VIII.

DES DROITS D'USAGE DANS LES BOIS DE L'ÉTAT.

Art. 61. — Ne seront admis à exercer un droit d'usage quelconque dans les bois de l'État que ceux dont les droits auront été, au jour de la promulgation de la présente loi, reconnus fondés, soit par des actes du gouvernement, soit par des jugements ou arrêts définitifs, ou seront reconnus tels par suite d'instances administratives ou judiciaires actuellement engagées ou qui seraient intentées devant les tribunaux dans le délai de deux ans, à dater du jour de la promulgation de la présente loi, par des usagers actuellement en jouissance. (F. 88, 89, 118 s., 149; Civ. 636.)

LOI DU 28 BRUMAIRE AN VII. — Ordonne aux communes auxquelles des jugements arbitraux ont adjugé des forêts prétendues nationales de produire à l'administration du département ces jugements et pièces justificatives pour être procédé à leur examen et à la révision de ces jugements.

LOI DU 19 GERMINAL AN XI. — Le délai pour y statuer est d'un an, à dater de la remise qui aura été faite des jugements et des pièces. Le même délai est accordé à compter de la publication de la présente loi, pour prononcer sur les jugements et pièces justificatives précédemment produites et sur lesquels il n'a pas été statué. Ces délais expirés, les jugements qui n'auront pas été attaqués par la voie de l'appel auront leur plein et entier effet.

LOI DU 28 VENTÔSE AN XI, relative aux droits de pâturage, pacages et autres usages dans les forêts nationales. — Art. 1er. — Les communes et particuliers qui se prétendront fondés, par titre ou possession, en droits de pâturage, pacage, chauffage et autres usages de bois, tant pour bâtiments que pour réparations, dans les forêts nationales, seront tenus, dans les six mois qui suivront la publication de la présente loi, de produire sous récépissé aux secrétariats des préfectures et sous-préfectures dans l'arrondissement desquelles les forêts prétendues grevées desdits droits se trouvent situées, les titres ou actes possessoires dont ils infèrent l'existence; sinon, et ce délai passé, défenses leur sont faites d'en continuer l'exercice, à peine d'être poursuivis et punis comme délinquants.

Loi du 19 germinal an XI, concernant les communes auxquelles les tribunaux ont adjugé des droits de propriété ou d'usage dans les forêts nationales. — Art. 1er. — Les communes qui ont obtenu, devant les tribunaux civils (en conséquence de la loi du 28 août 1792), des jugements qui leur ont adjugé des droits de propriété ou d'usage, soit dans des forêts nationales, soit dans celles où la République a quelque intérêt, et à l'exécution desquels il a été sursis par la loi du 29 floréal an III, produiront, par devant le préfet de leur département, lesdits jugements dans le délai de six mois, passé lequel lesdits jugements seront regardés comme non avenus.

Art. 2. — Le délai pour y statuer sera d'un an, à dater de la remise... Ce délai expiré, les jugements qui n'auront pas été attaqués par la voie d'appel, auront leur plein et entier effet.

Loi du 14 ventôse an XII prorogeant le délai accordé pour la production des titres de droits d'usage dans les forêts nationales. — Art. 1er. — Le délai que la loi du 28 ventôse an XI accorde, pour la production de leurs titres, aux communes et particuliers qui se prétendent fondés, par titre ou possession, en droits d'usage dans les forêts nationales, est prorogé de six mois, à dater du jour de la publication de la présente loi.

...Art. 3. — Les prétendants aux droits d'usage qui n'auront point satisfait aux dispositions de la loi du 28 ventôse an XI, dans les délais ci-dessus fixés, seront déclarés irrévocablement déchus de tous droits.

Avis approuvé du Conseil d'État du 11 juillet 1810 portant que la loi du 11 germinal an XI a rendu communes aux droits d'usage dans les forêts nationales les formalités prescrites par la loi du 28 brumaire an VII, et qu'il n'y a pas lieu à décision interprétative des lois relatives aux droits d'usage dans les forêts nationales.

Art. 62. — Il ne sera plus fait, à l'avenir, dans les forêts de l'État, aucune concession de droits d'usage, de quelque nature et sous quelque prétexte que ce puisse être. (F. 60, 88, 89, 112, 113.)

Ordonnance de Moulins de février 1566. — Le domaine de l'État ou de la Couronne ne pourra être aliéné que dans deux cas : pour apanage des puînés du roi de France ou pour les nécessités de la guerre ; encore il faudra, dans ce dernier cas, pour la validité de l'aliénation, qui n'aura lieu que sous pacte de rachat perpétuel, des lettres patentes vérifiées par le Parlement. (Ord. 1669, tit. 27, art. 1er.)

Décret des 6-23 aout 1790, art. 1er. — Les grandes masses de bois et forêts nationales sont et demeurent exceptées de la vente et aliénation des biens nationaux.

Art. 2. — Tous les boqueteaux, toutes les parties de bois nationaux éparses, absolument isolées et éloignées de mille toises des autres bois d'une grande étendue, qui ne pourraient pas supporter les frais de garde et qui ne seront pas nécessaires pour garantir les bords des fleuves, torrents et rivières, pourront être vendus et aliénés suivant les formes prescrites, pourvu qu'ils n'excèdent point la contenance de 100 arpents, mesure d'ordonnance du royaume. (*Idem*. Décret des 23-28 octobre — 6 novembre 1790 et décret du 22 novembre — 1er décembre 1790, art. 12.)

Loi des 25-26 mars 1817, art. 143. — Tous les bois de l'État sont affectés à la caisse d'amortissement, à l'exception de la quantité nécessaire pour former un revenu net de 4 millions de rente dont il sera disposé par le roi pour la dotation des établissements ecclésiastiques.

Art. 63. — Le Gouvernement pourra affranchir les forêts de l'État de tout droit d'usage en bois, moyennant un cantonnement, qui sera réglé de gré à gré, et, en cas de contestation, par les tribunaux.

L'action en affranchissement d'usage par voie de cantonnement n'appartiendra qu'au gouvernement, et non aux usagers. (F. 58, 64, 65, 111, 112, 118, 120, 121 ; O. 112 à 115.)

Loi des 20-27 septembre 1790. — Art. 8. — Il n'est nullement préjudicié par l'abolition du triage aux actions en cantonnement de la part des propriétaires contre les usagers de bois, prés, marais et terrains vains et vagues, lesquelles continueront à être exercées comme ci-devant, dans les cas de droit, et seront portées devant les tribunaux de district, sauf à se conformer, pour les ci-devant provinces de Lorraine, des Trois-Évêchés et du Clermontois, à l'article 32 du titre II du décret du 15 mars dernier.

LOI DES 25-28 MARS 1790. — Art. 32. — Le droit de tiers-denier est aboli dans les provinces de Lorraine, du Barrois, du Clermontois et autres, où il pourrait avoir lieu, à l'égard des bois et autres biens qui sont possédés en propriété par les communautés ; mais il continuera d'être perçu sur le prix des ventes des bois et autres biens dont les communautés ne sont qu'usagères.....

LOI DES 28 AOUT — 14 SEPTEMBRE 1792. — Art. 5. — Conformément à l'article 8 du décret des 19-20 septembre 1790, les actions en cantonnement continueront à avoir lieu dans les cas de droit, et le cantonnement pourra être demandé tant par les usagers que par le propriétaire.

Art. 64. — Quant aux autres droits d'usage quelconques et aux pâturages, panage et glandée dans les mêmes forêts, ils ne pourront être convertis en cantonnement; mais ils pourront être rachetés moyennant des indemnités qui seront réglées de gré à gré, ou, en cas de contestation, par les tribunaux.

Néanmoins, le rachat ne pourra être requis par l'administration dans les lieux où l'exercice du droit de pâturage est devenu d'une absolue nécessité pour les habitants d'une ou de plusieurs communes. Si cette nécessité est contestée par l'administration forestière, les parties se pourvoiront devant le Conseil de préfecture, qui, après une enquête *de commodo et incommodo,* statuera, sauf le recours au Conseil d'État. (F. 63, 113, 120; G. 116.)

LOI DES 28 SEPTEMBRE — 6 OCTOBRE 1791, *section IV.* — Art. 8. — Entre particuliers, tout droit de vaine pâture fondé sur un titre, même dans les bois, sera rachetable, à dire d'experts, suivant l'avantage que pourrait en retirer celui qui avait ce droit, s'il n'était pas réciproque, ou eu égard au désavantage qu'un des propriétaires aurait à perdre la réciprocité, si elle existait; le tout sans préjudice au droit de cantonnement, tant pour les particuliers que pour les communautés, confirmé par l'article 8 du décret des 17-19 et 20 septembre 1790.

Art. 65. — Dans toutes les forêts de l'État qui ne seront point affranchies au moyen du cantonnement ou de l'indemnité, conformément aux articles 63 et 64 ci-dessus, l'exercice des droits d'usage pourra toujours être réduit par l'administration, suivant l'état et la possibilité des forêts, et n'aura lieu que conformément aux dispositions contenues aux articles suivants.

En cas de contestation sur la possibilité et l'état des forêts, il y aura lieu à recours au Conseil de préfecture. (O. 117, 119; Civ. 590, *Usufruit.* Voy. *Appendice.*)

Art. 66. — La durée de la glandée et du panage ne pourra excéder trois mois.

L'époque de l'ouverture en sera fixée chaque année par l'administration forestière. (F. 119; O. 119.)

Art. 67. — Quels que soient l'âge ou l'essence des bois, les usagers ne pourront exercer leurs droits de pâturage et de panage que dans les cantons qui auront été déclarés défensables par l'administration forestière, sauf le recours au Conseil de préfecture, et ce, nonobstant toutes possessions contraires. (F. 65, 119; O. 117.)

Décret du 17 nivôse an XIII (7 janvier 1805). — Les droits de pâturage et parcours dans les bois et forêts appartenant soit à l'État et aux établissements publics soit aux particuliers, ne peuvent être exercés par les communes ou particuliers qui en jouissent en vertu de leurs titres ou des statuts et usages locaux que dans les parties de bois qui auront été déclarés défensables conformément aux articles 1er et 3 du titre 19 de l'ordonnance de 1669 et sous les prohibitions portées sur l'article 13 du même titre.

Art. 68. — L'administration forestière fixera, d'après les droits des usagers, le nombre des porcs qui pourront être mis en panage et des bestiaux qui pourront être admis au pâturage. (F. 54 s., 65, 77, 199; O. 118, 119.)

Art. 69. — Chaque année, avant le 1er mars pour

le pâturage, et un mois avant l'époque fixée par l'administration forestière pour l'ouverture de la glandée et du panage, les agents forestiers feront connaître aux communes et aux particuliers jouissant des droits d'usage les cantons déclarés défensables, et le nombre des bestiaux qui seront admis au pâturage et au panage. (F. 65 à 68; O. 118, 119.)

Les maires seront tenus d'en faire la publication dans les communes usagères.

Art. 70. — Les usagers ne pourront jouir de leurs droits de pâturage et de panage que pour les bestiaux à leur propre usage, et non pour ceux dont ils font commerce, à peine d'une amende double de celle qui est prononcée par l'article 199. (F. 67, 72 s., 120; O. 118 s.)

Art. 71. — Les chemins par lesquels les bestiaux devront passer pour aller au pâturage ou au panage et en revenir, seront désignés par les agents forestiers.

Si ces chemins traversent des taillis ou des recrus de futaies non défensables, il pourra être fait, à frais communs entre les usagers et l'administration, et d'après l'indication des agents forestiers, des fossés suffisamment larges et profonds, ou toute autre clôture, pour empêcher les bestiaux de s'introduire dans les bois. (F. 56, 75, 147.)

Art. 72. — Le troupeau de chaque commune ou section de commune devra être conduit par un ou plusieurs pâtres communs, choisis par l'autorité municipale : en conséquence, les habitants des communes usagères ne pourront ni conduire eux-mêmes ni faire conduire leurs bestiaux à garde séparée, sous peine de 2 francs d'amende par tête de bétail. (F. 199; O. 120.)

Les porcs ou bestiaux de chaque commune ou section de commune usagère formeront un troupeau particulier et sans mélange de bestiaux d'une autre commune ou section, sous peine d'une amende de 5 à 10 francs contre le pâtre, et d'un emprisonnement de cinq à dix jours en cas de récidive.

Les communes et sections de commune seront responsables des condamnations pécuniaires qui pouront être prononcées contre lesdits pâtres ou gardiens, tant pour les délits et contraventions prévus par le présent titre que pour les autres délits forestiers commis par eux pendant le temps de leur service et dans les limites du parcours. (F. 56, 70, 120, 206, 214; Civ. 1384; Pén. 74.)

Art. 73. — Les porcs et bestiaux seront marqués d'une marque spéciale.

Cette marque devra être différente pour chaque commune ou section de commune usagère.

Il y aura lieu, par chaque tête de porc ou de bétail non marqué, à une amende de 3 francs (F. 55, 70, 74, 112, 120.)

Art. 74. — L'usager sera tenu de déposer l'empreinte de la marque au greffe du tribunal de première instance, et le fer servant à la marque, au bureau de l'agent forestier local; le tout sous peine de 50 francs d'amende. (F. 77, 112, 120, O. 121.)

Art. 75. — Les usagers mettront des clochettes au cou de tous les animaux admis au pâturage, sous peine de 2 francs d'amende par chaque bête qui serait trouvée sans clochette dans les forêts. (F. 70, 112, 120.)

Art. 76. — Lorsque les porcs et bestiaux des usagers seront trouvés hors des cantons déclarés défensables ou désignés pour le panage, ou hors des chemins indiqués pour s'y rendre, il y aura lieu contre le pâtre à une amende de 3 à 30 francs. En cas de récidive, le pâtre pourra être condamné, en outre, à un emprisonnement de cinq à quinze jours. (F. 56, 67, 69, 71, 72, 78, 120, 147, 199, 201, 214.)

Art. 77. — Si les usagers introduisent au pâturage un plus grand nombre de bestiaux ou au panage un plus grand nombre de porcs que celui qui aura été fixé par l'administration, conformément à l'article 68, il y aura lieu, pour l'excédent, à l'application des peines prononcées par l'article 199. (F. 70, 202.)

Art. 78. — Il est défendu à tous usagers, nonobstant tous titres et possessions contraires, de conduire ou de faire conduire des chèvres, brebis ou moutons dans les forêts ou sur les terrains qui en dépendent, à peine, contre les propriétaires, d'une amende qui sera double de celle qui est prononcée par l'article 199, et contre les pâtres ou bergers, de 15 francs d'amende. En cas de récidive, le pâtre sera condamné, outre l'amende, à un emprisonnement de cinq à quinze jours. (F. 76, 199, 214.)

Ceux qui prétendraient avoir joui du pacage ci-dessus en vertu de titres valables ou d'une possession équivalente à titre, pourront, s'il y a lieu, réclamer une indemnité, qui sera réglée de gré à gré, ou, en cas de contestation, par les tribunaux. (F. 110, 120, 218.)

Le pacage des moutons pourra néanmoins être autorisé, dans certaines localités, par des ordonnances du roi. (F. 110.)

Ordonnance d'aout 1669. — Titre 19, art. 13. — Défendons pareillement à toutes personnes ayant droit de panage dans nos forêts et bois ou en ceux des ecclésiastiques, communautés et particuliers, d'y amener ou envoyer bêtes à laine, chèvres, brebis et moutons, ni même en landes et bruyères, places vaines et vagues, aux rives des bois et forêts à peine de confiscation des bestiaux et de 3 livres d'amende pour chaque bête.

DÉCRET DU 17 NIVÔSE AN XIII (7 janvier 1805). — (Voy. F., art. 67.)

Art. 79. — Les usagers qui ont droit à des livraisons de bois, de quelque nature que ce soit, ne pourront prendre ces bois qu'après que la délivrance leur en aura été faite par les agents forestiers, sous les peines portées par le titre XII pour les bois coupés en délit. (F. 65, 80, 83, 103, 112, 120, 192 à 198; O. 122, 123; Civ. 1248, *Frais du paiement.*)

Art. 80. — Ceux qui n'ont d'autre droit que celui de prendre le bois mort, sec et gisant, ne pourront, pour l'exercice de ce droit, se servir de crochets ou ferrements d'aucune espèce, sous peine de 3 francs d'amende. (F. 120.)

Art. 81. — Si les bois de chauffage se délivrent par coupe, l'exploitation en sera faite aux frais des usagers, par un entrepreneur spécial nommé par eux et agréé par l'administration forestière.

Aucun bois ne sera partagé sur pied ni abattu par les usagers individuellement, et les lots ne pourront être faits qu'après l'entière exploitation de la coupe, à peine de confiscation de la portion de bois abattu afférente à chacun des contrevenants.

Les fonctionnaires ou agents qui auraient permis

ou toléré la contravention seront passibles d'une amende de 50 francs, et demeureront, en outre, personnellement responsables, et sans aucun recours, de la mauvaise exploitation et de tous les délits qui pourraient avoir été commis. (F. 103 s., 112; O. 122.)

Art. 82. — Les entrepreneurs de l'exploitation des coupes délivrées aux usagers se conformeront à tout ce qui est prescrit aux adjudicataires pour l'usance et la vidange des ventes; ils seront soumis à la même responsabilité et passibles des mêmes peines en cas de délits ou contraventions.

Les usagers ou communes usagères seront garants solidaires des condamnations prononcées contre lesdits entrepreneurs. (F. 29 à 52, 185; O. 92 à 96, 122, 123; Civ. 1200.)

Art. 83. — Il est interdit aux usagers de vendre ou d'échanger les bois qui leur sont délivrés et de les employer à aucune autre destination que celle pour laquelle le droit d'usage a été accordé.

S'il s'agit de bois de chauffage, la contravention donnera lieu à une amende de 10 à 100 francs.

S'il s'agit de bois à bâtir ou de tout autre bois non destiné au chauffage, il y aura lieu à une amende double de la valeur des bois, sans que cette amende puisse être au-dessous de 50 francs (F. 79, 102, 120; O. 123; Ord. mars 1515, art. 68; édit d'août 1721, art. 41.)

Loi des 22 décembre 1789 — 8 janvier 1790, *section III*. — Art. 2. — *Police générale* (voy. F. 148) *pour les habitants des communes propriétaires*. (F. 112.)

Art. 84. — L'emploi des bois de construction devra être fait dans un délai de deux ans, lequel néanmoins pourra être prorogé par l'administration forestière. Ce délai expiré, elle pourra disposer des arbres non employés. (F. 112.)

Art. 85. — Les défenses prononcées par l'article 57 sont applicables à tous usagers quelconques, et sous les mêmes peines. (F. 120, 144.)

TITRE IV.

DES BOIS ET FORETS QUI FONT PARTIE DU DOMAINE DE LA COURONNE.

Art. 86, 87 et 88. . . . . .

TITRE V.

DES BOIS ET FORÊTS QUI SONT POSSÉDÉS A TITRE D'APANAGE OU DE MAJORATS RÉVERSIBLES A L'ÉTAT.

Art. 89. — Les bois et forêts qui sont possédés par les princes à titre d'apanage, ou par des particuliers à titre de majorats réversibles à l'État, sont soumis au régime forestier, quant à la propriété du sol et à l'aménagement des bois. En conséquence, les agents de l'administration forestière y seront chargés de toutes les opérations relatives à la délimitation, au bornage et à l'aménagement, conformément aux dispositions des sections I et II du titre III de la présente loi. Les articles 60 et 62 sont également applicables à ces bois et forêts.

L'administration forestière y fera faire les visites et opérations qu'elle jugera nécessaires pour s'assurer que l'exploitation est conforme à l'aménagement, et que les autres dispositions du présent titre sont exécutées. (F. 1, 8 à 16, 151 s.; O. 125 à 127.)

DÉCRET DU 1er MARS 1808. — Art. 40. — Les biens qui forment les majorats sont inaliénables ; ils ne peuvent être ni engagés ni saisis.

DÉCRET DU 4 MAI 1809. — Art. 26. — Les dispositions du présent statut pour la conservation des biens des majorats en pays étranger, sont applicables aux majorats dotés par nous dans l'étendue de notre empire, si ce n'est qu'à l'égard de ces derniers, la régie de l'enregistrement et des domaines et l'administration forestière pour la partie de bois et forêts composant le majorat, rempliront, chacune en ce qui la concerne, les fonctions attribuées à l'agent conservateur.

Art. 28. — Les bois futaies seront coupés quand ils seront dans les taillis, dans les cas où ils le sont dans nos forêts domaniales, et quand ils seront en réserve ou en pièces sans taillis, ils seront aménagés s'ils en sont susceptibles ; enfin si leur étendue ne permet pas l'aménagement, ils ne pourront être coupés qu'après autorisation donnée par nous, en notre Conseil d'État sur l'avis du Conseil du sceau des titres.

Avis du Conseil d'État du 5 aout 1809. — Sur la question de savoir si les bois concédés à titre de majorats avec clause de retour à la Couronne doivent être soumis au régime forestier et être régis par les agents de l'administration des forêts..... Est d'avis que cette question est régie par le statut du 4 mai 1809 ; — Que, dès lors, dans la surveillance qui est accordée à l'administration forestière par le même statut, cette administration doit se borner à veiller à ce que le titulaire d'un majorat doté par Sa Majesté jouisse en bon père de famille et sans dégrader ; qu'elle doit seulement constater les dégradations et anticipations de coupes lorsqu'elles ont lieu et en informer le procureur général du Conseil du sceau des titres. (Voy. F. 1, n° 3.)

Loi des 12-13 mai 1835. — Art. 1er. — Toute institution de majorats est interdite à l'avenir.

TITRE VI.

DES BOIS DES COMMUNES ET DES ÉTABLISSEMENTS PUBLICS.

Art. 90. — Sont soumis au régime forestier, d'après l'article 1er de la présente loi, les bois taillis ou futaies appartenant aux communes et aux établissements publics, qui auront été reconnus susceptibles d'aménagement ou d'une exploitation régulière par l'autorité administrative, sur la proposition de l'administration forestière, et d'après l'avis des Conseils municipaux ou des administrateurs des établissements publics. (O. 128.)

Il sera procédé dans les mêmes formes à tout changement qui pourrait être demandé, soit de l'aménagement, soit du mode d'exploitation. (F. 16.)

En conséquence, toutes les dispositions des six premières sections du titre III leur sont applicables, sauf les modifications et exceptions portées au présent titre.

Lorsqu'il s'agira de la conversion en bois et de l'aménagement de terrains en pâturage, la proposition de l'administration forestière sera communiquée au maire ou aux administrateurs des établissements publics. Le Conseil municipal ou ces administrateurs seront appelés à en délibérer : en cas de contestation, il sera statué par le Conseil de préfecture, sauf le pourvoi au Conseil d'État. (F. 1, 8 à 57; O. 67 à 104, 128, 134, 169; Décr. 30 décembre 1862, art. 1 et 2.)

Loi des 10-29 aout 1871. — Art. 50. — Le Conseil général donne son avis : . . . . 2° Sur l'application des dispositions de l'article 90 du Code forestier relatives à la soumission au régime forestier des bois, taillis ou futaies appartenant aux communes et à la conversion en bois de terrains en pâturages.

3° Sur les délibérations des Conseils municipaux relatives à l'aménagement, au mode d'exploitation, à l'aliénation et au défrichement des bois communaux.

Avis du Conseil d'État du 11 novembre 1852, relatif à l'aliénation des bois communaux soumis au régime forestier :

La section de l'intérieur, considérant... que c'est au chef même de l'État qu'il appartient de soumettre les bois des communes au régime forestier, et de fixer l'aménagement auquel lesdits bois seront assujettis;... que tout bois communal qui, par suite d'aliénation, devient la propriété d'un particulier, cesse de plein droit d'être soumis au régime forestier et à l'aménagement obligatoire auquel il était assujetti ; d'où il suit que si l'on reconnaissait aux préfets le droit d'autoriser l'aliénation de tout ou partie d'un bois communal soumis au régime forestier, il appartiendrait à ces magistrats de rapporter indirectement et de mettre à néant les actes de l'autorité souveraine;... que le décret du 25 mars

1852 n'a rien innové en ce qui concerne les aliénations des bois communaux soumis au régime forestier, — Est d'avis que les préfets ne sont pas compétents pour autoriser lesdites aliénations.

Cet avis a été transmis aux préfets par une circulaire du ministre de l'intérieur du 8 décembre 1852, nº 807, et avait été précédé d'un avis du conseil d'État, dans le même sens, du 22 août 1839.

Art. 91. — Les communes et établissements publics ne peuvent faire aucun défrichement de leurs bois sans une autorisation expresse et spéciale du Gouvernement; ceux qui l'auraient ordonné ou effectué sans cette autorisation seront passibles des peines portées au titre XV contre les particuliers pour les contraventions de même nature. (F. 185, 221.)

LOI DES 10-29 AOUT 1871. (Voy. F., 90.)

Art. 92. — La propriété des bois communaux ne peut jamais donner lieu à partage entre les habitants.

Mais, lorsque deux ou plusieurs communes possèdent un bois par indivis, chacune conserve le droit d'en provoquer le partage. (F. 105; Civ. 815.)

LOI DU 10 JUIN 1793, — *Sect. I*, art. 4. — Sont exceptés du partage (*entre les habitants*) les bois communaux. lesquels seront soumis aux règles qui ont été ou seront décrétées pour l'administration des forêts nationales. (Loi du 14 août 1792.)

Sect. IV, art. 3. — Dans le cas de partage arrêté par ces communes (*copropriétaires*), elles seront tenues de nommer, de part et d'autre, des experts à l'effet de ce partage. Ces experts dresseront procès-verbal de leurs opérations, lequel sera déposé aux archives du district, et expédition en forme en sera délivrée à chacune des communes copartageantes pour être aussi déposée dans leurs archives.

Art. 4. — En cas de division entre lesdits experts, il sera procédé sans délai à la nomination d'un tiers expert par le directoire du département.

Sect. V, art. 1er. — Les contestations qui pourront s'élever à raison du mode de partage entre les communes, seront terminées sur simple mémoire, par le directoire du département, d'après l'avis de celui du district.

Art. 2. — Le directoire du département, sur l'avis de celui du district, prononcera pareillement, sur simple mémoire, sur toutes les réclamations qui pourront s'élever à raison du mode de partage des biens communaux.

AVIS DU CONSEIL D'ÉTAT DES 4-20 JUILLET 1807. — Le Conseil d'État, qui, d'après le renvoi ordonné par Sa Majesté, a entendu le rapport de la section de l'intérieur et celui du ministre de ce département sur la question de savoir quelle sera la base d'après laquelle deux communes, propriétaires par indivis d'un bien communal et qui veulent faire cesser cet indivis, doivent le partager entre elles, — Est d'avis : 1° que ce partage doit être fait en raison du nombre de feux par chaque commune et sans avoir égard à l'étendue du territoire de chacune d'elles ; 2° que le présent avis soit inséré au *Bulletin des lois*.

AVIS DU CONSEIL D'ÉTAT DES 12-26 AVRIL 1808. — Le Conseil d'État est d'avis que les principes de l'arrêté du 19 frimaire an X ont été modifiés par les décrets postérieurs, et que l'avis du 20 juillet 1807 est applicable au partage des bois, comme à celui de tous autres biens dont les communes veulent faire cesser l'indivis; — Qu'en conséquence les partages se font par feux, c'est-à-dire par chefs de famille ayant domicile.

DÉCISION DU MINISTRE DE L'INTÉRIEUR DU 2 FÉVRIER 1856. — L'avis du Conseil d'État du 11 novembre 1852 (voy. ci-dessus à la suite de l'art. 90) et la circulaire du 8 décembre suivant, doivent être entendus en ce sens que l'administration centrale s'est réservé de faire statuer, non seulement sur tous les actes qui, tels que les aliénations, concessions, transactions ou autres, auraient pour effet de réduire l'étendue du sol forestier, mais encore sur ceux qui, comme les partages, peuvent affecter l'aménagement ou l'exploitation des bois.

Art. 93. — Un quart des bois appartenant aux communes et aux établissements publics sera toujours mis en réserve, lorsque ces communes ou établissements posséderont au moins 10 hectares de bois réunis ou divisés.

Cette disposition n'est pas applicable aux bois peuplés totalement en arbres résineux. (O. 137, 140.)

ORDONNANCE D'AOUT 1669, tit. 25, art. 2. — Le quart des bois communs sera réservé pour croître en futaie dans les meilleurs fonds et lieux plus commodes par triage et désignation du grand-maître ou des officiers de la maîtrise par son ordre. (F. 218.)

Art. 94. — Les communes et établissements publics entretiendront, pour la conservation de leurs bois, le nombre de gardes particuliers qui sera déterminé par le maire et les administrateurs des établissements, sauf l'approbation du préfet, sur l'avis de l'administration forestière. (F. 108, s.)

AVIS DU CONSEIL D'ÉTAT DU 6 AOUT 1861. — Les sections réunies des finances, etc., sont d'avis que l'article 5 du décret du 25 mars 1852 n'abroge que les dispositions de l'article 95 du Code forestier, en ce qui concerne la nomination des gardes, mais que toutes les autres attributions conférées par le même Code aux communes et aux établissements publics, et plus spécialement celles de l'article 94 relatives au nombre de ces gardes et à leur salaire, loin d'être abrogées, sont virtuellement maintenues.

Art. 95. — Le choix de ces gardes sera fait, pour les communes, par le maire, sauf l'approbation du Conseil municipal; et pour les établissements publics, par les administrateurs de ces établissements.

Ces choix devront être agréés par l'administration forestière, qui délivre aux gardes leurs commissions.

En cas de dissentiment, le préfet prononcera. (O. 12.)

Art. 96. — A défaut, par les communes ou établissements publics, de faire choix d'un garde dans le mois de la vacance de l'emploi, le préfet y pourvoira, sur la demande de l'administration forestière. (O. 24 et s.)

Décret du 25 mars 1852. — Art. 5. — Les préfets nommeront directement, sans l'intervention du Gouvernement et sur la présentation des divers chefs de service, aux fonctions et emplois suivants :... 20° Les gardes forestiers des départements, des communes et des établissements publics.

Art. 97. — Si l'administration forestière et les communes ou établissements publics jugent convenable de confier à un même individu la garde d'un canton de bois appartenant à des communes ou établissements publics, et d'un canton de bois de l'État, la nomination du garde appartient à cette administration seule. Son salaire sera payé proportionnellement par chacune des parties intéressées.

Art. 98. — L'administration forestière peut suspendre de leurs fonctions les gardes des bois des communes et des établissements publics : s'il y a lieu à destitution, le préfet la prononcera, après avoir pris l'avis du Conseil municipal ou des administrateurs des établissements propriétaires, ainsi que de l'administration forestière. (Pén. 197.)

Le salaire de ces gardes est réglé par le préfet, sur la proposition du Conseil municipal ou des établissements propriétaires. (F. 108 ; O. 38.)

Art. 99. — Les gardes des bois des communes et des établissements publics sont en tout assimilés aux gardes des bois de l'État, et soumis à l'autorité des mêmes agents; ils prêtent serment dans les mêmes formes, et leurs procès-verbaux font également foi en justice pour constater les délits et contraventions commis même dans des bois soumis au régime forestier autres que ceux dont la garde leur est confiée. (F. 5, 87, 160 s.; O. 24, 39.)

Art. 100. — Les ventes des coupes, tant ordinaires qu'extraordinaires, seront faites à la diligence des agents forestiers, dans les mêmes formes que pour les bois de l'État, et en présence du maire ou d'un adjoint pour les bois des communes, et d'un des administrateurs pour ceux des établissements publics, sans toutefois que l'absence des maires ou administrateurs, dûment appelés, entraîne la nullité des opérations.

Toute vente ou coupe effectuée, par ordre des maires des communes ou des administrateurs des établissements publics, en contravention au présent article, donnera lieu contre eux à une amende qui ne pourra être au-dessous de 300 francs, ni excéder 6,000 francs, sans préjudice des dommages-intérêts qui pourraient être dus aux communes et établissements propriétaires.

Les ventes ainsi effectuées seront déclarées nulles. (F. 17 à 19, 90, 101, 102, 114, 205; O. 7, 82, 84 à 89, 134, 140.)

Civ. 1596. — Ne peuvent se rendre adjudicataires, sous peine de nullité, ni par eux-mêmes, ni par personnes interposées... les administrateurs des biens des communes ou des établissements publics confiés à leurs soins. (Pén. 175; voir F. 21.)

Art. 101. — Les incapacités et défenses prononcées par l'article 21 sont applicables aux maires, adjoints et receveurs des communes, ainsi qu'aux administrateurs et receveurs des établissements publics, pour les ventes des bois des communes et établissements dont l'administration leur est confiée.

En cas de contravention, ils seront passibles des peines prononcées par le paragraphe 1er de l'article précité, sans préjudice des dommages-intérêts, s'il y a lieu; et les ventes seront déclarées nulles. (F. 19, 21; C. N. 1149, 1596.)

Art. 102. — Lors des adjudications des coupes ordinaires et extraordinaires des bois des établissements publics, il sera fait réserve en faveur de ces établissements, et suivant les formes qui seront prescrites par l'autorité administrative, de la quantité de bois, tant de chauffage que de construction, nécessaire pour leur propre usage.

Les bois ainsi délivrés ne pourront être employés qu'à la destination pour laquelle ils auront été réservés, et ne pourront être vendus ni échangés sans l'autorisation du préfet. Les administrateurs qui auraient consenti de pareilles ventes ou échanges, seront passibles d'une amende égale à la valeur de ces bois, et de la restitution, au profit de l'établissement public, de ces mêmes bois ou de leur valeur. Les ventes ou échanges seront en outre déclarés nuls. (F. 19, 83, 112; O. 142.)

Art. 103. — Les coupes des bois communaux destinées à être partagées en nature pour l'affouage des habitants ne pourront avoir lieu qu'après que la délivrance en aura été préalablement faite par les agents forestiers, et en suivant les formes prescrites par l'article 81 pour l'exploitation des coupes affouagères délivrées aux communes dans les bois de l'État; le tout sous les peines portées par ledit article. (F. 79, 81, 82, 104, 105, 109, 112; Ord. 122, 141, 146.)

Art. 104. — Les actes relatifs aux coupes et arbres délivrés en nature, en exécution des deux articles précédents, seront visés pour timbre et enregistrés en débet, et il n'y aura lieu à la perception des droits que dans le cas de poursuites devant les tribunaux. (F. 170, 185.)

Loi du 22 frimaire an VII (12 décembre 1798). — Art. 20. — Les délais pour faire enregistrer les actes publics sont de vingt jours pour les actes des administrations centrales et municipales assujettis à la formalité de l'enregistrement.

Art. 36. — Les dispositions de l'article précédent (double droit) s'appliquent également aux secrétaires des administrations centrales et municipales, pour chacun des actes qu'il leur est prescrit de faire enregistrer, s'ils ne les ont pas soumis à l'enregistrement dans le délai. (Déc. min. fin. 12 juillet 1822. Inst., nº 1050.)

Loi du 18 mai 1850. — Art. 8. — Le moindre droit fixe d'enregistrement pour les actes civils et administratifs est porté à 2 francs. (Loi du 28 février 1872, sous F. 5.)

Art. 105. — Loi du 25 juin 1874. S'il n'y a titre ou usage contraire, le partage des bois d'affouage se fera par feu, c'est-à-dire par chef de famille ou de maison ayant domicile réel et fixe dans la commune. L'étranger qui remplira ces conditions ne pourra être appelé au partage qu'après avoir été autorisé, conformément à l'article 13 du Code civil, à établir son domicile en France.

S'il n'y a également titre ou usage contraire, la valeur des arbres délivrés pour constructions ou réparations sera estimée à dire d'experts et payée à la commune. (O. 142, 143.)

Civ. 13. — L'étranger qui aura été admis par le gouvernement à établir son domicile en France y jouira de tous les droits civils tant qu'il continuera d'y résider.

Décret du 17 mars 1809. — La demande et les pièces à l'appui sont transmises par le maire du domicile du pétitionnaire au préfet, qui les adressera au ministre de la justice, qui demeure chargé de l'exécution du présent décret.

Loi du 7 aout 1850. — Art. 17. — L'autorisation d'établir son domicile en France, accordée conformément à l'article 13 du Code civil, donnera lieu à la perception, au profit de l'État, des mêmes droits qui sont fixés pour la naturalisation. (*Principal*, 100 fr.; *enregistrement*, 20 fr.) Le gouvernement pourra faire remise totale ou partielle de ces droits.

Loi du 10 juin 1793, *sect. V*, art. 1 et 2. (Voy. F. 92.)

Loi du 18 juillet 1837. — Art. 17. — Les Conseils municipaux règlent, par leurs délibérations, les objets suivants :... 4° Les affouages, en se conformant aux lois forestières.

Art. 18. — Expédition de toute délibération sur un des objets énoncés en l'article précédent est immédiatement adressée par le maire au sous-préfet, qui en délivre ou fait délivrer récépissé. La délibération est exécutoire si, dans les trente jours qui suivent la date du récépissé, le préfet ne l'a pas annulée, soit d'office, pour violation d'une disposition de loi ou d'un règlement d'administration publique, soit sur la réclamation de toute partie intéressée. — Toutefois, le préfet peut suspendre l'exécution de la délibération pendant un autre délai de trente jours.

Loi de finances du 7 aout 1828 — Art. 3. — Autorise la perception des taxes d'affouage là où il est utile et d'usage d'en établir. (Disposition reproduite dans les mêmes termes dans chaque loi budgétaire.)

Loi du 18 juillet 1837. — Art. 44. — Les taxes particulières dues par les habitants ou propriétaires en vertu des lois ou usages locaux, sont réparties par délibération du Conseil municipal approuvées par le préfet. Ces taxes sont perçues suivant les formes établies pour le recouvrement des contributions publiques. (Loi du 28 pluviôse an VIII.)

Avis du Conseil d'État du 8 avril 1838. — Considérant que s'il est juste de réduire à la stricte représentation des frais inhérents à la jouissance, le montant des taxes affouagères, quand il s'agit de droits d'usage exercés par les communes dans les bois de l'État... la même règle n'est pas applicable aux taxes affouagères établies pour le partage des coupes dans les bois communaux ; que dans ce dernier cas, la commune propriétaire du sol et des fruits qui en proviennent, a le droit d'en faire l'application qu'elle jugera le plus utile à ses intérêts communaux en se conformant aux lois et règlements et sous la réserve de l'approbation de l'autorité supérieure... Est d'avis que les taxes assises sur les affouages, provenant de bois communaux, doivent autant que possible n'être que la représentation des frais inhérents à la jouissance ; mais que l'autorité municipale peut, pour des causes graves, dans l'intérêt général de la communauté et sauf l'approbation de l'autorité compétente, élever ces taxes à une somme supérieure à cette représentation.

Art. 106. — Pour indemniser le gouvernement des frais d'administration des bois des communes ou établissements publics, il sera ajouté annuellement à la contribution foncière établie sur ces bois une somme équivalente à ces frais. Le montant de cette somme sera réglé chaque année par la loi de finances; elle sera répartie au marc le franc de ladite contribution et perçue de la même manière. (O. 144; Loi 7 août 1828, art. 3.)

Loi du 25 juin 1841. — Art. 5. — Pour indemniser l'État des frais d'administration des bois des communes et des établissements publics, il sera payé, au profit du Trésor, sur les produits, tant *principaux* qu'*accessoires* de ces bois, *cinq* centimes par franc en sus du prix principal de leur adjudication ou cession.

Quant aux produits délivrés en nature, il sera perçu par le Trésor le vingtième de leur valeur, laquelle sera fixée définitivement par le préfet, sur les propositions des agents forestiers et les observations des Conseils municipaux et des administrateurs. (F. 109.)

Loi du 19 juillet 1845. — Art. 6. — Les prélèvements sur les ventes ou *délivrances en nature* des produits des bois des communes et des établissements publics, prescrits par l'article 5 de la loi du 25 juin 1841, continueront à porter sur les produits *principaux*. Ils cesseront d'être appliqués aux produits *accessoires*.

Quant aux produits *délivrés en nature*, la valeur en sera fixée définitivement par le ministre des finances, sur les propositions des agents forestiers, les observations des Conseils municipaux et des administrateurs, et l'avis des préfets.

Les délais dans lesquels ces observations et avis devront être produits, sous peine qu'il soit passé outre, seront déterminés par une ordonnance royale. (Voy. O. 144.)

Loi du 14 juillet 1856. — Art. 14. — Le remboursement à l'État des frais d'administration des bois des communes et des établissements publics continuera à s'effectuer conformément à l'article 5 de la loi du 25 juin 1841 et à l'article 6 de la loi du 19 juillet 1845, sans toutefois que la somme remboursée par chaque commune ou chaque établissement public puisse dépasser 1 franc par hectare des bois qui lui appartiennent.

Art. 107. — Moyennant les perceptions ordonnées par l'article précédent, toutes les opérations de conservation et de régie dans les bois des communes et des établissements publics seront faites par les agents et préposés de l'administration forestière sans aucuns frais.

Les poursuites dans l'intérêt des communes et des établissements publics, pour délits ou contraventions commis dans leurs bois, et la perception des restitutions et dommages-intérêts prononcés en leur faveur, seront effectuées sans frais par les agents du gouvernement, en même temps que celles qui ont pour objet le recouvrement des amendes dans l'intérêt de l'État.

En conséquence, il n'y aura lieu à exiger à l'avenir des communes et établissements publics, ni aucun droit de vacation, d'arpentage, de réarpentage, de décime, de prélèvement quelconque, par les agents et préposés de l'administration forestière, ni le remboursement soit des frais des instances dans lesquelles l'administration succomberait, soit de ceux qui tomberaient en non-valeur par l'insolvabilité des condamnés. (O. 35.)

Loi du 6 juin 1827. — A rendu les dispositions des articles 106 et 107 applicables seulement à partir du 1er janvier 1829.

Avis du Conseil d'État du 21 aout 1839... — Le Conseil d'État est d'avis : Que les frais de délimitation et d'aménagement des bois des communes et des établissements publics constituent des dépenses extraordinaires à la charge de ces communes et établissements, et auxquelles ne s'applique pas le produit de l'impôt annuellement voté en exécution de l'article 106 du Code forestier.

Art. 108. — Le salaire des gardes particuliers restera à la charge des communes et des établissements publics. (F. 94, 98, § 2, 109.)

Loi du 18 juillet 1837, art. 30. — Sont obligatoires les dépenses suivantes :... 7° Le traitement des gardes des bois de la commune. (*Idem*, art. 39.)

Art. 109. — Les coupes ordinaires et extraordinaires sont principalement affectées au paiement des frais de garde, de la contribution foncière et des sommes qui reviennent au Trésor en exécution de l'article 106.

Si les coupes sont délivrées en nature pour l'affouage, et que les communes n'aient pas d'autres ressources, il sera distrait une portion suffisante de coupes, pour être vendue aux enchères avant toute distribution et le prix en être employé au paiement desdites charges. (F. 103; O. 144; Civ. 2095.)

Art. 110. — Dans aucun cas et sous aucun prétexte, les habitants des communes et les administrateurs ou employés des établissements publics ne peuvent introduire, ni faire introduire dans les bois appartenant à ces communes ou établissements publics, des chèvres, brebis ou moutons, sous les peines prononcées par l'article 199, contre ceux qui auraient introduit ou permis d'introduire ces animaux, et par l'article 78, contre les pâtres ou gardiens. (F. 214).

Cette prohibition n'aura son exécution que dans deux ans, à compter du jour de la publication de la présente loi, dans les bois où, nonobstant les dispositions de l'ordonnance de 1669, le pâturage des moutons a été toléré jusqu'à présent.

Toutefois, le pacage des brebis ou moutons pourra être autorisé dans certaines localités par des ordonnances spéciales de Sa Majesté. (F. 78, 120, 218.)

Ordonnance d'aout 1669, titre 19, art. 13. (Voy. F. 78.)

Art. 111. — La faculté accordée au gouvernement par l'article 63, d'affranchir les forêts de l'État de tous droits d'usage en bois, est applicable sous les mêmes conditions, aux communes et aux établissements publics, pour les bois qui leur appartiennent. (F. 58, 118; O. 145; Décr. 12 avril 1854.)

Art. 112. — Toutes les dispositions de la huitième section du titre III, sur l'exercice des droits d'usage dans les bois de l'État, sont applicables à la jouissance des communes et des établissements publics dans leurs propres bois, ainsi qu'aux droits d'usage dont ces mêmes bois pourraient être grevés ; sauf les modifications résultant du présent titre, et à l'exception des articles 61, 73, 74, 83 et 84. (F. 62, 63, 103, 120.)

TITRE VII.

DES BOIS ET FORÊTS INDIVIS QUI SONT SOUMIS AU RÉGIME FORESTIER.

Art. 113. — Toutes les dispositions de la présente loi relative à la conservation et à la régie des bois qui font partie du domaine de l'État, ainsi qu'à la poursuite des délits et contraventions commis dans ces bois, sontapplicables aux bois indivis mentionnés à l'article 1er, § 6, de la présente loi, sauf les modifications portées par le titre VI pour les bois des communes et établissements publics. (F. 1 à 85, 151, 159; O. 147, 169.)

Art. 114. — Aucune coupe ordinaire ou extraordinaire, exploitation ou vente, ne pourra être faite par les possesseurs copropriétaires, sous peine d'une amende égale à la valeur de la totalité des bois abattus ou vendus; toutes ventes ainsi faites seront déclarées nulles. (F. 205.)

Art. 115. — Les frais de délimitation, d'arpentage et de garde, seront supportés par le domaine et les copropriétaires, chacun dans la proportion de ses droits.

L'administration forestière nommera les gardes, réglera leur salaire, et aura seule le droit de les révoquer. (F. 14; O. 12, 148, 149.)

Art. 116. — Les copropriétaires auront dans les restitutions et dommages-intérêts la même part que dans le produit des ventes, chacun dans la proportion de ses droits. (F. 204; Civ. 815.)

Arrêté du 21 frimaire an XII (13 décembre 1803). — Dans tous les procès nés ou à naître qui auraient lieu entre des communes et des particuliers sur des droits de propriété, les communes ne pourront transiger qu'après une délibération du Conseil municipal prise sur la consultation de trois jurisconsultes désignés par le préfet du département et sur l'autorisation de ce même préfet, donnée d'après l'avis du Conseil de préfecture.

(Voir avis cons. d'État 11 nov. 1852, sous F. 90.)

TITRE VIII.

DES BOIS DES PARTICULIERS.

Art. 117. — Les propriétaires qui voudront avoir, pour la conservation de leurs bois, des gardes particuliers, devront les faire agréer par le sous-préfet de l'arrondissement; sauf le recours au préfet, en cas de refus.

Ces gardes ne pourront exercer leurs fonctions qu'après avoir prêté serment devant le tribunal de première instance. (F. 2, 5, 99, 188, 191; O. 150; I. Cr. 16, 20; Pén. 196.)

Loi des 28 avril—4 mai 1816. — Art. 43. — Sont sujets au droit fixe de 2 francs (augmenté de moitié en sus, loi du 19 février 1874)... 17° Les procurations et pouvoirs pour agir ne contenant aucune stipulation ni clause, donnant lieu au droit proportionnel. (Commission du garde.)

Loi des 28-29 février 1872. — Art. 4. — Enregistrement de l'acte du serment. (Voy. F. 5.)

Art. 118. — Les particuliers jouiront, de la même manière que le gouvernement et sous les conditions déterminées par l'article 63, de la faculté d'affranchir leurs forêts de tous droits d'usage en bois. (F. 58, 111.)

Art. 119. — Les droits de pâturage, parcours, panage et glandée dans les bois des particuliers, ne pourront être exercés que dans les parties de bois déclarées défensables par l'administration forestière, et suivant l'état et la possibilité des forêts, reconnus et constatés par la même administration.

Les chemins par lesquels les bestiaux devront passer pour aller au pâturage et pour en revenir seront désignés par le propriétaire. (F. 65 à 67, 71; O. 35, 151.)

Décret du 17 nivôse an XIII (7 janvier 1805). (Voy. F. 67 et 78.)

Avis du Conseil d'État du 18 brumaire an XIV (9 novembre 1805) portant que les bestiaux des usagers ne peuvent entrer dans les bois que dans les cantons défensables. (Ord. 1669, art. 10, tit. 32.) — Que ces bestiaux ne peuvent être les chèvres et les moutons dont l'introduction est interdite. (Ord. 1669, tit. 19, art. 13.) — Que la déclaration de défensabilité appartient aux grands-maîtres sur l'avis des maîtres particuliers. (Ord. 1669, tit. 19, art. 1er.) — Que les propriétaires de bois ne sauraient être empêchés d'introduire leurs propres moutons dans leurs propres forêts.

Art. 120. — Toutes les dispositions contenues dans les articles 64; 66, § 1er; 70, 72, 73, 75, 76; 78, §§ 1 et 2; 79, 80, 83 et 85 de la présente loi, sont applicables à l'exercice des droits d'usage dans les bois des particuliers, lesquels y exercent, à cet effet, les mêmes droits et la même surveillance que les agents du gouvernement dans les forêts soumises au régime forestier. (F. 57, 64 s., 78 s., 85, 110, 119, 144, 199.)

Art. 121. — En cas de contestation entre le propriétaire et l'usager, il sera statué par les tribunaux. (F. 65 s.)

TITRE IX.

AFFECTATIONS SPÉCIALES DES BOIS A DES SERVICES PUBLICS.

SECTION PREMIÈRE.

DES BOIS DESTINÉS AU SERVICE DE LA MARINE.

Art. 122. — Dans tous les bois soumis au régime forestier, lorsque des coupes devront y avoir lieu, le département de la marine pourra faire choisir et marteler par ses agents les arbres propres aux constructions navales, parmi ceux qui n'auront pas été marqués en réserve par les forestiers. (O. 152.)

Art. 123. — Les arbres ainsi marqués seront compris dans les adjudications et livrés par les adjudicataires à la marine, aux conditions qui seront indiquées ci-après. (O. 158.)

ORDONNANCE DU 14 DÉCEMBRE 1838. — Louis-Philippe, etc.; — Considérant :... que le département de la marine a pu s'approvisionner, depuis quelques années, en bois de chêne, pour les constructions navales, sans le secours du martelage, en laissant aux adjudicataires des fournitures le soin de rechercher eux-mêmes les arbres nécessaires à leurs exploitations, tant dans les bois soumis au régime forestier que dans les bois des particuliers ; — Que ce mode paraît pouvoir être continué sans inconvénient pendant la paix, etc.

Art. 1er. — Le service de la surveillance des fournitures de bois de marine, institué par notre ordonnance du 7 septembre 1832, sera supprimé à dater du 1er janvier 1839.

Par un décret du 16 octobre 1858, le ministre des finances a été autorisé à faire réserver et livrer directement chaque année, par l'Administration des forêts, à la marine nationale, les bois extraits des forêts dépendant du domaine de l'État et propres aux constructions navales. Voir ces documents, à la suite de l'article 161 de l'ordonnance réglementaire.

Art. 124. — (*Disposition transitoire et prenant fin en 1837, concernant le droit de martelage des agents de la marine dans les bois des particuliers.*)

Art. 125 et 126. — (*Idem.*)

Art. 127. — Les adjudicataires des bois soumis au régime forestier, les maires des communes, ainsi que les administrateurs des établissements publics pour les exploitations faites sans adjudication, et les particuliers, traiteront de gré à gré du prix de leur bois avec la marine.

En cas de contestation, le prix sera réglé par experts nommés contradictoirement, et, s'il y a partage entre les experts, il en sera nommé un d'office par le président du tribunal de première instance, à la requête de la partie la plus diligente; les frais de l'expertise seront supportés en commun. (F. 141.)

Art. 128. — Les adjudicataires des bois soumis au régime forestier, les maires des communes, ainsi que les administrateurs des établissements publics, pour les exploitations faites sans adjudication, et les particuliers, pourront disposer librement des arbres marqués pour la marine, si, dans les trois mois après qu'ils en auront fait notifier à la sous-préfecture l'abatage, la marine n'a pas pris livraison de la totalité des arbres marqués appartenant au même propriétaire, et n'en a pas acquitté le prix. (F. 126.)

Art. 129. — La marine aura, jusqu'à l'abatage des arbres, la faculté d'annuler les martelages opérés pour son service; mais, conformément à l'article précédent, elle devra prendre tous les arbres marqués qui auront été abattus, ou les abandonner en totalité.

Art. 130, 131 et 132. — (Voir F. 124.)

Art. 133. — Les arbres qui auront été marqués pour le service de la marine dans les bois soumis au régime forestier, comme sur toute propriété privée, ne pourront être distraits de leur destination, sous peine d'une amende de 45 francs par mètre de tour de chaque arbre, sauf néanmoins les cas prévus par les articles 126 et 128. Les arbres marqués pour le service de la marine ne pourront être équarris avant la livraison, ni détériorés par ses agents avec des haches, scies, sondes ou autres instruments, à peine de la même amende. (F. 125, 131.)

Art. 134. — Les délits et contraventions concernant le service de la marine seront constatés, dans tous les bois, par procès-verbaux, soit des agents et gardes forestiers, soit des maîtres, contre-maîtres et aides contre-maîtres assermentés de la marine; en conséquence, les procès-verbaux de ces maîtres, contre-maîtres et aides contre-maîtres feront foi en justice comme ceux des gardes forestiers, pourvu qu'ils soient dressés et affirmés dans les mêmes formes et dans les mêmes délais. (F. 44, 159 s., 170, 176, 177; I. Cr. 16, 18.)

Art. 135. — Les dispositions du présent titre ne sont applicables qu'aux localités où le droit de martelage sera jugé indispensable pour le service de la marine, et pourra être utilement exercé par elle.

Le gouvernement fera dresser et publier l'état des départements, arrondissements et cantons qui ne seront pas soumis à l'exercice de ce droit.

La même publicité sera donnée au rétablissement de cet exercice dans les localités exceptées, lorsque le gouvernement jugera ce rétablissement nécessaire. (O. 161.)

Il a été satisfait à ces prescriptions par une ordonnance du 27 février 1833, dont la reproduction est aujourd'hui sans utilité.

SECTION II.

DES BOIS DESTINÉS AU SERVICE DES PONTS ET CHAUSSÉES POUR LES TRAVAUX DU RHIN.

Art. 136 à 143. . . . . .

TITRE X.

POLICE ET CONSERVATION DES BOIS ET FORÊTS.

SECTION PREMIÈRE.

DISPOSITIONS APPLICABLES A TOUS LES BOIS ET FORÊTS EN GÉNÉRAL.

Art. 144. — Loi du 18 juin 1859. Toute extraction ou enlèvement non autorisé de pierres, sable, minerai, terre ou gazon, tourbe, bruyères, genêts, herbages, feuilles vertes ou mortes, engrais existant sur le sol des forêts, glands, faines et autres fruits et semences des bois et forêts, donnera lieu à des amendes qui seront fixées ainsi qu'il suit :

Par charretée ou tombereau, de 10 à 30 francs pour chaque bête attelée;

Par chaque charge de bête de somme, de 5 à 15 francs ;

Par chaque charge d'homme, de 2 à 6 francs (F. 57, 198 s.; O. 169 s.)

Il pourra, en outre, être prononcé un emprisonnement de trois jours au plus. (F. 214.)

DÉCRET DU 25 MARS 1852. — Art. 3. — Les préfets statueront en Conseil de préfecture, sans l'autorisation du ministre des finances, mais sur l'avis ou la proposition des chefs de service, en matières domaniales et forestières, sur les objets déterminés par le tableau C ci-annexé. — *Tableau C.* . . . . 10° Travaux à exécuter dans les forêts communales ou d'établissements publics, pour la recherche ou la conduite des eaux, la construction des récipients et autres ouvrages analogues, lorsque ces travaux auront un but d'utilité communale.

Art. 145. — Il n'est point dérogé au droit conféré à l'administration des ponts et chaussées d'indiquer les lieux où doivent être faites les extractions de matériaux pour les travaux publics ; néanmoins les entrepreneurs seront tenus envers l'État, les communes et établissements publics, comme envers les particuliers, de payer toutes les indemnités de droit, et d'observer toutes les formes prescrites par les lois et règlements en cette matière. (O. 170 à 175.)

ARRÊT DU CONSEIL DU 7 SEPTEMBRE 1755. — Art. 2. — Les ingénieurs indiqueront autant qu'ils le pourront pour prendre les matériaux, des lieux où leur extraction causera le moins de dommage; ils s'abstiendront autant que faire se pourra d'en prendre dans les bois, et dans le cas où l'on ne pourrait s'en dispenser, veut Sa Majesté que les entrepreneurs ne puissent mettre des ouvriers dans les bois appartenant à Sa Majesté et aux gens de main-morte sans en avoir pris la permission des grands-maîtres qui constateront les lieux et la manière dont se fera l'extraction comme aussi les chemins par lesquels ils voitureront.

ARRÊT DU CONSEIL DU 20 MARS 1780. — La prohibition de prendre des matériaux dans les lieux clos ne doit s'entendre que des cours, vergers et autres possessions de ce genre, et elle ne peut s'étendre aux terres labourables, herbages, prés, bois, vignes et autres terres de même nature, quoique closes.

DÉCRET DU 26 PLUVIÔSE AN II (14 février 1794) : donne privilège sur les sommes dues aux entrepreneurs des travaux de l'État, pour les créances provenant du salaire des ouvriers et des fournitures de matériaux et autres objets servant à la construction des ouvrages.

LOI DU 28 PLUVIÔSE AN VIII (17 février 1800). — Art. 4. — Le Conseil de préfecture prononcera : . . . .

Sur les difficultés qui pourraient s'élever entre les entrepreneurs de travaux publics et l'administration, concernant le sens ou l'exécution des clauses de leurs marchés ;

Sur les réclamations des particuliers qui se plaindront de torts et dommages procédant du fait personnel des entrepreneurs et non du fait de l'administration ;

Sur les demandes et contestations concernant les indemnités dues aux particuliers, à raison des terrains pris ou fouillés pour la confection des chemins, canaux et autres ouvrages publics.

LOI DU 16 SEPTEMBRE 1807, *relative au dessèchement des marais.* — Art. 55. — Les terrains occupés, pour prendre les matériaux nécessaires aux routes et aux constructions publiques, pourront être payés aux propriétaires comme s'ils eussent été pris pour la route même.

Il n'y aura lieu à faire entrer dans l'estimation la valeur des matériaux à extraire, que dans le cas où l'on s'emparerait d'une carrière déjà en exploitation; alors lesdits matériaux seront évalués d'après leur prix courant, abstraction faite de l'existence et des besoins de la route pour laquelle ils seraient pris, ou des constructions auxquelles on les destine.

Art. 56. — Les experts pour l'évaluation des indemnités relatives à une occupation de terrain, dans les cas prévus au présent titre, seront nommés, pour les objets de travaux de grande voirie, l'un par le propriétaire, l'autre par le préfet ; et le tiers expert, s'il en est besoin, sera de droit l'ingénieur en chef du département. Lorsqu'il y aura des concessionnaires, un expert sera nommé par le propriétaire, un par le concessionnaire, et le tiers expert par le préfet.

LOI DU 21 MAI 1836 *sur les chemins vicinaux.*

Art. 17. — Les extractions de matériaux, les dépôts ou enlèvements de terre, les occupations temporaires de terrains, seront autorisés par arrêté du préfet, lequel désignera les lieux ; cet arrêté sera notifié aux parties intéressées au moins dix jours avant que son exécution puisse être commencée.

Si l'indemnité ne peut être fixée à l'amiable, elle sera réglée par le Conseil de préfecture, sur le rapport d'experts nommés, l'un par le sous-préfet, et l'autre par le propriétaire. — En cas de discord, le tiers expert sera nommé par le Conseil de préfecture.

Art. 18. — L'action en indemnité des propriétaires pour les terrains qui auront servi à la confection des chemins vicinaux et pour extraction de matériaux sera prescrite par le laps de deux ans.

Arrêt du Conseil du 20 juin 1631. — Il est permis à tous maîtres de forges de tirer castines en tous lieux et endroits où ils trouveront commodité pour l'usage de leurs forges et fourneaux, en dédommageant les propriétaires de la valeur du dessus de leurs terres seulement, suivant l'estimation des experts.

Art. 146. — Quiconque sera trouvé dans les bois et forêts, hors des routes et chemins ordinaires, avec serpes, cognées, haches, scies et autres instruments de même nature, sera condamné à une amende de 10 francs et à la confiscation desdits instruments. (F. 144, 161, 198.)

Art. 147. — Ceux dont les voitures, bestiaux, animaux de charge ou de monture, seront trouvés dans les forêts, hors des routes et chemins ordinaires, seront condamnés, savoir :

Par chaque voiture, à une amende de 10 francs

pour les bois de dix ans et au-dessus, et de 20 francs pour les bois au-dessous de cet âge ;

Par chaque tête ou espèce de bestiaux non attelés, aux amendes fixées pour délit de pâturage par l'article 199.

Le tout sans préjudice des dommages-intérêts. (F. 39, 71, 199, 202.)

Avis du Conseil d'État du 7 novembre 1872 portant que les routes forestières entretenues par les soins de l'administration des forêts font partie du domaine privé de l'État et non du domaine public, et que cette nature ne justifie pas la déclaration d'utilité publique.

Art. 148. — Il est défendu de porter ou allumer du feu dans l'intérieur et à la distance de 200 mètres des bois et forêts, sous peine d'une amende de 20 à 100 francs, sans préjudice, en cas d'incendie, des peines portées par le Code pénal et de tous dommages-intérêts, s'il y a lieu. (F. 38, 42, 151, 202 ; C. P. 434 s., 458.)

Loi des 28 septembre — 6 octobre 1791. — Toute personne qui aura allumé du feu dans les champs plus près que 50 toises (100 mètres) des maisons, bois, bruyères, vergers, haies, meules de grains, de paille ou de foin, sera condamné à une amende égale à la valeur de douze journées de travail, et payera, en outre, le dommage que le feu aura occasionné.

Loi des 22 décembre 1789 — 8 janvier 1790. — Les administrations de département sont chargées sous l'autorité et l'inspection du roi, comme chef suprême de la nation et de l'administration générale du royaume, de toutes les parties de cette administration, et notamment de celles qui sont relatives. . . . . 9° au maintien de la salubrité, de la sûreté et de la tranquillité publiques.

LOI DES 16-24 AOÛT 1790, art. 3. — LOI DES 19-22 JUILLET 1791, art. 46. — C. Pén. 471, n° 15, *Police municipale et rurale.* (Voy. Ch. 31.)

LOI DES 6 JUILLET — 3 AOÛT 1870. Voyez *Appendice.*

Art. 149. — Tous usagers qui, en cas d'incendie, refuseront de porter des secours dans les bois soumis à leur droit d'usage seront traduits en police correctionnelle, privés de ce droit pendant un an au moins et cinq ans au plus, et condamnés, en outre, aux peines portées en l'article 475 du Code pénal. (F. 61.)

L'article 475 du Code pénal (§ 12) punit d'une amende de 6 à 10 francs inclusivement ceux qui, le pouvant, ont refusé ou négligé de faire les travaux, le service, ou de prêter le secours dont ils ont été requis dans les circonstances d'accidents . . . . . *incendie* ou autres calamités.

Art. 150. — Les propriétaires riverains des bois et forêts ne peuvent se prévaloir de l'article 672 du Code civil pour l'élagage des lisières desdits bois et forêts, si ces arbres de lisière ont plus de trente ans.

Tout élagage qui serait exécuté sans l'autorisation des propriétaires des bois et forêts donnera lieu à l'application des peines portées par l'article 196. (O. 176.)

Code civil, art. 671. — Il n'est permis de planter des arbres de haute tige qu'à la distance prescrite par les règlements particuliers actuellement existants, ou par les usages constants et reconnus ; et, à défaut de règlements et usages, qu'à la distance de 2 mètres de la ligne séparative des deux héritages pour les arbres à haute tige, et à la distance d'un demi-mètre pour les autres arbres et haies vives.

Art. 672. — Le voisin peut exiger que les arbres et haies plantés à une moindre distance soient arrachés. — Celui sur la propriété duquel avancent les branches des arbres du voisin, peut contraindre celui-ci à couper ces branches. — Si ce sont les racines qui avancent sur son héritage, il a droit de les y couper lui-même. (C. civ. 552.)

Loi du 25 mai 1838. — Art. 6. — Les juges de paix connaissent, en outre, à charge d'appel . . . . . 2° des actions relatives à la distance prescrite par la loi, les règlements particuliers et l'usage des lieux, pour les plantations d'arbres ou de haies, lorsque la propriété ou les titres qui l'établissent ne sont pas contestés.

SECTION II.

DISPOSITIONS SPÉCIALES APPLICABLES SEULEMENT AUX BOIS ET FORÊTS SOUMIS AU RÉGIME FORESTIER.

Art. 151. — Aucun four à chaux ou à plâtre, soit temporaire, soit permanent, aucune briqueterie et tuilerie, ne pourront être établis dans l'intérieur et à moins d'un kilomètre des forêts, sans l'autorisation du gouvernement, à peine d'une amende de 100 à 500 francs et de démolition des établissements. (F. 148, 157; O. 177, 179.)

ORDONNANCE D'AOÛT 1669. — Titre 27, art. 12. — Défendons à toutes personnes de faire de la chaux à 100 perches (714 mètres) de nos forêts sans notre permission expresse, à peine de 500 livres d'amende et de confiscation des chevaux et harnais. (F. 218.)

DÉCRET DU 25 MARS 1852. — Art. 3. — Les préfets statueront en Conseil de préfecture, sans l'autorisation du ministre des finances, mais sur l'avis ou la proposition des chefs de service . . . . . , en matière domaniale et forestière, sur les objets déterminés par le tableau C ci-annexé. — *Tableau C* . . . . . 8° Demandes en autorisation concernant les établissements et constructions mentionnés dans les articles 151, 152, 153, 154 et 155 du Code forestier.

Art. 6. — Les actes des préfets qui seraient contraires aux lois et règlements, ou qui donneraient lieu aux réclamations des parties intéressées, pourront être annulés ou réformés par les ministres compétents.

Art. 152. — Il ne pourra être établi sans l'autorisation du gouvernement, sous quelque prétexte que ce soit, aucune maison sur perches, loge, baraque ou hangar, dans l'enceinte et à moins d'un kilomètre des bois et forêts, sous peine de 50 francs d'amende et de la démolition dans le mois, à dater du jour du jugement qui l'aura ordonnée. (F. 146, 157; O. 177 s.; décr. 25 mars 1852, art. 3.)

ORDONNANCE D'AOÛT 1669. — Titre 27, art. 17. — Toutes maisons bâties sur perches dans l'enceinte, aux reins et à demi-lieue des forêts, par des vagabonds et inutiles, seront incessamment démolies et leur sera fait défense d'en bâtir à l'avenir dans la distance de deux lieues de nos bois et forêts, sous peine de punition corporelle.

AVIS DU CONSEIL D'ÉTAT DU 22 BRUMAIRE AN XIV (13 nov. 1805) portant que l'on doit poursuivre sans retard la démolition des maisons sur perches mentionnées dans l'article 17, ordonnance de 1669, et celle des ateliers, loges et baraques construits en bois dans toutes les forêts nationales anciennes et nouvelles ou à la distance de 2 kilomètres.

Art. 153. — Aucune construction de maisons ou fermes ne pourra être effectuée, sans l'autorisation du gouvernement, à la distance de 500 mètres des bois et forêts soumis au régime forestier, sous peine de démolition.

Il sera statué dans le délai de six mois sur les demandes en autorisation; passé ce délai, la construction pourra être effectuée.

Il n'y aura point lieu à ordonner la démolition des maisons ou fermes actuellement existantes. Ces maisons ou fermes pourront être réparées, reconstruites et augmentées sans autorisation.

Sont exceptés des dispositions du § 1er du présent

article les bois et forêts appartenant aux communes et qui sont d'une contenance au-dessous de 250 hectares. (F. 156; O. 177, 178; décr. 25 mars 1852, art. 3.)

ORDONNANCE D'AOÛT 1669. — Titre 27, art. 18. — Défendons à toutes personnes de faire construire à l'avenir aucuns châteaux, fermes et maisons dans l'enclos, aux rives et à demi-lieue de nos forêts sans espérance d'aucune remise ni modération des peines d'amende et de confiscation du fonds et des bâtiments.

AVIS DU CONSEIL D'ÉTAT DU 22 BRUMAIRE AN XIV (13 nov. 1805) portant que la défense de l'article 18 s'applique, malgré une certaine désuétude, à toutes les forêts domaniales anciennes, et s'appliquera à l'avenir aux forêts domaniales nouvelles, mais non aux forêts communales, bien qu'administrées comme forêts de l'État.

Art. 154. — Nul individu habitant les maisons ou fermes actuellement existantes dans le rayon ci-dessus fixé, ou dont la construction y aura été autorisée en vertu de l'article précédent, ne pourra établir dans lesdites maisons ou fermes aucun atelier à façonner le bois, aucun chantier ou magasin pour faire le commerce de bois, sans la permission spéciale du gouvernement, sous peine de 50 francs d'amende et de la confiscation des bois. (F. 153, 156, 157; O. 177; décr. du 25 mars 1852.)

Lorsque les individus qui auront obtenu cette permission auront subi une condamnation pour délits forestiers, le gouvernement pourra leur retirer ladite permission.

Art. 155. — Aucune usine à scier le bois ne pourra être établie dans l'enceinte et à moins de 2 kilomètres de distance des bois et forêts qu'avec l'autorisation du gouvernement, sous peine d'une amende de 100 à 500 francs et de la démolition dans le mois, à dater du jugement qui l'aura ordonnée. (F. 157 ; O. 177, 179. 180 ; décr. du 25 mars 1852.)

ARRÊT DU CONSEIL DU 28 JANVIER 1750 défendant de construire des scieries, sans autorisation du roi, aux rives de ses forêts, conformément à l'article 18 de l'ordonnance de 1669. [Décret du Cons. d'État, 23 prair. an XII (12 juin 1804), étend cet arrêt à toutes les forêts domaniales en vertu de l'art. 609 du Code des délits et des peines qui a maintenu l'exécution de l'ord. de 1669.] (F. 218.)

Art. 156. — Sont exceptées des dispositions des trois articles précédents les maisons et usines qui font partie de villes, villages ou hameaux formant une population agglomérée, bien qu'elles se trouvent dans les distances ci-dessus fixées des bois et forêts. (O. 179.)

Art. 157. — Les usines, hangars et autres établissements autorisés en vertu des articles 151, 152, 154 et 155, seront soumis aux visites des agents et gardes forestiers, qui pourront y faire toutes perquisitions sans l'assistance d'un officier public, pourvu qu'ils se présentent au nombre de deux au moins, ou que l'agent ou garde forestier soit accompagné de deux témoins domiciliés dans la commune. (F. 161, 162; I. Cr. 16.)

Art. 158. — Aucun arbre, bille ou tronce ne pourra être reçu dans les scieries dont il est fait mention en l'article 155, sans avoir été préalablement reconnu par le garde forestier du canton et marqué de son marteau; ce qui devra avoir lieu dans les cinq jours de la déclaration qui en aura été faite, sous peine, contre les exploitants desdites scieries, d'une amende de 50 à 300 francs. En cas de récidive, l'amende sera double, et la suppression de l'usine pourra être ordonnée par le tribunal. (F. 201; O. 180; Loi 22 déc. 1789 — 8 janv. 1790. F. 148.)

TITRE XI.

DES POURSUITES EN RÉPARATION DE DÉLITS ET CONTRAVENTIONS.

SECTION PREMIÈRE.

DE LA POURSUITE DES DÉLITS ET CONTRAVENTIONS COMMIS DANS LES BOIS SOUMIS AU RÉGIME FORESTIER.

Art. 159. — LOI DU 18 JUIN 1859. L'administration forestière est chargée, tant dans l'intérêt de l'État que dans celui des autres propriétaires de bois et forêts soumis au régime forestier, des poursuites en réparation de tous délits et contraventions commis dans ces bois et forêts, sauf l'exception mentionnée en l'article 87.

Elle est également chargée de la poursuite en réparation des délits et contraventions spécifiés aux articles 134, 143 et 219.

Les actions et poursuites seront exercées, par les agents forestiers, au nom de l'administration forestière, sans préjudice du droit qui appartient au ministère public. (F. 183 s.; O. 187; I. Cr. 179 s.)

L'administration des forêts est autorisée à transiger, avant jugement définitif, sur la poursuite des délits et des contraventions en matière forestière, commis dans les bois soumis au régime forestier. Après jugement définitif, la transaction ne peut porter que sur les peines et réparations pécuniaires. (Décret du 21 décembre 1859. O. 187.)

Avis du Conseil d'État du 22 juin 1831. (Voy. F. 52.)

I. crim. 19. — Le conservateur, inspecteur ou sous-inspecteur fera citer les prévenus ou les personnes civilement responsables devant le tribunal correctionnel.

I. crim. 182. — Le tribunal sera saisi en matière correctionnelle de la connaissance des délits de sa compétence..... par la citation donnée directement au prévenu et aux personnes civilement responsables du délit par la partie civile et à l'égard des délits forestiers par le conservateur, inspecteur, sous-inspecteur ou par les gardes généraux.

Décret du 18 juin 1811, art. 158. — Sont assimilées aux parties civiles : 1° toute régie ou administration publique relativement aux procès suivis soit à sa requête, soit même d'office et dans son intérêt ; 2° les communes et les établissements publics dans les procès instruits ou à leur requête ou même d'office, pour crimes ou délits commis contre leurs propriétés.

Avis du Conseil d'État du 26 novembre 1860, approuvé par le ministre des finances le 22 décembre suivant :

Le droit de transaction attribué à l'administration forestière par la loi du 18 juin 1859 s'applique, à l'exclusion des délits de pêche, à tous les délits et contraventions en matière forestière et de chasse, dont la poursuite appartient à cette administration.

Ce droit ne peut être étendu aux contraventions et délits prévus par les articles 219 et suivants du Code forestier.

Art. 160. — Les agents, arpenteurs et gardes forestiers recherchent et constatent par procès-verbaux les délits et contraventions, savoir : les agents et arpenteurs, dans toute l'étendue du territoire pour lequel ils sont commissionnés ; et les gardes, dans l'arrondissement du tribunal près duquel ils sont assermentés. (F. 5, 6, 159 s., 176 s. ; O. 11, 24 s., 181 ; Ch. 22 ; I. Cr. 16, 18 s.)

Loi des 22 mars—1er avril 1806 concernant l'attribution donnée aux agents supérieurs des forêts pour l'instruction et la poursuite des délits commis dans les forêts. (F. 218.)

I. CRIM., art. 9. — La police judiciaire sera exercée sous l'autorité des Cours d'appel et suivant les distinctions qui vont être établies,... par les gardes champêtres et les gardes forestiers. (I. Crim. 279 et s.)

Art. 16. — Les gardes champêtres et les gardes forestiers, considérés comme officiers de police judiciaire, sont chargés de rechercher, chacun dans le territoire pour lequel ils auront été assermentés, les délits et les contraventions de police qui auront porté atteinte aux propriétés rurales et forestières.

Art. 17. — Les gardes champêtres et forestiers sont, comme officiers de police judiciaire, sous la surveillance du procureur impérial, sans préjudice de leur subordination à l'égard de leurs supérieurs dans l'administration.

Art. 161. — Les gardes sont autorisés à saisir les bestiaux trouvés en délit, et les instruments, voitures et attelages des délinquants, et à les mettre en séquestre. Ils suivront les objets enlevés par les délinquants jusque dans les lieux où ils auront été transportés, et les mettront également en séquestre.

Ils ne pourront néanmoins s'introduire dans les maisons, bâtiments, cours adjacentes et enclos, si ce n'est en présence, soit du juge de paix ou de son suppléant, soit du maire du lieu ou de son adjoint, soit du commissaire de police. (F. 157, 189; O. 24, 182; I. Cr. 16; Pén. 184.)

I. CRIM. 16. — Ils (*les gardes champêtres et forestiers*) suivront les choses enlevées dans les lieux où elles auront été transportées et les mettront en séquestre : ils ne pourront néanmoins s'introduire dans les maisons, ateliers, bâtiments, cours adjacentes et enclos, si ce n'est en présence soit du juge de paix, soit de son suppléant, soit du commissaire de police, soit du maire du lieu, soit de son adjoint ; et le procès-verbal qui devra en être dressé sera signé par celui en présence duquel il aura été fait.

Art. 162. — Les fonctionnaires dénommés en l'article précédent ne pourront se refuser à accompagner sur-le-champ les gardes, lorsqu'ils en seront requis par eux pour assister à des perquisitions.

Ils seront tenus, en outre, de signer le procès-verbal du séquestre ou de la perquisition faite en leur présence; sauf au garde, en cas de refus de leur part, à en faire mention au procès-verbal. (F. 161, 189; O. 182.)

Art. 163. — Les gardes arrêteront et conduiront devant le juge de paix ou devant le maire tout inconnu qu'ils auront surpris en flagrant délit. (F. 160, 189; O. 182; I. C. 16, 41, 106; Ch. 25.)

I. CRIM. — Art. 16. — Ils (*les gardes forestiers*) arrêteront et conduiront devant le juge de paix ou devant le maire tout individu qu'ils auront surpris en flagrant délit ou qui sera dénoncé par la clameur publique, lorsque ce délit emportera la peine d'emprisonnement ou une peine plus grave.

Ils se feront donner, pour cet effet, main-forte par le maire ou par l'adjoint du maire du lieu qui ne pourra s'y refuser. (F. 164.)

Art. 41. — Le délit qui se commet actuellement ou qui vient de se commettre est un flagrant délit. — Seront aussi réputés flagrant délit, le cas où le prévenu est poursuivi par la clameur publique et celui où le prévenu est trouvé saisi d'effets, armes, instruments ou papiers faisant présumer qu'il est l'auteur ou complice, pourvu que ce soit dans un temps voisin du délit.

DÉCRET DU 7 AVRIL 1813. — Art. 3. — Il n'est dû aucuns frais de voyage aux gardes champêtres ou forestiers tant pour la remise qu'ils sont tenus de faire de leurs procès-verbaux, conformément aux articles 18 et 20 du Code d'instruction criminelle, que pour la conduite des personnes par eux arrêtées devant l'autorité compétente. (F. 175.)

Art. 164. — Les agents et les gardes de l'administration des forêts ont le droit de requérir directement la force publique pour la répression des délits et contraventions en matière forestière, ainsi que pour la recherche et la saisie des bois coupés en délit, vendus ou achetés en fraude. (I. Cr. 25; Pén. 234.)

LOI DU 28 GERMINAL AN VI, *relative à l'organisation de la gendarmerie*, art. 133. — Les brigades de la gendarmerie nationale prêteront main-forte, lorsqu'elle leur sera légalement demandée, savoir : — Par les administrateurs et agents forestiers, pour la répression des délits relatifs à la police et à l'administration forestière, lorsque les gardes forestiers ne seront pas en force suffisante pour arrêter les délinquants.

Ordonnance du 29 octobre 1820, art. 58. — Les réquisitions sont faites par écrit, signées et dans la forme ci-après :

Conformément à l'ordonnance sur le service de la gendarmerie, et en vertu de (*loi*, *arrêté*, *règlement*), nous requérons (*le grade et le lieu de résidence*) de commander... faire.... se transporter... arrêter, etc..., et qu'il nous fasse part (*si c'est un officier*), et qu'il nous rende compte (*si c'est un sous-officier*) de l'exécution de ce qui est par nous requis au nom de la loi. — Fait à....

Art. 188. — Le service extraordinaire de la gendarmerie consiste : 1° à prêter main-forte.... aux administrateurs et agents forestiers, etc.

Les réquisitions pour l'exécution du service extraordinaire sont adressées, savoir : dans les chefs-lieux de département, au commandant de la compagnie ; dans les sous-préfectures, au lieutenant de l'arrondissement, et sur les autres points, aux commandants des brigades.

Art. 189. — Les sous-officiers et gendarmes requis de prêter main-forte aux fonctionnaires et agents ci-dessus dénommés peuvent signer les procès-verbaux dressés par ces fonctionnaires et agents, après avoir pris connaissance de leur contenu.

Art. 165. — Les gardes écriront eux-mêmes leurs procès-verbaux ; ils les signeront, et les affirmeront, au plus tard le lendemain de la clôture desdits procès-verbaux, par devant le juge de paix du canton ou l'un de ses suppléants, ou par-devant le maire ou l'adjoint, soit de la commune de leur résidence soit de celle où le délit a été commis ou constaté; le tout sous peine de nullité. (F. 160, 176, 189; O. 26, 181 à 183; I. Cr. 16 s.)

Toutefois, si, par suite d'un empêchement quelconque, le procès-verbal est seulement signé par le garde, mais non écrit en entier de sa main, l'officier public qui en recevra l'affirmation devra lui en donner préalablement lecture, et faire ensuite mention de cette formalité; le tout sous peine de nullité du procès-verbal. (P. 44; Ch. 24.)

LOI DU 17 THERMIDOR AN VI. — Art. 2. — Le délai de l'affirmation n'est pas prorogé si le lendemain est un jour férié.

I. CRIM. 16. — Ils (*les gardes forestiers*) dresseront des procès-verbaux à l'effet de constater la nature, les circonstances, le temps, le lieu des délits et des contraventions, ainsi que les preuves et les indices qu'ils auront pu en recueillir.

Art. 166. — Les procès-verbaux que les agents forestiers, les gardes généraux et les gardes à cheval dresseront, soit isolément, soit avec le concours d'un garde, ne seront point soumis à l'affirmation. (F. 176, 177; O. 11.)

Art. 167. — Dans les cas ou le procès-verbal portera saisie, il en sera fait, aussitôt après l'affirmation, une expédition qui sera déposée dans les vingt-quatre heures au greffe de la justice de paix, pour qu'il en puisse être donné communication à ceux qui réclameraient des objets saisis. (F. 161, 169, 189; O. 183, 184.)

Art. 168. — Les juges de paix pourront donner main-levée provisoire des objets saisis, à la charge du paiement des frais de séquestre, et moyennant une bonne et valable caution.

En cas de contestation sur la solvabilité de la caution, il sera statué par le juge de paix. (F. 161, 189; O. 184.)

Art. 169. — Si les bestiaux saisis ne sont pas réclamés dans les cinq jours qui suivront le séquestre, ou s'il n'est pas fourni bonne et valable caution, le juge de paix en ordonnera la vente à l'enchère, au marché le plus voisin. Il y sera procédé à la diligence du receveur des domaines, qui la fera publier vingt-quatre heures d'avance.

Les frais de séquestre et de vente seront taxés par le juge de paix, et prélevés sur le produit de la vente; le surplus restera déposé entre les mains du receveur des domaines, jusqu'à ce qu'il ait été statué en dernier ressort sur le procès-verbal.

Si la réclamation n'a lieu qu'après la vente des bestiaux saisis, le propriétaire n'aura droit qu'à la restitution du produit net de la vente, tous frais déduits, dans le cas où cette restitution serait ordonnée par le jugement. (F. 161, 189; O. 184.)

DÉCRET DU 18 JUIN 1811, art. 39 et 40. — *Tarif criminel.*

Art. 170. — Les procès-verbaux seront, sous peine de nullité, enregistrés dans les quatre jours qui suivront celui de l'affirmation, ou celui de la clôture du procès-verbal, s'il n'est pas sujet à l'affirmation. (F. 166, 189.)

L'enregistrement s'en fera en débet, lorsque les délits ou contraventions intéresseront l'État, le domaine de la Couronne, ou les communes et les établissements publics. (F. 104, 176; P. F. 47.)

DÉCRET DU 18 JUIN 1811. — Art. 157. — Ceux qui se seront constitués parties civiles, soit qu'ils succombent ou non, seront personnellement tenus des frais d'instruction, expédition et signification des jugements, sauf leur recours contre les prévenus ou accusés qui seront condamnés et contre les personnes civilement responsables du délit. (I. crim. 368.)

Art. 158. — (Voy. F. 159.)

LOI DU 22 FRIMAIRE AN VII. — Art. 20. — Le délai pour faire enregistrer les actes publics est de quatre jours pour ceux des huissiers et autres ayant pouvoir de faire des exploits et procès-verbaux, à peine d'amende réduite à 5 francs par la loi du 16 juin 1824, art. 10.

Art. 25. — Dans les délais d'enregistrement, le jour de la date de l'acte n'est point compté. Si le dernier jour du délai se trouve être un jour de décadi ou un jour de fête nationale, ces jours ne sont point comptés non plus.

Art. 70. — Sont enregistrés en débet : 4° les actes des gardes établis par l'autorité publique pour délits ruraux et forestiers ; 5° les actes et jugements qui interviennent sur ces actes et procès-verbaux.

Loi du 25 mars 1817. — Art. 74. — Les actes et procès-verbaux des... gardes forestiers (*autres que ceux des particuliers*) et généralement tous les actes qui ont pour objet la poursuite et la répression des délits et contraventions aux règlements généraux de police et d'impositions, seront visés pour timbre et enregistrés en débet, lorsqu'il n'y aura pas de partie civile poursuivante, sauf à suivre le recouvrement des droits contre les condamnés.

Loi du 28 avril 1816. — Art. 41, n° 16. — Porte à 2 francs le droit d'enregistrement des procès-verbaux et rapports, droit augmenté de moitié en sus (loi du 28 février 1872 ; voy. F. 5), plus les décimes.

Art. 171. — Toutes les actions et poursuites exercées au nom de l'administration générale des forêts, et à la requête de ses agents, en réparation de délits ou contraventions en matière forestière, sont portées devant les tribunaux correctionnels, lesquels sont seuls compétents pour en connaître. (F. 190 ; O. 187; I. Cr. 16, 19, 23, 63, 179, 182, 190.)

I. crim. 179. — Les tribunaux de première instance en matière civile connaîtront, en outre, sous le titre de tribunaux correctionnels de tous les délits forestiers poursuivis à la requête de l'administration.....

Art. 172. — L'acte de citation doit, à peine de nullité, contenir la copie du procès-verbal et de l'acte d'affirmation. (F. 165, 173, 187, 189 ; P. F. 49.)

LOI DU 22 FRIMAIRE AN VII. — Art. 20. — Délai d'enregistrement. (Voy. F. 170.)

Art. 68, n° 30. — Droit, 1 franc, augmenté de moitié en sus. (Loi du 28 février 1872 ; voy. F. 5.)

LOI DU 16 JUIN 1824. — Art. 10. — Amende, 5 francs. (Voy. F. 170.)

Art. 173. — Les gardes de l'administration forestière pourront, dans les actions et poursuites exercées en son nom, faire toutes citations et significations d'exploits, sans pouvoir procéder aux saisies-exécutions.

Leurs rétributions pour les actes de ce genre seront taxées comme pour les actes faits par les huissiers des juges de paix. (P. F. 50.)

DÉCRET DU 1er AVRIL 1808. — Tous les actes des gardes forestiers dans lesquels ils remplacent les huissiers seront taxés comme ceux faits par les huissiers des juges de paix. (Décret du 18 juin 1811, art. 65, 3.)

Art. 174. — Les agents forestiers ont le droit d'exposer l'affaire devant le tribunal, et sont entendus à l'appui de leurs conclusions. (O. 185.)

I. CRIM. 190. — .....Le conservateur, inspecteur ou sous-inspecteur forestier ou à leur défaut le garde général exposeront l'affaire.....

DÉCRET DU 18 JUIN 1809. — Dans les audiences publiques des tribunaux correctionnels, les agents de l'administration des forêts auront une place particulière à la suite du parquet de notre procureur impérial et de ses substituts. Ils se tiendront découverts.

Art. 175. — Les délits ou contraventions en matière forestière seront prouvés, soit par procès-verbaux, soit par témoins à défaut de procès-verbaux, ou en cas d'insuffisance de ces actes. (F. 178, 189; I. Cr. 154, 176, 189; Ch. 21.)

DÉCRET DU 7 AVRIL 1813. — Art. 3. — .....Lorsque les gardes champêtres ou forestiers seront appelés en justice, soit pour être entendus comme témoins lorsqu'ils n'auront point dressé de procès-verbaux, soit pour donner des explications sur les faits contenus dans les procès-verbaux qu'ils auront dressés, ils auront droit aux mêmes taxes que les témoins ordinaires. (Décret du 18 juin 1811, art. 32.)

Art. 176. — Les procès-verbaux, revêtus de toutes les formalités prescrites par les articles 165 et 170, et qui sont dressés et signés par deux agents ou gardes forestiers, font preuve, jusqu'à inscription de faux, des faits matériels relatifs aux délits et contraventions qu'ils constatent, quelles que soient les condamnations auxquelles ces délits et contraventions peuvent donner lieu.

Il ne sera, en conséquence, admis aucune preuve outre ou contre le contenu de ces procès-verbaux, à moins qu'il n'existe une cause légale de récusation contre l'un des signataires. (F. 177, 179, 188; I. cr. 154 s., 189; Ch. 22.)

Art. 177. — Les procès-verbaux, revêtus de toutes les formalités prescrites, mais qui ne seront dressés et signés que par un seul agent ou garde, feront de même preuve suffisante jusqu'à inscription de faux, mais seulement lorsque le délit ou la contravention n'entraînera pas une condamnation de plus de 100 francs, tant pour amende que pour dommages-intérêts.

Lorsqu'un de ces procès-verbaux constatera à la fois contre divers individus des délits ou contraventions distincts et séparés, il n'en fera pas moins foi, aux termes du présent article, pour chaque délit ou contravention qui n'entraînerait pas une condamnation de plus de 100 francs, tant pour amende que pour dommages-intérêts, quelle que soit la quotité à laquelle pourraient s'élever toutes les condamnations réunies. (F. 165, 170 s., 179, 181, 188, 202; I. cr. 154 s., 189.)

Art. 178. — Les procès-verbaux qui, d'après les dispositions qui précèdent, ne font point foi et preuve suffisante jusqu'à inscription de faux, peuvent être corroborés et combattus par toutes les preuves légales, conformément à l'article 154 du Code d'instruction criminelle. (F. 175 s., 188.)

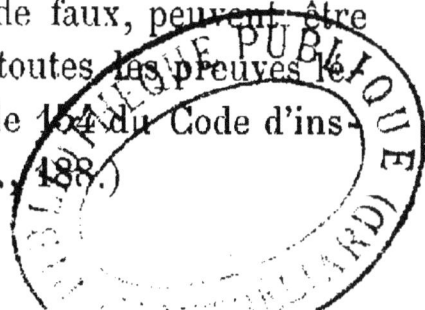

I. CRIM. 154. — Les contraventions seront prouvées soit par procès-verbaux ou rapports, soit par témoins à défaut de rapports et procès-verbaux ou à leur appui.... Ils (*ces procès-verbaux*) pourront être débattus par des preuves contraires, soit écrites, soit testimoniales, si le tribunal juge à propos de les admettre.

Art. 179. — Le prévenu qui voudra s'inscrire en faux contre le procès-verbal sera tenu d'en faire, par écrit et en personne, ou par un fondé de pouvoirs spécial par acte notarié, la déclaration au greffe du tribunal, avant l'audience indiquée par la citation.

Cette déclaration sera reçue par le greffier du tribunal : elle sera signée par le prévenu ou son fondé de pouvoirs; et dans le cas où il ne saurait ou ne pourrait signer, il en sera fait mention expresse.

Au jour indiqué pour l'audience, le tribunal donnera acte de la déclaration, et fixera un délai de trois jours au moins et de huit jours au plus, pendant lequel le prévenu sera tenu de faire au greffe le dépôt des moyens de faux, et des noms, qualités et demeures des témoins qu'il voudra faire entendre.

A l'expiration de ce délai, et sans qu'il soit besoin d'une citation nouvelle, le tribunal admettra les moyens de faux, s'ils sont de nature à détruire l'effet du procès-verbal, et il sera procédé sur le faux conformément aux lois.

Dans le cas contraire, ou faute par le prévenu

d'avoir rempli toutes les formalités ci-dessus prescrites, le tribunal déclarera qu'il n'y a lieu à admettre les moyens de faux, et ordonnera qu'il soit passé outre au jugement. (F. 176, 180, 181; I. cr. 448 s.; Pén. 145 s. Pr. 214 s., Pr. 246, *Amënde.* Cass. 8 fév. 1845.)

Art. 180. — Le prévenu contre lequel aura été rendu un jugement par défaut sera encore admissible à faire sa déclaration d'inscription de faux pendant le délai qui lui est accordé par la loi pour se présenter à l'audience sur l'opposition par lui formée. (F. 179, 187; I. cr. 151, 186 s.)

Art. 181. — Lorsqu'un procès-verbal sera rédigé contre plusieurs prévenus, et qu'un ou quelques-uns d'entre eux seulement s'inscriront en faux, le procès-verbal continuera de faire foi à l'égard des autres, à moins que le fait sur lequel portera l'inscription de faux ne soit indivisible et commun aux autres prévenus.

Art. 182. — Si, dans une instance en réparation de délit ou contravention, le prévenu excipe d'un droit de propriété ou autre droit réel, le tribunal saisi de la plainte statuera sur l'incident en se conformant aux règles suivantes :

L'exception préjudicielle ne sera admise qu'autant qu'elle sera fondée, soit sur un titre apparent, soit sur des faits de possession équivalents, personnels au prévenu et par lui articulés avec précision, et si le titre produit ou les faits articulés sont de nature, dans le cas où ils seraient reconnus par l'autorité compétente, à ôter au fait qui sert de base aux poursuites tout caractère de délit ou de contravention.

Dans le cas de renvoi à fins civiles, le jugement fixera un bref délai dans lequel la partie qui aura élevé la question préjudicielle devra saisir les juges compétents de la connaissance du litige et justifier de ses diligences; sinon, il sera passé outre. Toutefois, en cas de condamnation, il sera sursis à l'exécution du jugement, sous le rapport de l'emprisonnement, s'il était prononcé, et le montant des amendes, restitutions et dommages-intérêts sera versé à la Caisse des dépôts et consignations pour être remis à qui il sera ordonné par le tribunal qui statuera sur le fond du droit. (F. 189.)

Art. 183. — Les agents de l'administration des forêts peuvent, en son nom, interjeter appel des jugements, et se pourvoir contre les arrêts et jugements en dernier ressort; mais ils ne peuvent se désister de leurs appels sans son autorisation spéciale. (F. 184, 187; I. Cr. 199, 216.)

I. CRIM. 202. — La faculté d'appeler appartiendra..... à l'administration forestière.

Art. 184. — Le droit attribué à l'administration des forêts et à ses agents de se pourvoir contre les jugements et arrêts par appel ou par recours en cassation, est indépendant de la même faculté qui est accordée par la loi au ministère public, lequel peut toujours en user, même lorsque l'administration ou ses agents auraient acquiescé aux jugements et arrêts. (F. 159; I. Cr. 202, 216, 413.)

Art. 185. — Les actions en réparation de délits et contraventions en matière forestière se prescrivent par trois mois, à compter du jour où les délits et contraventions ont été constatés, lorsque les prévenus sont désignés dans les procès-verbaux. Dans le cas contraire, le délai de prescription est de six mois, à compter du même jour. (F. 225; Ch. 29.)

Sans préjudice, à l'égard des adjudicataires et entrepreneurs des coupes, des dispositions contenues aux articles 45, 47, 50, 51 et 82 de la présente loi. (F. 46, 186, 189, 206; I. Cr. 636 s.)

Art. 186. — Les dispositions de l'article précédent ne sont point applicables aux contraventions, délits et malversations commis par des agents, préposés ou gardes de l'administration forestière dans l'exercice de leurs fonctions; les délais de prescription à l'égard de ces préposés et de leurs complices seront les mêmes qui sont déterminés par le Code d'instruction criminelle. (F. 6; I. Cr. 636 s.)

Art. 187. — Les dispositions du Code d'instruction criminelle sur la poursuite des délits et contraventions, sur les citations et délais, sur les défauts, oppositions, jugements, appels et recours en cassation, sont et demeurent applicables à la poursuite des délits et contraventions spécifiés par la présente loi, sauf les modifications qui résultent du présent titre. (F. 172, 189, 208; I, Cr. 130, 137, 146, 150, 153, 172, 179, 184, 186, 190, 199, 216, 413.)

Loi du 9 juin 1857 (*Code de justice militaire*), art. 273. — Ne sont pas soumises à la juridiction des Conseils de guerre, les infractions commises par des militaires aux lois sur la chasse, la pêche, les douanes, les contributions indirectes, les octrois, les forêts et la grande voirie. (Loi du 4 juin 1858, art. 372. Même disposition pour l'armée de mer.)

SECTION II.

DE LA POURSUITE DES DÉLITS ET CONTRAVENTIONS COMMIS DANS LES BOIS NON SOUMIS AU RÉGIME FORESTIER.

Art. 188. — Loi du 18 juin 1859. Les délits et contraventions commis dans les bois non soumis au régime forestier sont recherchés et constatés tant par les gardes des bois et forêts des particuliers que par les gardes champêtres des communes, les gendarmes, et, en général, par tous les officiers de police judiciaire chargés de rechercher et de constater les délits ruraux.

Les procès-verbaux feront foi jusqu'à preuve contraire.

Ces procès-verbaux, à l'exception de ceux dressés par les gardes particuliers, sont enregistrés en débet. (F. 117, 178, 191; I. Cr. 154.)

Art. 189. — LOI DU 18 JUIN 1859. Les dispositions contenues aux articles 161, 162, 163, 167, 168, 169, 170, § 1er, 182, 185 et 187 ci-dessus, sont applicables à la poursuite des délits et contraventions commis dans les bois non soumis au régime forestier.

Toutefois, dans les cas prévus par l'article 169, lorsqu'il y aura lieu à effectuer la vente des bestiaux saisis, le produit net de la vente sera versé à la Caisse des dépôts et consignations. (Ord. 8 juillet 1816, art. 2.)

Les dispositions de l'article 165 seront applicables à la rédaction des procès-verbaux dressés par les gardes des bois et forêts des particuliers.

Art. 190. — Il n'est rien changé aux dispositions du Code d'instruction criminelle relativement à la compétence des tribunaux, pour statuer sur les délits et contraventions commis dans les bois et forêts qui appartiennent aux particuliers. (F. 117, 187; I. cr. 20, 137, 139, 179; Pén. 9 à 11, 464 s.)

Art. 191. — Les procès-verbaux dressés par les gardes des bois des particuliers seront, dans le délai d'un mois, à dater de l'affirmation, remis au procureur du roi ou au juge de paix, suivant leur compétence respective. (F. 117, 185, 190; I. cr. 20.)

TITRE XII.

DES PEINES ET CONDAMNATIONS POUR TOUS LES BOIS ET FORÊTS EN GÉNÉRAL.

Art. 192. — LOI DU 18 JUIN 1859. La coupe ou l'enlèvement d'arbres ayant deux décimètres de tour et au-dessus donnera lieu à des amendes qui seront déterminées dans les proportions suivantes, d'après l'essence et la circonférence des arbres.

Les arbres sont divisés en deux classes.

La première comprend les chênes, hêtres, charmes, ormes, frênes, érables, platanes, pins, sapins, mélèzes, châtaigners, alisiers, noyers, sorbiers, cormiers, mérisiers et autres arbres fruitiers.

La seconde se compose des aunes, tilleuls, bouleaux, trembles, peupliers, saules, et de toutes les espèces non comprises dans la première classe.

Si les arbres de la première classe ont deux décimètres de tour, l'amende sera de 1 franc par chacun de ces deux décimètres, et s'accroîtra ensuite progressivement de 10 centimes par chacun des autres décimètres.

Si les arbres de la seconde classe ont deux décimètres de tour, l'amende sera de 50 centimes par chacun de ces deux décimètres, et s'accroîtra ensuite progressivement de 5 centimes par chacun des autres décimètres.

Le tout conformément au tableau annexé à la présente loi.

La circonférence sera mesurée à un mètre du sol. (F. 34, 193, 194, 198, 202, 211 à 214.)

Il pourra, en outre, être prononcé un emprisonnement de cinq jours au plus, si l'amende n'excède pas 15 francs, et de deux mois au plus, si l'amende est supérieure à cette somme. (F. 214.)

Tarif des amendes à prononcer par arbre, d'après sa grosseur et son essence.

ARBRES DE PREMIÈRE CLASSE.					ARBRES DE SECONDE CLASSE.				
Circonférence.	Amende par décimètre.		Amende par arbre.		Circonférence.	Amende par décimètre.		Amende par arbre.	
Décim.	Fr.	C.	Fr.	C.	Décim.	Fr.	C.	Fr.	C.
1	»	»	»	»	1	»	»	»	»
2	1	00	2	00	2	0	50	1	00
3	1	10	3	30	3	0	55	1	65
4	1	20	4	80	4	0	60	2	40
5	1	30	6	50	5	0	65	3	25
6	1	40	8	40	6	0	70	4	20
7	1	50	10	50	7	0	75	5	25
8	1	60	12	80	8	0	80	6	40
9	1	70	15	30	9	0	85	7	65
10	1	80	18	00	10	0	90	9	00
11	1	90	20	90	11	0	95	10	45
12	2	00	24	00	12	1	00	12	00
13	2	10	27	30	13	1	05	13	65
14	2	20	30	80	14	1	10	15	40
15	2	30	34	50	15	1	15	17	25
16	2	40	38	40	16	1	20	19	20
17	2	50	42	50	17	1	25	21	25
18	2	60	46	80	18	1	30	23	40
19	2	70	51	30	19	1	35	25	65
20	2	80	56	00	20	1	40	28	00
21	2	90	60	90	21	1	45	30	45
22	3	00	66	00	22	1	50	33	00
23	3	10	71	30	23	1	55	35	65
24	3	20	76	80	24	1	60	38	40
25	3	30	82	50	25	1	65	41	25
26	3	40	88	40	26	1	70	44	20
27	3	50	94	50	27	1	75	47	25
28	3	60	100	80	28	1	80	50	40
29	3	70	107	30	29	1	85	53	65
30	3	80	114	00	30	1	90	57	00
31	3	90	120	90	31	1	95	60	45
32	4	00	128	00	32	2	00	64	00

Art. 193. — Si les arbres auxquels s'applique le tarif établi par l'article précédent ont été enlevés et façonnés, le tour en sera mesuré sur la souche ; et si la souche a été également enlevée, le tour sera calculé dans la proportion d'un cinquième en sus de la dimension totale des quatre faces de l'arbre équarri.

Lorsque l'arbre et sa souche auront disparu, l'amende sera calculée suivant la grosseur de l'arbre arbitrée par le tribunal d'après les documents du procès. (F. 192. 34. Pén. 445.)

Les vols de bois dans les ventes sont punis d'un emprisonnement d'un an au moins et de cinq ans au plus, et d'une amende de 16 francs à 500 francs. (Code pénal, art. 388.)

Art. 194. — Loi du 18 juin 1859. L'amende, pour coupe ou enlèvement de bois qui n'auront pas deux décimètres de tour, sera, pour chaque charretée, de 10 francs par bête attelée, de 5 francs par chaque charge de bête de somme, et de 2 francs par fagot, fouée ou charge d'homme.

Il pourra, en outre, être prononcé un emprisonnement de cinq jours au plus.

S'il s'agit d'arbres semés ou plantés dans les forêts depuis moins de cinq ans, la peine sera d'une amende de 3 francs par chaque arbre, quelle qu'en soit la grosseur, et, en outre, d'un emprisonnement d'un mois au plus. (F. 192, 198, 202, 211 à 214; Pén. 388, 444 s., 448.)

LOI DES 22 DÉCEMBRE 1789—8 JANVIER 1790. — *Section III*, art. 2. — (Voy. F. 13 et 148.)

Art. 195. — LOI DU 18 JUIN 1859. Quiconque arrachera des plants dans les bois et forêts sera puni d'une amende qui ne pourra être moindre de 10 francs, ni excéder 300 francs.

Il pourra, en outre, être prononcé un emprisonnement de cinq jours au plus.

Si le délit a été commis dans un semis ou plantation exécutés de main d'homme, il sera prononcé, outre l'amende, un emprisonnement de quinze jours à un mois. (F. 150, 194, 198, 202, 211 à 214; Pén. 444.)

Art. 196. — Ceux qui, dans les bois et forêts, auront éhoupé, écorcé ou mutilé des arbres, ou qui en auront coupé les principales branches, seront punis comme s'ils les avaient abattus par le pied. (F. 36, 150, 192, 193, 203, 211 à 214; Pén. 446.)

Art. 197. — Quiconque enlèvera des chablis et bois de délit sera condamné aux mêmes amendes et restitutions que s'il les avait abattus sur pied. (F. 192 à 194, 198, 202, 211 à 214; O. 26, 101.)

Art. 198. — Dans les cas d'enlèvement frauduleux de bois et d'autres productions du sol des forêts, il y aura toujours lieu, outre les amendes, à la restitution des objets enlevés ou de leur valeur, et de plus, selon les circonstances, à des dommages-intérêts.

Les scies, haches, serpes, cognées et autres instruments de même nature dont les délinquants et leurs complices seront trouvés munis, seront confisqués. (F. 202; O. 183; Ch. 16; C. P. 11.)

Art. 199. — Les propriétaires d'animaux trouvés de jour en délit dans les bois de dix ans et au-dessus seront condamnés à une amende de :

1 franc pour un cochon ;

2 francs pour une bête à laine;

3 francs pour un cheval ou autre bête de somme;

4 francs pour une chèvre;

5 francs pour un bœuf, une vache ou un veau;

L'amende sera double si les bois ont moins de dix ans ; sans préjudice, s'il y a lieu, des dommages-intérêts. (F. 54 à 56, 70 à 78, 110, 120, 147, 202, 211 à 214; Civ. 1385.)

Loi des 28 septembre — 6 octobre 1791. — Art. 3. — Tout délit rural ci-après mentionné sera punissable d'une amende ou d'une détention..... sans préjudice de l'indemnité qui pourra être due à celui qui aura souffert du dommage.

Art. 12. — Les dégâts que les bestiaux de toute espèce laissés à l'abandon feront sur les propriétés d'autrui.... seront payés par les personnes qui ont la jouissance des bestiaux. Si elles sont insolvables, ces dégâts seront payés par celles qui en ont la propriété.....

Si ce sont des volailles de quelque espèce que ce soit qui causent le dommage, le propriétaire, le détenteur ou le fermier qui l'éprouve pourra les tuer, mais seulement sur les lieux, au moment du dégât.

LOI DU 23 THERMIDOR AN IV (10 août 1796) *sur la répression des délits ruraux et forestiers* art. 2. — La peine d'une amende de la valeur d'une journée de travail ou d'une journée d'emprisonnement fixée comme la moindre par l'article 606 du Code des délits et des peines, ne pourra pour tout délit rural et forestier être au-dessous de trois journées de travail ou de trois jours d'emprisonnement. (Civ. 1385.; Pén. 471, 475, 479.)

Art. 200. — LOI DU 18 JUIN 1859. Ceux qui auront contrefait ou falsifié les marteaux des particuliers servant aux marques forestières, ou qui auront fait usage de marteaux contrefaits ou falsifiés, ceux qui, s'étant indûment procuré les vrais marteaux, en auront fait une application ou un usage préjudiciable aux intérêts ou aux droits des particuliers, seront punis d'un emprisonnement de trois mois à deux ans. (Pén. 140, 141, 401, 439. Voy. F. 7.)

Art. 201. — LOI DU 18 JUIN 1859. Dans les cas de récidive, la peine sera toujours doublée.

Il y a récidive lorsque, dans les douze mois précédents, il a été rendu, contre le délinquant ou contrevenant, un premier jugement pour délit ou contravention en matière forestière. (F. 72, 76, 158, 213; Pén. 483.)

Les peines sont également doublées lorsque les délits ou contraventions auront été commis la nuit, ou que les délinquants auront fait usage de la scie pour couper les arbres sur pied. (F. 35, 198; 70; Ch. 12, 14, 15.)

Art. 202. — Dans tous les cas où il y aura lieu à adjuger des dommages-intérêts, ils ne pourront être inférieurs à l'amende simple prononcée par le jugement. (F. 34, 199, § 2, 211 s.; Pén. 10.)

Art. 203. — Les tribunaux ne pourront appliquer aux matières réglées par le présent Code les dispositions de l'article 463 du Code pénal. (Ch. 20.)

Code pénal, art. 463, § 9. — Dans tous les cas où la peine de l'emprisonnement et celle de l'amende sont prononcées par le Code pénal, si les circonstances paraissent atténuantes, les tribunaux correctionnels sont autorisés, même en cas de récidive, à réduire ces deux peines comme il suit :

Si la peine prononcée par la loi, soit à raison de la nature du délit, soit à raison de l'état de récidive du prévenu, est un emprisonnement dont le minimum ne soit pas inférieur à un an et une amende dont le minimum ne soit pas inférieur à 500 francs, les tribunaux pourront réduire l'emprisonnement jusqu'à six jours et l'amende jusqu'à 16 francs.

Dans tous les autres cas, ils pourront réduire l'emprisonnement même au-dessous de six jours, et l'amende même au-dessous de 16 francs ; ils pourront aussi prononcer séparément l'une ou l'autre de ces peines, et même substituer l'amende à l'emprisonnement, sans qu'en aucun cas elle puisse être au-dessous des peines de simple police.

Art. 204. — Les restitutions et dommages-intérêts appartiennent au propriétaire; les amendes et confiscations appartiennent toujours à l'État. (F. 116, 202; Pén. 54; Ch. 19.)

LOI DU 6 PRAIRIAL AN VII. — Art. 1er. — A compter de la publication de la présente loi, il sera perçu au profit de la République, à titre de subvention extraordinaire de guerre, un décime par franc en sus des..... amendes et condamnations pécuniaires.

LOI DU 14 JUILLET 1855. — Art. 5 — Le principal des impôts et produits de toute nature soumis au décime par les lois en vigueur sera augmenté d'un nouveau décime. (La loi du 27 janv. 1874 ajoute un demi-décime.)

Art. 205. — Dans tous les cas où les ventes et adjudications seront déclarées nulles pour cause de fraude ou collusion, l'acquéreur ou adjudicataire, indépendamment des amendes et dommages-intérêts prononcés contre lui, sera condamné à restituer les bois déjà exploités, ou à en payer la valeur sur le pied du prix d'adjudication ou de vente. (F. 18, 19, 21, 22, 53, 100, 114.)

Art. 206. — Les maris, pères, mères et tuteurs, et en général tous maîtres et commettants, seront civilement responsables des délits et contraventions commis par leurs femmes, enfants mineurs et pupilles, demeurant avec eux et non mariés, ouvriers, voituriers et autres subordonnés, sauf tout recours de droit.

Cette responsabilité sera réglée conformément au paragraphe dernier de l'article 1384 du Code civil, et s'étendra aux restitutions, dommages-intérêts et frais; sans pouvoir toutefois donner lieu à la contrainte par corps, si ce n'est dans le cas prévu par l'article 46. (F. 6, 45 s., 72, 82, 147; Ch. 28.)

Code civil, art. 1384. — On est responsable non seulement du dommage que l'on cause par son propre fait, mais encore de celui qui est causé par le fait des personnes dont on doit répondre ou des choses que l'on a sous sa garde.

Le père, et la mère après le décès du mari, sont responsables du dommage causé par leurs enfants mineurs habitant avec eux;

Les maîtres et commettants, du dommage causé par leurs domestiques et préposés dans les fonctions auxquelles ils les ont employés;

Les instituteurs et artisans, du dommage causé par leurs élèves et apprentis pendant le temps qu'ils sont sous leur surveillance.

La responsabilité ci-dessus a lieu, à moins que les père et mère, instituteurs et artisans, ne prouvent qu'ils n'ont pu empêcher le fait qui donne lieu à cette responsabilité.

Art. 207. — Les peines que la présente loi prononce, dans certains cas spéciaux, contre des fonctionnaires ou contre des agents et préposés de l'administration forestière, sont indépendantes des poursuites et peines dont ces fonctionnaires, agents ou préposés seraient passibles d'ailleurs pour malversation, concussion ou abus de pouvoir.

Il en est de même quant aux poursuites qui pourraient être dirigées, aux termes des articles 179 et 180 du Code pénal, contre tous délinquants ou contrevenants, pour fait de tentative de corruption envers des fonctionnaires publics et des agents et préposés de l'administration forestière. (F. 18, 19, 21, 29, 52, 53, 81, 100 à 102, 110, 186; O. 11, 39; Pén. 169, 173, 177, 183, 184, 185, 196.)

Art. 208. — Il y aura lieu à l'application des dispositions du même Code dans tous les cas non spécifiés par la présente loi. (F. 187; Pén. 55, 59, 60, 62, 66 s., 140, 141, 175, 388, 412, 434, 441, 444 à 448, 456, 458, 475, 12°.)

TITRE XIII.

DE L'EXÉCUTION DES JUGEMENTS.

SECTION PREMIÈRE.

DE L'EXÉCUTION DES JUGEMENTS CONCERNANT LES DÉLITS ET CONTRAVENTIONS COMMIS DANS LES BOIS SOUMIS AU RÉGIME FORESTIER.

Art. 209. — Les jugements rendus à la requête de l'administration forestière, ou sur la poursuite du ministère public, seront signifiés par simple extrait qui contiendra le nom des parties et le dispositif du jugement.

Cette signification fera courir les délais de l'opposition et de l'appel des jugements par défaut. (F. 190, 191; O. 188, 189; I. Cr. 187, 203; L. Reb. 11.)

DÉCRET DU 7 AVRIL 1813. — Conformément à l'article 50 du décret du 18 juin 1811, les extraits de jugements et d'arrêts en matière criminelle ou correctionnelle continueront d'être payés aux greffiers à raison de 60 centimes et, en matière de délits forestiers, à raison de 25 centimes seulement.

Art. 210. — LOI DU 18 JUIN 1859. Le recouvrement de toutes les amendes forestières est confié aux receveurs de l'enregistrement et des domaines.

Ces receveurs sont également chargés du recouvrement des restitutions, frais et dommages-intérêts résultant des jugements rendus pour délits et contraventions dans les bois soumis au régime forestier. (F. 204, 215; O. 188 s.; I. Cr. 197.)

L'administration forestière pourra admettre les délinquants insolvables à se libérer des amendes, réparations civiles et frais, au moyen de prestations en nature consistant en travaux d'entretien et d'amélioration dans les forêts ou sur les chemins vicinaux. (F. 205, § 3.)

Le Conseil général fixe, par commune, la valeur de la journée de prestation.

La prestation pourra être fournie en tâche.

Si les prestations ne sont pas fournies dans le délai fixé par les agents forestiers, il sera passé outre à l'exécution des poursuites.

Un règlement d'administration publique déterminera l'attribution aux ayants-droit des prestations autorisées par le présent article. (Décr. du 21 déc. 1859; L. Reb. 11.)

LOI DES 29-30 DÉCEMBRE 1873, art. 25. — A dater du 1er janvier 1874, les percepteurs des contributions directes seront substitués aux receveurs de l'enregistrement pour le recouvrement des amendes et des condamnations pécuniaires autres que celles concernant les droits d'enregistrement, de timbre, de greffe, d'hypothèque, de notariat et de procédure civile.

Sont maintenues toutes les dispositions de lois qui ne sont pas contraires au paragraphe précédent; toutefois les porteurs de contrainte pourront remplacer les huissiers pour l'exercice des poursuites.

Un règlement d'administration publique déterminera, s'il y a lieu, les mesures nécessaires pour assurer l'exécution du présent article.

Art. 211. — Les jugements portant condamnation à des amendes, restitutions, dommages-intérêts et frais, sont exécutoires par la voie de la contrainte par corps, et l'exécution pourra en être poursuivie cinq jours après un simple commandement fait aux condamnés.

En conséquence, et sur la demande du receveur de l'enregistrement et des domaines, le procureur du roi adressera les réquisitions nécessaires aux agents de la force publique chargés de l'exécution des mandements de justice. (F. 46, 209 s.; O. 188 s.; Pén. 52, 467, 469; L. 17 avril 1832, art. 33; L. Reb. 11.)

LOI DU 22 JUILLET 1867. — Art. 18. — Le titre XIII du Code forestier et le titre VII de la loi sur la pêche fluviale sont maintenus et continueront d'être exécutés en ce qui n'est pas contraire à la présente loi.

Art. 3. — § 1er. *Analogue à F. 211* § 1er. — § 2. Dans le cas où le jugement de condamnation n'a pas été précédemment signifié au débiteur, le commandement porte en tête un extrait de ce jugement, lequel contient le nom des parties et le dispositif. — § 3. *Analogue à F. 211* § 2. — § 4. Si le débiteur est détenu, la recommandation peut être ordonnée immédiatement après la notification du commandement.

Art. 212. — Les individus contre lesquels la contrainte par corps aura été prononcée pour raison des amendes et autres condamnations et réparations pécuniaires, subiront l'effet de cette contrainte, jusqu'à ce qu'ils aient payé le montant desdites condamnations, ou fourni une caution admise par le receveur des domaines, ou, en cas de contestation de sa part, déclarée bonne et valable par le tribunal de l'arrondissement. (F. 46, 211, 217; L. Reb. 11; L. 17 avril 1832, art. 34 et s.; L. 13 déc. 1848, art. 8.)

Loi du 22 juillet 1867. — Art. 11. — §§ 1 et 2 *analogues à F. 212.* — § 3. La caution doit s'exécuter dans le mois, sous peine de poursuites.

Art. 12. — Les individus qui ont obtenu leur élargissement ne peuvent plus être détenus ou arrêtés pour condamnations pécuniaires antérieures, à moins que les condamnations n'entraînent par leur quotité une contrainte plus longue que celle qu'ils ont subie et qui, dans ce dernier cas, leur est toujours comptée pour la durée de la nouvelle incarcération.

Art. 18. — En matière forestière et de pêche fluviale, lorsque le débiteur ne fait pas les justifications de l'article 420 du Code d'instruction criminelle, la durée de la contrainte par corps est fixée par le jugement dans les limites de huit jours à six mois.

Art. 213. — Néanmoins, les condamnés qui justifieraient de leur insolvabilité, suivant le mode prescrit par l'article 420 du Code d'instruction criminelle, seront mis en liberté après avoir subi quinze jours de détention, lorsque l'amende et les autres condamnations pécuniaires n'excéderont pas 15 francs.

La détention ne cessera qu'au bout d'un mois, lorsque ces condamnations s'élèveront ensemble de 15 à 50 francs.

Elle ne durera que deux mois, quelle que soit la quotité desdites condamnations.

En cas de récidive, la durée de la détention sera double de ce qu'elle eût été sans cette circonstance.

(F. 201, 211, 217; O. 191; C. P. 53, 467, 469; L. 17 avril 1832, art. 35.)

CODE D'INSTRUCTION CRIMINELLE. — Art. 420. — Sont dispensés de l'amende : 1° les condamnés en matière criminelle ; 2° les agents publics pour les affaires qui concernent directement l'administration et les domaines ou revenus de l'État.

A l'égard de toutes autres personnes, l'amende sera encourue par celles qui succomberont dans leur recours. Seront néanmoins dispensées de la consigner celles qui joindront à leur demande en cassation : 1° un extrait du rôle des contributions constatant qu'elles payent moins de 6 francs, ou un certificat du percepteur de leur commune, portant qu'elles ne sont point imposées ; 2° un certificat d'indigence à elles délivré par le maire de la commune de leur domicile ou par son adjoint, visé par le sous-préfet et approuvé par le préfet de leur département.

LOI DU 30 JUIN 1877. — Nouvel art. 420. — Sont dispensés de l'amende : 1° les condamnés en matière criminelle ; 2° les agents publics pour affaires qui concernent directement l'administration et les domaines de l'État. — A l'égard de toutes autres personnes, l'amende sera encourue par celles qui succomberont dans leur recours. Seront néanmoins dispensés de la consigner : 1° les condamnés en matière correctionnelle et de police à une peine emportant privation de la liberté ; 2° ceux qui joindront à leur demande en cassation : 1° un extrait du rôle des contributions directes constatant qu'elles payent moins de 6 francs ou un certificat du percepteur de la commune portant qu'elles ne sont point imposées et 2° un certificat constatant qu'elles sont, à raison de leur indigence, dans l'impossibilité de consigner l'amende. Ce certificat leur sera délivré par le maire de la commune de leur domicile ou par son adjoint, approuvé par le sous-préfet de l'arrondissement ou dans l'arrondissement du chef-lieu par le préfet.

Loi du 22 juillet 1867. — Art. 10. — Les condamnés qui justifient de leur insolvabilité suivant l'article 420 du Code d'instruction criminelle, sont mis en liberté après avoir subi la contrainte pendant la moitié de la durée fixée par le jugement.

Art. 13. — Les tribunaux ne peuvent prononcer la contrainte par corps contre les individus âgés de moins de 16 ans accomplis à l'époque des faits qui ont motivé la poursuite.

Art. 14. — Si le débiteur a commencé sa soixantième année, la contrainte par corps est réduite à la moitié de la durée fixée par le jugement sans préjudice des dispositions de l'article 10.

Art. 16. — La contrainte par corps ne peut être exercée simultanément contre le mari et la femme, même pour dettes différentes.

Art. 17. — Les tribunaux peuvent, dans l'intérêt des enfants mineurs du débiteur et par le jugement de condamnation, surseoir, pendant une année au plus, à l'exécution de la contrainte par corps.

Art. 214. — Dans tous les cas, la détention employée comme moyen de contrainte est indépendante de la peine d'emprisonnement prononcée contre les condamnés pour tous les cas où la loi l'inflige. (F. 21, 22, 56, 57, 72, 76, 78, 110, 144, 192, 194, 195, 200, 207.)

Loi du 19 décembre 1871 : remet en vigueur les articles 174 et 175 du décret du 18 juin 1811 (*tarif criminel*) pour le recouvrement des frais par la contrainte par corps (ces articles avaient été abrogés par la loi du 22 juillet 1867).

Décret du 4 mars 1808. — Les détenus en prison à la requête de l'agent du Trésor public ou de tout autre fonctionnaire public, recevront la nourriture comme les prisonniers à la requête du ministère public, et il ne sera fait aucune consignation pour leur nourriture.

SECTION II.

DE L'EXÉCUTION DES JUGEMENTS CONCERNANT LES DÉLITS ET CONTRAVENTIONS COMMIS DANS LES BOIS NON SOUMIS AU RÉGIME FORESTIER.

Art. 215. — Loi du 18 juin 1859. Les jugements contenant des condamnations en faveur des particuliers, pour réparation des délits ou contraventions commis dans leurs bois, seront, à leur diligence, signifiés et exécutés suivant les mêmes formes et voies de contrainte que les jugements rendus à la requête de l'administration des forêts.

Le recouvrement des amendes prononcées par les mêmes jugements sera opéré par les receveurs de l'enregistrement et des domaines. (F. 189, 204. 209 s., 216; L. 29 déc. 1873.)

Les délinquants insolvables pourront être admis à se libérer comme il est dit au § 3 de l'article 210, mais seulement en ce qui concerne les amendes et les frais qui auront été avancés par l'État.

En ce cas, les prestations en nature devront être exécutées sur les chemins vicinaux dépendant de la commune sur le territoire de laquelle le délit aura été commis. (Décr. 21 déc. 1859.)

LOI DU 22 JUILLET 1867. — Art. 4. — *Analogue à F. 215, § 1er.*

Art. 5. — Les dispositions des articles qui précèdent s'étendent au cas où les condamnations ont été prononcées par les tribunaux civils au profit d'une partie lésée pour réparation d'un crime, d'un délit ou d'une contravention reconnue par la juridiction criminelle.

Art. 15. — Elle (*la contrainte*) ne peut être prononcée ou exercée contre le débiteur au profit : 1° de son conjoint ; 2° de ses ascendants, descendants, frères ou sœurs ; 3° de son oncle ou de sa tante, de son grand-oncle ou de sa grand'tante, de son neveu ou de sa nièce, de son petit-neveu ou de sa petite-nièce, ni de ses alliés au même degré.

Art. 216. — Toutefois, les propriétaires seront tenus de pourvoir à la consignation d'aliments prescrite par le Code de procédure civile, lorsque la détention aura lieu à leur requête et dans leur intérêt. (Pr. 789, 791, 793.)

LOI DU 22 JUILLET 1867. — Art. 6. — Lorsque la contrainte a lieu à la requête et dans l'intérêt des particuliers, ils sont obligés de pourvoir aux aliments des détenus ; faute de provision, le condamné est mis en liberté. — La consignation d'aliments doit être effectuée d'avance, pour trente jours au moins ; elle ne vaut que pour des périodes entières de trente jours. — Elle est pour chaque période de 45 francs à Paris, de 40 francs dans les villes de 100,000 âmes et de 35 francs dans les autres villes.

Art. 7. — Lorsqu'il y a lieu à élargissement faute de consignation d'aliments, il suffit que la requête présentée au président du tribunal civil soit signée par le débiteur détenu et par le gardien de la maison d'arrêt pour dettes, ou même certifiée véritable par le gardien, si le détenu ne sait pas signer. Cette requête est présentée en *duplicata :* l'ordonnance du président, aussi rendue par *duplicata*, est exécutée sur l'une des minutes qui reste entre les mains du gardien. L'autre minute est déposée au greffe du tribunal et enregistrée gratis.

Art. 8. — Le débiteur élargi faute de consignation d'aliments, ne peut plus être incarcéré pour la même dette.

Art. 217. — La mise en liberté des condamnés ainsi détenus à la requête et dans l'intérêt des particuliers ne pourra être accordée, en vertu des articles 212 et 213, qu'autant que la validité des cautions ou l'insolvabilité des condamnés aura été, en cas de contestation de la part desdits propriétaires, jugée contradictoirement entre eux.

Loi du 22 juillet 1867. — Art. 11. — .....La caution est admise....., pour les particuliers, par la partie intéressée ; en cas de contestation, elle est déclarée, s'il y a lieu, bonne et valable par le tribunal civil de l'arrondissement.

TITRE XIV.

DISPOSITION GÉNÉRALE.

Art. 218. — Sont et demeurent abrogés, pour l'avenir, toutes lois et ordonnances, édits et déclarations, arrêts du Conseil, arrêtés et décrets, et tous règlements intervenus, à quelque époque que ce soit, sur les matières réglées par le présent Code, en tout ce qui concerne les forêts.

Mais les droits acquis antérieurement au présent Code seront jugés, en cas de contestation, d'après les lois, ordonnances, édits et déclarations, arrêts du Conseil, arrêtés, décrets et règlements ci-dessus mentionnés. (F. 58, 67, 78, 110; O. 179.)

TITRE XV.

(Loi du 18 juin 1859.)

DÉFRICHEMENT DES BOIS DES PARTICULIERS.

Art. 219. — Aucun particulier ne peut user du droit d'arracher ou défricher ses bois qu'après en avoir fait la déclaration à la sous-préfecture, au moins quatre mois d'avance, durant lesquels l'administration peut faire signifier au propriétaire son opposition au défrichement. Cette déclaration contient élection de domicile dans le canton de la situation des bois.

Avant la signification de l'opposition, et huit jours au moins après avertissement donné à la partie intéressée, l'inspecteur ou le sous-inspecteur, ou un des gardes généraux de la circonscription, procède à la reconnaissance de l'état et de la situation des bois et en dresse un procès-verbal détaillé, lequel est notifié à la partie, avec invitation de présenter ses observations.

Le préfet, en conseil de préfecture, donne son avis sur cette opposition.

L'avis est notifié à l'agent forestier du département, ainsi qu'au propriétaire des bois, et transmis au ministre des finances, qui prononce administrativement, la section des finances du Conseil d'État préalablement entendue. (O. 192.).

Si, dans les six mois qui suivront la signification de l'opposition, la décision du ministre n'est pas rendue et signifiée au propriétaire des bois, le défrichement peut être effectué. (F. 91, 159, 223; O. 192.)

Avis du Conseil d'État du 17 avril 1860. — Considérant que la loi du 18 juin 1859 a restreint à certains cas déterminés le droit de l'administration de s'opposer au défrichement des bois de particuliers ; que, par suite, lorsque l'opposition provisoire formée par un conservateur ne semble pas rentrer dans un des cas prévus par la loi et présente un caractère *dilatoire*, il y a lieu par le ministre de ne pas la maintenir ; — mais considérant que cette même loi établit, en matière de défrichement, une procédure uniforme ; qu'elle dispose expressément que toute opposition, une fois formée, doit être l'objet d'une instruction dont l'avis de la section des finances constitue un des éléments indispensables ; .....Est d'avis : que toutes les oppositions, quel que soit leur caractère, doivent faire l'objet d'une communication à la section des finances.

Art. 220. — L'opposition au défrichement ne peut être formée que pour les bois dont la conservation est reconnue nécessaire :

1° Au maintien des terres sur les montagnes ou sur les pentes ;

2° A la défense du sol contre les érosions et les envahissements des fleuves, rivières ou torrents ;

3° A l'existence des sources et cours d'eau ;

4° A la protection des dunes et des côtes contre les érosions de la mer et l'envahissement des sables ;

5° A la défense du territoire, dans la partie de la zone frontière qui sera déterminée par un règlement d'administration publique ;

6° A la salubrité publique.

La *zone frontière* est délimitée par des décrets du 15 mars 1862 et 3 mars 1874 (avec tableaux et cartes) rendus en exécution de la loi du 7 avril 1851.

Les parties de cette zone frontière dans lesquelles il peut être formé opposition au défrichement des bois de particuliers sont :

1° *Le rayon* des enceintes fortifiées et des postes militaires étendu à *un myriamètre* à partir des ouvrages les plus avancés, par le décret du 3 mars 1874.

2° *Des polygones réservés* dans l'intérieur de la zone frontière et déterminés par le décret du 31 juillet 1861, modifié par celui du 3 mars 1874. (État n° 3, carte n° 3.)

Ces polygones réservés existent sur la frontière de l'Est, dans les départements de la Meuse, Meurthe-et-Moselle, Vosges, Haute-Marne, Haute-Saône et Doubs (décret de 1874) ; Marne, Jura, Ain (décret de 1861), et sur la frontière du Nord, dans les départements du Nord, Ardennes, Aisne (décret de 1861).

Ne sont pas compris dans les polygones réservés, par le décret de 1861, quant aux défrichements : le littoral de l'Océan, depuis Bayonne jusqu'à Dunkerque ; le littoral de la Méditerranée, depuis Menton jusqu'à Port-Vendres ; la Corse et les autres îles du territoire de la France ; la frontière du sud-est, entre le département de l'Ain et la Méditerranée, y compris les territoires de la Savoie et de Nice nouvellement annexés ; la frontière des Pyrénées, partie comprise entre Mauléon et la Méditerranée.

Décret du 8 septembre 1878 : règle une nouvelle délimitation de la zone frontière et la nature des affaires concernant la Commission mixte, mais ne change rien à la délimitation faite par les décrets du 31 juillet 1861 et 3 mars 1874 pour les territoires réservés, relativement au défrichement des bois des particuliers. (Circulaire n° 253.)

Art. 221. — En cas de contravention à l'article 219, le propriétaire est condamné à une amende calculée à raison de 500 francs au moins et de 1500 francs au plus par hectare de bois défriché. Il doit, en outre, s'il en est ainsi ordonné par le ministre des finances, rétablir les lieux défrichés en nature de bois, dans un délai qui ne peut excéder trois années. (F. 91).

Art. 222. — Faute par le propriétaire d'effectuer la plantation ou le semis dans le délai prescrit par la décision ministérielle, il est pourvu à ses frais par l'administration forestière, sur l'autorisation préalable du préfet, qui arrête le mémoire des travaux faits et le rend exécutoire contre le propriétaire. (F. 41, 140.)

Art. 223. — Les dispositions des quatre articles qui précèdent sont applicables aux semis et plantations exécutés, par suite de la décision ministérielle, en remplacement des bois défrichés.

Art. 224. — Sont exceptés des dispositions de l'article 219 :

1° Les jeunes bois pendant les vingt premières années après leur semis ou plantation, sauf le cas prévu par l'article précédent. (L. Reb. 12.)

2° Les parcs ou jardins clos ou attenants aux habitations ;

3° Les bois non clos, d'une étendue au-dessous de 10 hectares, lorsqu'ils ne font pas partie d'un autre bois qui compléterait une contenance de 10 hectares, ou qu'ils ne sont pas situés sur le sommet ou la pente d'une montagne.

AVIS DU CONSEIL D'ÉTAT DU 13 NOVEMBRE 1860. — Considérant que les dispositions de la loi du 18 juin 1859 ne permettent pas d'autoriser des défrichements temporaires; .....Est d'avis: qu'en statuant sur les déclarations faites par les propriétaires de bois, il n'y a pas lieu de tenir compte de l'intention manifestée de rendre le défrichement temporaire en reboisant le sol ;

Que si les bois à défricher ne se trouvent pas dans l'un des cas de prohibition prévus par la loi, l'opposition au défrichement ne doit pas être maintenue ;

Que, dans le cas contraire, il importe de s'opposer purement et simplement au défrichement, sauf à l'administration à se concerter ultérieurement avec les propriétaires pour qu'ils puissent entreprendre les opérations d'arrachage des arbres ou de culture momentanée du sol, qui auraient en vue la conservation du sol à l'état boisé.

Art. 225. — Les actions ayant pour objet des défrichements commis en contravention à l'article 219 se prescrivent par deux ans à dater de l'époque où le défrichement aura été consommé. (F. 185, 187.)

Art. 226. — Les semis et plantations de bois sur le sommet et le penchant des montagnes, sur les dunes et dans les landes, seront exempts de tout impôt pendant trente ans.

Ancien art. 226. — Les semis et plantations de bois sur le sommet et le penchant des montagnes et sur les dunes seront exempts de tout impôt pendant vingt ans. (18 juin 1879.)

La déclaration préalable prescrite par l'art. **117** de **la loi du 3 frimaire an VII n'est pas imposée par** l'article 226 du code forestier. (Cons. d'État **24 juillet 1861**). Voir *Appendice*.

APPENDICE

AU

CODE FORESTIER

I. — LOIS GÉNÉRALES.

I. — USUFRUIT DES BOIS ET FORÊTS.

C. CIVIL. ART. 590. — Si l'usufruit comprend des bois taillis, l'usufruitier est tenu d'observer l'ordre et la quotité des coupes, conformément à l'aménagement ou à l'usage constant des propriétaires, sans indemnité toutefois en faveur de l'usufruitier ou de ses héritiers pour les coupes ordinaires soit de taillis, soit de baliveaux, soit de futaie, qu'il n'aurait pas faites pendant sa jouissance.

ART. 591. — L'usufruitier profite encore, toujours en se conformant aux époques et à l'usage des anciens propriétaires, des parties de bois de haute futaie qui ont été mises en coupes réglées, soit que ces coupes se fassent périodiquement sur une certaine étendue de terrain, soit qu'elles se fassent d'une certaine quantité d'arbres pris indistinctement sur toute la surface du domaine.

Art. 592. — Dans tous les autres cas, l'usufruitier ne peut toucher aux arbres de haute futaie : il peut seulement employer, pour faire les réparations dont il est tenu, les arbres arrachés ou brisés par accident; il peut même, pour cet objet, en faire abattre s'il est nécessaire, mais à la charge d'en faire constater la nécessité avec le propriétaire.

Art. 593. — Il peut prendre dans les bois des échalas pour les vignes; il peut aussi prendre, sur les arbres, des produits annuels ou périodiques; le tout, suivant l'usage du pays ou la coutume des propriétaires.

Art. 594. — Les arbres fruitiers qui meurent, ceux mêmes qui sont arrachés ou brisés par accident, appartiennent à l'usufruitier, à la charge de les remplacer par d'autres.

Art. 1403. — Les coupes de bois et les produits des carrières et mines tombent dans la communauté pour tout ce qui en est considéré comme usufruit, d'après les règles expliquées au titre *de l'usufruit, de l'usage et de l'habitation.*

Si les coupes de bois qui, en suivant ces règles, pouvaient être faites durant la communauté, ne l'ont point été, il en sera dû récompense à l'époux non propriétaire du fonds ou à ses héritiers.

C. CIVIL. ART. 521. — Les coupes ordinaires des bois taillis ou des futaies mises en coupes réglées ne deviennent meubles qu'au fur et à mesure que les bois sont abattus.

2. — IMPOTS.

(FORÊTS EN GÉNÉRAL.)

Loi du 3 frimaire an VII.

ART. 113. — La cotisation des terres en friche depuis dix ans, qui seront plantées ou semées en bois, ne pourra être augmentée pendant les trente premières années du semis ou de la plantation.

ART. 116. — Le revenu imposable des terrains maintenant en valeur qui seront plantés ou semés en bois ne sera évalué, pendant les trente premières années de la plantation ou du semis, qu'au quart de celui des terres d'égale valeur non plantées.

ART. 117. — Pour jouir de ces divers avantages, et à peine d'en être privé, le propriétaire sera tenu de faire au secrétariat de l'administration municipale dans le territoire de laquelle les biens sont situés, avant de commencer les desséchements, défrichements et autres améliorations, une déclaration détaillée des terrains qu'il voudra ainsi améliorer.

ART. 118. — Cette déclaration sera reçue par le

secrétaire de l'administration municipale, sur un registre ouvert à cet effet, coté, parafé, daté et signé comme celui des mutations; elle sera signée tant par le secrétaire que par le déclarant ou son fondé de pouvoir.

Copie de cette déclaration sera délivrée au déclarant, moyennant la somme de vingt-cinq centimes, non compris le papier timbré et autres droits légalement établis.

CIRC. ADM. CONTR. DIRECTES 24 JUIN 1861. Les dégrèvements et exemptions d'impôts prononcés en vertu de la loi du 3 frimaire an VII et de l'article 226 du Code forestier ne sont pas réimposés et sont imputés sur le fonds de non-valeurs. (Voy. C. for. 226.)

(FORÊTS DE L'ÉTAT).

Loi du 19 ventôse an IX.

ART. 1er. — Les bois et forêts nationaux ne paieront point de contribution.

Loi du 21 mai 1836.

ART. 13. — Les propriétés de l'État productives de revenus contribueront aux dépenses des chemins vicinaux dans les mêmes proportions que les propriétés privées et d'après un rôle spécial dressé par le préfet.

Loi du 12 juillet 1865.

ART. 3. Les ressources créées en vertu de la loi du 21 mai 1836 peuvent être affectées en partie par les communes à la dépense des chemins de fer d'intérêt local.

L'article 13 de ladite loi est applicable aux centimes extraordinaires que les communes et les départements s'imposent pour l'exécution de ces chemins.

Loi des 18-24 juillet 1866.

Art. 6. — A l'avenir, les forêts et les bois de l'État acquitteront les centimes additionnels ordinaires et extraordinaires affectés aux dépenses des départements dans la proportion de la *moitié* de leur valeur imposable, le tout sans préjudice des dispositions de l'article 13 de la loi du 21 mai 1836 et de l'article 3 de la loi du 12 juillet 1865.

Loi du 24 juillet 1867.

Art. 4. — A l'avenir, les forêts et les bois de l'État acquitteront les centimes additionnels ordinaires et extraordinaires affectés aux dépenses des communes dans la proportion de la moitié de leur valeur imposable, le tout sans préjudice des dispositions de l'article 13 de la loi du 21 mai 1836, de l'article 3 de la loi du 12 juillet 1865 et du § 2 de l'article 3 de la présente loi (3 centimes facultatifs pour les chemins vicinaux ordinaires).

Loi du 8 mai 1869.

Art. 7. — A partir du 1er janvier 1870, la septième section du ministère des finances est augmentée d'une somme de 600,000 francs destinée à faire acquitter par les forêts de l'État l'*intégralité* des centimes additionnels ordinaires et extraordinaires affectés aux dépenses départementales et communales.

(COMMUNES ET BIENS DE MAIN-MORTE).

Loi du 20 février 1849.

ART. 1er. — Il sera établi sur les biens immeubles passibles de la contribution foncière appartenant aux départements, communes . . . . et tous établissements publics légalement autorisés, une taxe annuelle représentative des droits de transmission entre vifs et par décès. Cette taxe sera calculée à raison de 62 1/2 centimes par franc du principal de la contribution foncière.

Loi du 30 mars 1872.

ART. 5. — La taxe fixée par l'article 1er de la loi du 20 février 1849 est élevée à 70 centimes par franc du principal de la contribution directe. Cette taxe sera, en outre, soumise à l'avenir aux décimes auxquels sont assujettis les droits d'enregistrement.

CONSEIL D'ÉTAT 28 MAI 1867. — Les semis de bois en montagne exemptés de tout impôt pendant trente ans, en vertu de l'article 226 du Code forestier, sont affranchis pendant le même temps de la taxe des biens de main-morte.

3. — ROUTES ET VOIES DE COMMUNICATION.

Loi du 21 mai 1836.

Art. 14. — Toutes les fois qu'un chemin vicinal entretenu à l'état de viabilité par une commune sera habituellement ou temporairement dégradé par des exploitations de mines, de carrières, de forêts ou de toute entreprise industrielle appartenant à des particuliers, à des établissements publics, à la commune ou à l'État, il pourra y avoir lieu à imposer aux entrepreneurs ou propriétaires, suivant que l'exploitation ou les transports auront lieu pour les uns ou les autres, des subventions spéciales dont la quotité sera proportionnée à la dégradation extraordinaire qui devra être attribuée aux exploitations.

Ces subventions pourront, au choix des subventionnaires, être acquittées en argent ou en prestations en nature et seront exclusivement affectées à ceux des chemins qui y auront donné lieu.

Elles seront réglées annuellement sur la demande des communes par les Conseils de préfecture après des expertises contradictoires et recouvrées comme en matière de contributions directes.

Les experts seront nommés suivant le mode déterminé par l'article 17 (F. 145.)

Ces subventions pourront aussi être déterminées par abonnement; elles seront réglées dans ce cas par le préfet en Conseil de préfecture.

Art. 21. — Le règlement (du préfet) fixera dans chaque département . . . . tout ce qui est relatif aux alignements, aux plantations, à l'élagage, aux fossés, à leur usage et à tous autres détails de surveillance et de conservation.

Loi du 16 septembre 1807.

Art. 38. — Lorsqu'il y aura lieu d'ouvrir ou de perfectionner une route ou des moyens de navigation dont l'objet sera d'exploiter avec économie des forêts ou bois, des mines ou minières, ou de leur fournir un débouché, toutes les propriétés de cette espèce, générales, communales ou privées, qui devront en profiter, seront appelées à contribuer pour la totalité de la dépense dans les proportions variées des avantages qu'elles devront en recueillir.

Le gouvernement pourra néanmoins accorder sur les fonds publics les secours qu'il croira nécessaires.

Art. 39. — Les propriétaires se libéreront dans les formes énoncées aux articles 21, 22, 23 de la présente loi.

Art. 40. — Les formes d'estimation et l'intervention de la commission organisée par la présente loi seront appliquées à l'exécution des deux précédents articles.

Ord. août 1669, tit. 28.

Art. 3. — Ordonnons que dans six mois du jour de la publication des présentes, tous bois, épines et broussailles qui se trouveront dans l'espace de 60 pieds (20 mètres) ès grands chemins servant au passage des coches et carrosses publics tant de nos forêts que de celles des ecclésiastiques, communautés, seigneurs et particuliers, seront essartés et coupés, en sorte que le chemin soit libre et plus sûr; le tout à nos frais ès forêts de notre domaine et aux frais des ecclésiastiques, communautés et particuliers dans les bois de leur dépendance.

Art. 4. — Voulons que les six mois passés, ceux qui se trouveront en demeure soient mulctés d'amende arbitraire et contraints par saisie de leurs biens au paiement, tant du prix des ouvrages nécessaires pour l'essartement dont l'adjudication sera faite, au moins disant, au siège de la maîtrise, que des frais et dépens faits après les six mois, qui seront taxés par le grand-maître.

Art. 5. — Les arbres et bois qu'il conviendra couper dans nos forêts pour mettre les routes en largeur suffisante, seront vendus ainsi que le grand-maître avisera pour notre plus grand profit, et ceux des ecclésiastiques et communautés leur demeureront en compensation de la dépense qu'ils auront à faire pour l'essartement.

Avis du Conseil d'État du 18 novembre 1824. — Considérant que l'ordonnance de 1669 veut que les grandes routes aient 72 pieds de largeur au moins (24 mètres); que l'article 3 du même titre prescrit ensuite un essartement de 60 pieds (20 mètres)..... Les comités réunis ont été d'avis que l'ordonnance de 1669 prescrit d'essarter les forêts sur 20 mètres de largeur *de chaque côté* des routes qui les traversent.

Avis du Conseil d'État du 31 décembre 1849. — Considérant que l'expression *ès grands chemins* prise dans son sens grammatical ne pouvait équivaloir qu'à celle-ci : *en les, dedans* ou *dans les grands chemins*.... est d'avis : 1° que l'article 3 de l'ordonnance de 1669 n'a prescrit l'essartement que sur les 60 pieds qui devaient former l'ouverture des routes elles-mêmes ; 2° que l'administration conserve le droit d'obliger les propriétaires des forêts et bois traversés par les grandes routes à essarter sur une ouverture de 60 pieds, quelle que soit d'ailleurs la largeur de la route ; 3° qu'une loi seule pourrait établir une servitude d'essartement en dehors des 60 pieds dont parle l'article 3 de l'ordonnance de 1669, et déterminer les conditions et les limites de cette servitude nouvelle.

Cet avis, modifiant l'interprétation de 1824, a été transmis et adopté par Circ. min. trav. publics 31 janvier 1850.

4. — ATTRIBUTIONS DIVERSES DES GARDES FORESTIERS.

Loi du 28 avril 1816, sur les tabacs.

Art. 222. — Ceux qui seront trouvés vendant en fraude du tabac à leur domicile, ou ceux qui en colporteront, qu'ils soient ou non surpris à le vendre, seront arrêtés et constitués prisonniers. . . .

Art. 223. — Les employés des contributions indirectes, des douanes et des octrois, les gendarmes, les *préposés forestiers*, les gardes champêtres et généralement tout employé assermenté, pourront constater la vente des tabacs en contravention, le colportage, les circulations illégales et généralement les fraudes sur le tabac; procéder à la saisie des tabacs, ustensiles et mécaniques prohibés par la présente loi, à celle des chevaux, voitures, bateaux et autres objets servant au transport, et constituer prisonniers les fraudeurs et colporteurs, dans le cas prévu par l'article précédent.

Art. 169. — Les dispositions des articles 223, 224, 225, 226 de la présente loi sont applicables à la fraude et à la contrebande sur les cartes à jouer.

Ordonnance du 31 décembre 1817 allouant aux préposés dénommés dans l'article 223 de la loi du 28 avril 1816 une prime de 15 francs par fraudeur de tabac arrêté et une part dans les saisies.

Loi du 28 janvier 1875.

Art. 3. — Les dispositions relatives à la répression de la fraude en matière de tabacs contenues dans les articles 222 et 223 de la loi du 28 avril 1816 seront appliquées à l'avenir aux contraventions aux lois et règlements concernant le monopole des allumettes. (Circ. n° 269.)

DÉCRET DU 10 AOUT 1875 réglant à 10 francs la prime allouée pour l'arrestation des fraudeurs en matière d'allumettes chimiques. (Circ. n° 185.)

Loi du 30 mai 1851, sur la police du roulage.

ART. 15, § 1er. — Sont spécialement chargés de constater les contraventions et délits prévus par la présente loi, les . . . . gardes champêtres, les employés des contributions indirectes, *agents forestiers* ou des douanes. . . . § 4. Les procès-verbaux dressés en vertu du présent article font foi jusqu'à preuve contraire.

ART. 28. — Lorsque le procès-verbal constatant le délit ou la contravention a été dressé par un des agents désignés au § 1er de l'article 15, le tiers de l'amende prononcée appartient audit agent, à moins qu'il ne s'agisse d'une contravention ou d'un délit prévu aux articles 10 et 11.

DÉCRET DU 28 MARS 1852. — Art. 3. — Le commissaire de police pourra au besoin requérir les gardes forestiers de son canton. Ces gardes devront l'informer de tout ce qui intéressera la tranquillité publique.

DÉCRET DU 4 JUIN 1852. — Art. 1er. — Tout douanier, garde forestier, garde-pêche, garde champêtre, cantonnier, enfin tout agent assermenté, salarié par l'État ou par les communes, requis par l'autorité militaire pour être employé, à l'intérieur, comme auxiliaire de la force publique pour le maintien de l'ordre, aura droit au bénéfice des dispositions stipulées au troisième paragraphe de l'article 8 de l'ordonnance du 31 mai 1831. (Voir décr. 4 avril 1875. *Organisation militaire.*)

5. — POURSUITES.

Loi du 27 juin 1866.

Art. 2. — Tout Français qui s'est rendu coupable de délits et contraventions en matière forestière, rurale, de pêche, de douanes et de contributions indirectes sur le territoire de l'un des États limitrophes, peut être poursuivi et jugé en France d'après la loi française, si cet État autorise la poursuite de ses régnicoles pour les mêmes faits commis en France.

La réciprocité sera légalement constatée par des conventions internationales ou par un décret publié au *Bulletin des lois*.

Décret du 7 avril 1861 approuvant la convention conclue le 7 mars 1861 avec la Sardaigne pour la délimitation des territoires, la poursuite des délits forestiers et l'introduction des bois en franchise. (Circ. n° 29.)

Décret du 10 décembre 1864 promulguant la convention conclue le 30 juin 1864 avec la Suisse pour l'introduction des bois et la répression des délits forestiers (circ. n° 30) et décret du 21 août 1866 portant que cette convention sera applicable à partir du 1er septembre 1866.

Décret du 12 décembre 1872. — Vu la loi belge du 15 mars 1874, d'où il résulte que « un Belge qui s'est « rendu coupable hors du royaume d'une infraction en « matière forestière, rurale ou de pêche, pourra, s'il se « trouve dans le royaume, y être poursuivi et y sera jugé « sur la plainte de la partie lésée ou sur l'avis officiel « donné aux autorités belges par celles du pays où l'in- « fraction a été commise, » décrète :

Art. 1er. — Tout Français qui se sera rendu coupable en Belgique de délits et de contraventions en matière forestière, rurale et de pêche, pourra, à son retour en France, y être poursuivi et y sera jugé d'après la loi française, s'il y a plainte de la partie lésée ou avis officiel donné aux autorités françaises par les autorités belges.

Décret du 2 mars 1878 promulgue le traité de délimitation entre la France et l'Allemagne du 26 avril 1877, qui contient les règles pour l'entretien des chemins forestiers et l'administration des forêts que les communes françaises possèdent en Alsace-Lorraine. (D. P. 78. 4. 36.)

II. — LOIS FORESTIÈRES LOCALES.

1° Loi des 16-25 juillet 1840

relative à l'exploitation des forêts domaniales de la Corse.

1. — L'administration des forêts est autorisée à faire dans les bois de l'État, en Corse, des adjudications à long terme dont la durée ne pourra excéder vingt ans.

2. — Ces adjudications auront lieu avec publicité et concurrence, et suivant les formes établies pour les adjudications des coupes ordinaires et extraordinaires dans les bois soumis au régime forestier.

3. — A l'expiration de la jouissance, tous les travaux de routes ou de canalisation et tous les ouvrages d'art faits dans l'intérêt du transport des bois resteront à l'État sans indemnité.

4. — Dans les cas où l'administration aura jugé à propos d'imposer aux adjudicataires à long terme la confection de routes, l'ouverture de voies flottables ou d'autres travaux utiles à l'exploitation ou au transport des bois, les cahiers des charges contiendront l'indication de ces travaux.

5. — L'administration sera libre à l'expiration de la jouissance de reprendre, au taux de l'estimation, les scieries construites à la distance de 2 kilomètres des forêts.

Cette disposition n'est pas applicable aux scieries qui feront partie d'un autre établissement industriel.

6. — Les dispositions de la loi du 7 juillet 1833 sur l'expropriation pour cause d'utilité publique seront applicables aux travaux et ouvrages d'art spécifiés dans les articles 3 et 4 de la présente loi.

La loi du 7 juillet 1833 est abrogée et remplacée par celle du 3 mai 1841. (Art. 77.)

7. — Chaque année le ministre des finances rendra aux Chambres un compte spécial des adjudications qui auront lieu dans les forêts de l'État en Corse, de leurs résultats et des travaux qui auront été exécutés conformément aux cahiers des charges.

DÉCRET DU 28 MARS 1852. — Vu les conventions provisoires passées par le commissaire du gouvernement envoyé en Corse pendant les années 1850 et 1851, pour terminer à l'amiable les contestations relatives à la propriété et à la jouissance des forêts de ce département; Considérant que les forêts domaniales de cette île sont inexploitables, à cause de l'absence ou de l'insuffisance des voies de transport :

Art. 1er. — Le ministre des finances est autorisé à faire délimiter les forêts domaniales et communales existant dans le département de la Corse conformément aux conventions provisoires arrêtées entre le commissaire du gouvernement et les parties intéressées, lesquelles conventions sont et demeurent approuvées.

Art. 2. — Sont maintenues à titre de tolérance révocable dans les forêts domaniales de la Corse, l'exercice du pâturage et les autres concessions indiquées par les conventions provisoires précitées.

Art. 3. — Le ministre des finances dressera, de concert avec le ministre des travaux publics, le tableau des routes et embranchements à classer pour compléter le système de communications institué par la loi du 21 mai 1836, de manière à ce que les massifs forestiers domaniaux soient reliés aux lieux de consommation et aux ports d'embarquement.

Art. 4. — Les crédits nécessaires à la construction de nouvelles routes constitueront, à partir de l'exercice 1853, un chapitre spécial au budget du ministère des travaux publics. Ils devront être compensés par les produits provenant de l'exploitation des forêts.

Loi du 22 juin 1854

portant abolition de la servitude de parcours et de la vaine pâture dans le département de la Corse.

Art. 1er. — La servitude de parcours est abolie dans le département de la Corse...

Art. 2. — Le droit de vaine pâture cessera de plein droit un an après la promulgation de la présente loi.

Art. 3. — Le délai fixé par l'article précédent peut être prorogé pour une ou plusieurs communes du département par arrêté du préfet, rendu en conseil de préfecture, soit d'office, soit sur la demande des Conseils municipaux.

Cette prolongation de délai ne peut être prononcée que pour une durée de trois ans; mais elle peut être renouvelée par un arrêté rendu dans les mêmes formes..... qui peut imposer telle réserve ou restriction qui serait exigée par l'intérêt public.....

Art. 6. — Il n'est pas dérogé aux dispositions de l'article 8 de la section 4 du titre 1er de la loi des 28 septembre — 6 octobre 1791 ni à celles du Code forestier relatives aux droits d'usage dans les bois et forêts.

2° Loi des 6 juillet — 3 août 1870

relative aux mesures à prendre contre les incendies dans la région boisée des Maures et de l'Esterel.

TITRE Ier. — *Dispositions générales.*

ART. 1er. — La région boisée des Maures et de l'Esterel, comprenant les communes et portions de communes figurées par une teinte rose au plan ci-annexé, sera soumise pendant un délai de vingt ans aux dispositions de la présente loi.

TITRE II. — *Police et réglementation de l'emploi du feu dans la région des incendies.*

ART. 2. — Le préfet détermine par des arrêtés pris sur l'avis conforme du Conseil général, le conservateur des forêts entendu, les époques pendant lesquelles l'emploi du feu est interdit aux propriétaires et aux tiers, même pour les exploitations forestières et agricoles usitées sous les dénominations d'*écobuages*, *taillards*, *issards* et *petit feu*, dans l'intérieur et à moins de 200 mètres de tous bois forêts et landes peuplées de morts-bois.

ART. 3. — En dehors des périodes d'interdiction, l'emploi du *petit feu* pour le nettoiement des bois, forêts et landes peuplées de morts-bois, qui sont séparées par des tranchées de protection, est autorisé, quelle que soit la distance de la propriété voisine, sous la réserve, en cas d'incendie produit par ledit feu, des peines portées par l'article 458 du Code pénal, et de tous dommages-intérêts, s'il y a lieu.

Dans tous les autres cas, les dispositions de l'article 148 du Code forestier sont maintenues.

ART. 4. — Les arrêtés préfectoraux seront publiés et affichés dans chaque commune, au moins quinze jours avant l'époque fixée pour l'interdiction des feux.

ART. 5. — Toute infraction à ces arrêtés donnera lieu contre les contrevenants, à une amende de 20 à 500 francs et à la responsabilité prévue par l'article 206 du Code forestier en ce qui concerne les maris, pères, mères, tuteurs et, en général, tous maîtres et commettants (Pén. 463.)

ART. 6. — Indépendamment de tous officiers de police judiciaire chargés de rechercher et de constater des délits ruraux, les gardes forestiers domaniaux et communaux pourront rechercher et constater, dans tous les bois et forêts des particuliers, les délits prévus par la présente loi (I. cr. 154.)

ART. 7. — Les procès-verbaux dressés par les préposés forestiers en exécution de l'article 6 ci-dessus, seront, après accomplissement des formalités prescrites par le Code forestier, transmis par l'inspecteur des forêts dans le délai de vingt jours, à dater de l'affirmation, au procureur *de la République*, qui seul exerce les poursuites.

TITRE III. — *Tranchées de protection.*

Art. 8. — Tout propriétaire d'un terrain en nature de bois, forêt ou lande peuplée de morts-bois qui ne serait pas entièrement débroussaillée pourra être contraint par le propriétaire d'un terrain limitrophe de même nature, à l'ouverture et à l'entretien pour sa part, sur la limite des deux fonds contigus, d'une tranchée débarrassée des essences résineuses et maintenue en parfait état de débroussaillement.

La largeur de cette tranchée, établie par moitié sur chacun des fonds limitrophes, pourra varier de 20 à 50 mètres. Dans ces limites, elle sera fixée d'accord entre les parties intéressées et, en cas de désaccord, par le préfet, le conservateur des forêts entendu.

Art. 9. — Les actions concernant l'ouverture et l'entretien des tranchées de protection seront exercées, instruites et jugées comme les actions de bornage.

TITRE IV. — *Réseau spécial de routes.*

Art. 10. — Une subvention égale à la moitié des dépenses des travaux, et qui ne pourra, dans tous les cas, excéder 600,000 francs, sera accordée, sur les crédits ouverts au budget extraordinaire du ministère des finances pour la construction d'un réseau de routes de protection à établir dans la région des Maures et de l'Esterel.

La subvention de l'État sera acquise seulement après que le réseau de ces routes régulièrement classées aura été approuvé par un décret de l'empereur rendu en Conseil d'État, qui déterminera le mode et les termes de paiement de la subvention.

Art. 11. — Les dispositions des lois et des règlements relatifs aux chemins vicinaux d'intérêt commun seront applicables au réseau de routes mentionné à l'article précédent.

3° Approvisionnement en Bois de la Ville de Paris.

Ordonnance de Louis XIV de décembre 1672,
sur la juridiction du prévôt des marchands et échevins de la ville de Paris.

Chapitre XVII. — *Concernant la marchandise de bois neuf, flotté et d'ouvrages.*

Art. 4. — Pour faciliter à la ville de Paris la provision desdits bois, pourront les marchands trafiquant des dites marchandises faire tirer et sortir des forêts, passer les charrettes et harnais sur les terres et chemins, depuis lesdites forêts jusqu'aux ports flottables et navigables, en dédommageant les propriétaires desdites terres, au dire d'experts et gens à ce connaissant, dont les parties conviendront...

Art. 5. — Et d'autant que les marchands de bois flotté ne pourraient souvent exploiter lesdits bois sans faire de nouveaux canaux, et se servir des eaux des étangs, sera permis auxdits marchands de bois de faire lesdits canaux et de se servir des eaux des étangs, en dédommageant lesdits propriétaires desdites terres et étangs, au dire d'experts et gens à ce connaissant, dont les parties conviendront.

Art. 6. — Les marchands de bois flotté pourront faire jeter leurs bois à bois perdu sur les rivières et ruisseaux en avertissant les seigneurs intéressés par publication qui seront faites dix jours avant que de jeter lesdits bois..... à charge de dédommager les propriétaires des dégradations, si aucunes étaient faites aux ouvrages et édifices construits sur les dites rivières et ruisseaux.

Art. 7. — Afin que le flottage desdits bois puisse être plus commodément fait, seront tenus les propriétaires des héritages étant des deux côtés des dits ruisseaux, de laisser un chemin de quatre pieds pour le passage des ouvriers préposés par les marchands pour passer aval l'eau desdits bois.

Art. 8. — (Les marchands pourront faire passer leurs bois dans les étangs et fosses appartenant aux gentilshommes et autres.)

Art. 9. — Sera loisible auxdits marchands de faire pêcher par telles personnes que bon leur semblera, les bois de leur flot qui auront été à fond d'eau, pendant quarante jours, après que ledit flot sera passé; et si durant lesdits quarante jours d'autres marchands jettent un autre flot, lesdits quarante jours ne commenceront de courir que du jour que le dernier flot sera entièrement passé; et ne pourront ceux qui se prétendent seigneurs des rivières et ruisseaux se faire payer aucune chose, sous prétexte de dédommagement de la pêche ou autrement pour raison desdits bois canards.

Art. 10. — (Les seigneurs, après les quarante jours, pourront faire pêcher les bois canards.)

Art. 11. — (Les marchands feront visiter, contradictoirement avec les propriétaires, les vannes, écluses, pertuis et moulins, avant de jeter leurs bois, et après le flot passé, pour le règlement des dégradations commises.)

Art. 12. — (Les propriétaires des vannes, écluses, pertuis et moulins, sont tenus de les entretenir en bon état.)

Art. 13. — (Des droits qui seront payés pour le chômage des moulins : Abrogé par la loi du 28 juillet 1824.)

Art. 14. — Pourront lesdits marchands de bois se servir des terres proches des rivières navigables et flottables, pour y faire les amas de leurs bois, soit pour les charger en bateaux, soit pour les mettre en trains, en payant, pour l'occupation desdits héritages, savoir : (Le tarif des droits indiqué en cet article est modifié par la loi du 28 juillet 1824.)

Art. 15. — Et afin que les dits propriétaires puissent être payés par chacun des marchands qui auront des bois dans un flot, seront tenus lesdits marchands de faire marquer leurs bois de leur marque particulière, de les faire triquer et empiler séparément sur les dits ports flottables, et de faire les piles de huit pieds de haut, sur la longueur de quinze toises, ne laissant entre les piles que deux pieds de distance, et ne pourront lesdits marchands faire travailler à la confection de leurs trains, qu'après avoir payé ladite occupation, à l'effet de quoi seront tenus de faire compter et mesurer les dites piles par les compteurs des ports, en présence des propriétaires desdits héritages et prés, ou eux duement appelés. (Modifié par la loi du 28 juillet 1824.)

Art. 16. — (Les marchands seront pourvus à Paris de lieux convenables pour mettre en chantier les bois flottés qu'ils feront arriver.)

Loi du 28 juillet 1824

relative aux droits à payer pour le chômage des moulins et l'emplacement des bois.

ART. 1er. — Les droits réglés par les articles 13 et 14 du chapitre XVII de l'ordonnance du mois de décembre 1672 seront portés :

A 4 francs au lieu de 40 sous, pour le chômage d'un moulin pendant vingt-quatre heures, quel que soit le nombre des tournants;

A 10 centimes au lieu d'un sou, par corde de bois empilée sur une terre en labour;

Et à 15 centimes au lieu de 18 deniers, par corde de bois empilée sur une terre en nature de pré.

ART. 2. — Lorsque les bois déposés ne seront pas empilés à la hauteur prescrite par l'article 15 du chapitre XVII de l'ordonnance, l'indemnité sera payée, pour les couches incomplètes, à raison de la quantité de cordes qu'elles contiendraient si elles étaient portées à ladite hauteur.

ARRÊT DU PARLEMENT DU 23 AOÛT 1753. Les voituriers thierachiens sont maintenus dans les droits et usage ancien de faire pacager leurs chevaux et bœufs sur les pâtures vaines et vagues, prés fauchés, bruyères friches, chaumes et bords des bois, forêts et grands chemins, et il est fait défense de les y troubler sous quelque prétexte que ce soit. (Voir F. 218.)

Décis. min. int. 6 thermidor an ix. La délibération du commerce fréquentant les canaux, rivières et ports d'approvisionnement de Paris du 2 messidor an IX, est approuvée pour être exécutée selon sa forme et teneur; en conséquence, il y aura, à l'avenir, pour la sûreté du commerce qui se fait ès dites rivières, des *jurés compteurs* (anciens sommeurs jurés et compteurs des ports) au nombre de 11 (actuellement 16) répartis de la manière suivante: Briennon-l'Archevêque, Chatillon-sur-Loing, Clamecy, Nevers, Compiègne, Coulange-sur-Yonne, Dormans, Fontainebleau, La Croix-Saint-Ouen, La Ferté-sous-Jouare, Les Perches, La Ferté-Milon, Lorris, Moulins, Nogent-sur-Seine, Sens, Vermenton, Saint-Dizier.

Lettres pat. du 17 juin 1704 autorisant l'établissement de rétributions sur les marchandises pour le salaire des gardes de port. (Les tarifs sont réglés par décisions ministérielles, et pour les bois, par ordonnances ou décrets rendus sur la proposition des compagnies de commerce de bois, autorisées pour la ville de Paris.)

Décis. min. 9 mars 1807: règle les attributions des *gardes de ports* et les déclarations à leur faire lors du dépôt des marchandises dans les ports. (C. pén. 471, nº 15.)

Arrêt du parlement 30 août 1786: ordonne de faire l'empilage avec le moins de vide possible, et charge les jurés compteurs et les gardes de port d'y veiller.

Arrêté du 3 nivôse an vii (23 décembre 1798): fixe la mesure du décastère pour les bûches de 114 centimètres (3 mètres sur 3 mètres de couche et 6 mètres sur 1m,50 dans les ports d'embarquement). Des ordonnances de police déterminent les dimensions des bois à brûler et des bois carrés ou d'ouvrage.

III. — LOIS FORESTIÈRES COLONIALES

Loi du 14 février 1872
relative au régime forestier de la Réunion.

ART. 1er. — Un règlement délibéré par le Conseil général de l'île de la Réunion déterminera le régime des eaux et forêts auquel sera soumise la colonie. Les peines applicables aux délits et contraventions ne pourront dépasser le *maximum* des peines fixées par le Code forestier de la métropole.

ART. 2. — Le règlement délibéré par le Conseil général pourra être rendu provisoirement exécutoire par arrêté du gouverneur pris en conseil privé.

Il deviendra de plein droit exécutoire si dans un délai de six mois à dater du vote, un arrêté du Président de la République, pris en conseil des ministres, n'en a pas suspendu ou prohibé l'exécution.

Il aura définitivement force de loi si dans le délai de trois ans il n'a pas été modifié ou annulé par une loi.

DÉCRET DU 25 FÉVRIER 1873, ART. 1er. La loi du 14 février 1872 relative au régime forestier de l'île de la Réunion est déclarée applicable à la Martinique.

Loi du 17 juillet 1874

relative aux incendies dans les régions boisées de l'Algérie.

Art. 1er. — Dans toute l'étendue du territoire de l'Algérie, pendant la période du 1er juillet au 1er novembre de chaque année, nul ne pourra, hors des habitations, apporter ou allumer du feu dans l'intérieur ou à 200 mètres des bois et forêts, même pour la fabrication du charbon, l'extraction du goudron et la distillation de la résine. Cette interdiction est applicable même aux propriétaires des bois et forêts.

L'emploi du feu dans les gourbis et autres abris compris dans la même zone, sera soumis aux prescriptions du règlement d'administration publique, des arrêtés et règlements à intervenir en exécution de la présente loi.

Art. 2. — Nul ne pourra pendant la même période et dans un rayon de 4 kilomètres des massifs forestiers, mettre le feu aux broussailles, herbes et végétaux sur pied, s'il n'a obtenu la permission expresse de l'autorité administrative locale.

L'arrêté d'autorisation déterminera le jour et l'heure de la mise à feu.

Cet arrêté sera publié et affiché dans les communes limitrophes, au moins quinze jours à l'avance;

s'il s'applique à des terrains situés à moins d'un kilomètre des forêts, l'avis de l'administration forestière sera préalablement réclamé.

Jusqu'à ce que la loi ait réglé par des dispositions nouvelles l'obligation et le mode d'établissement des tranchées entre les terrains des divers propriétaires, l'arrêté imposera spécialement toutes les mesures de précaution à prendre et, s'il y a lieu, l'ouverture préalable de tranchées destinées à empêcher la communication du feu.

Art. 3. — Le gouverneur général pourra désigner un ou plusieurs officiers ou sous-officiers commandant une force publique auxiliaire pour concourir avec les agents forestiers à l'exécution des mesures légalement prises contre les incendies.

Les officiers ou sous-officiers délégués seront placés auprès de l'autorité administrative locale et investis des attributions de police judiciaire qui appartiennent à la gendarmerie. Les règlements de cette arme leur seront applicables dans leurs rapports avec les autorités administratives et judiciaires.

Art. 4. — Les populations indigènes dans les régions forestières seront, pendant la même période, astreintes, sous les pénalités édictées par l'article 8, à un service de surveillance qui sera réglé par arrêté du gouverneur général.

Tout Européen ou indigène requis pour un service de secours organisé contre l'incendie et qui aura refusé son concours sans motifs légitimes, sera puni des peines portées en l'article 8 ci-après, sans préjudice, au regard des usagers, de l'article 149 du Code forestier relatif à la privation des droits d'usage, laquelle sera prononcée par le juge de paix.

Art. 5. — En tout territoire civil ou militaire, indépendamment des condamnations individuelles encourues par les auteurs ou complices des crimes et délits ou contraventions, en cas d'incendies de forêts, les tribus et les douars pourront être frappés d'amendes collectives dans les formes et suivant les conditions ci-après.

Art. 6. — Ces amendes seront prononcées par le gouverneur général, en conseil de gouvernement, sur le vu des procès-verbaux, rapports et propositions de l'autorité administrative locale, les chefs de tribus et de douars préalablement entendus par la dite autorité.

Le produit des amendes sera versé au Trésor ; il pourra être affecté en tout ou partie à la réparation du préjudice causé par les incendies. Dans ce cas, le gouverneur général dressera l'état de répartition et le notifiera aux parties lésées ; le recours au Conseil d'État sera ouvert à celles-ci dans le délai de deux mois, à partir de la notification, contre les décisions prises par le gouverneur général à leur égard.

Lorsque les incendies, par leur simultanéité ou leur nature, dénoteront de la part des indigènes un concert préalable, ils pourront être assimilés à des faits insurrectionnels, et, en conséquence, donner lieu à l'application du séquestre, conformément aux dispositions actuellement en vigueur de l'ordonnance royale du 31 octobre 1845.

Art. 7. — Tout pâturage au profit des usagers est interdit d'une manière absolue, pendant six ans au moins, sur toute l'étendue des bois et forêts incendiés, sous les peines portées par l'article 199, § 2 du Code forestier.

Art. 8. — Toutes contraventions aux prescriptions de la présente loi et à celles des règlements et arrêtés rendus pour son exécution, seront punies d'une amende de 20 à 500 francs et pourront l'être, en outre, d'un emprisonnement de six jours à six mois. — L'article 463 du Code pénal sera applicable.

Décret du 27 juillet 1867 : rend applicable à l'Algérie la loi du 22 juillet 1867 sur la contrainte par corps.

Décret du 10 mai 1872 : *idem* la loi du 19 décembre 1871 sur l'application de la contrainte par corps aux frais.

Décret du 17 octobre 1874 : *Idem* la loi du 29 décembre 1873 sur le recouvrement des amendes par les percepteurs des contributions directes.

Art. 9. — Les gardes forestiers domaniaux ou communaux auront le droit, concurremment avec tous officiers de police judiciaire, de rechercher ou constater dans tous les bois et forêts des particuliers les délits et contraventions prévus par les lois et règlements applicables à l'Algérie.

Art. 10. — Les procès-verbaux dressés par tous préposés forestiers, en exécution de l'article qui précède, sont dispensés de l'affirmation et enregistrés en débet; ils feront foi jusqu'à inscription de faux dans les conditions prévues par les articles 177 et suivants du Code forestier.

Ils sont, après l'accomplissement des formalités prescrites par le Code forestier et par le décret du 10 janvier 1856, transmis par l'inspecteur des forêts dans les vingt jours de leur date, au procureur de la République, qui seul exerce les poursuites et traduit les inculpés, suivant les cas, devant le tribunal correctionnel ou devant le juge de paix, dont la compétence spéciale en matière de délits forestiers est déterminée par les décrets des 14 mai 1850 et 19 août 1854.

Dans les territoires maintenus transitoirement sous l'autorité militaire, le général commandant la division exercera les poursuites devant les juridictions militaires compétentes.

Décret du 19 janvier 1856 : porte à quinze jours le délai d'enregistrement des procès-verbaux constatant des contraventions forestières dans les territoires militaires.

Décret du 14 mai 1854 : donne aux juges de paix la connaissance des délits forestiers dans tous les cas où l'amende ne doit pas excéder 150 francs.

Décret du 19 août 1854 : établit des juges de paix *à compétence étendue* qui connaissent, alors, des délits de chasse et de tous les délits entraînant moins de six mois de prison ou de 500 francs d'amende.

Art. 11. — Un règlement d'administration publique fixera le mode et les détails d'exécution des dispositions qui précèdent.

Des arrêtés du gouverneur général détermineront également les mesures de police qui seront jugées nécessaires pour assurer l'exécution de la loi.

Chaque année, pendant la période des 1er juillet au 1er novembre, le *Journal officiel de l'Algérie* publiera un rapport mensuel relatant les mesures prises ou à prendre dans chaque province, en conformité des prescriptions de la présente loi.

Loi du 26 juillet 1873, organisant et constituant la propriété individuelle en Algérie. (D. P. 74, L. 4.)

Loi du 31 mars 1878, ordonnant de présenter aux Chambres un état des opérations auxquelles il aura été procédé dans l'année précédente, pour la reconnaissance et la délimitation du sol forestier de l'Algérie et pour la constatation de la propriété privée, en exécution de la loi du 26 juillet 1873.

DÉCRET DU 14 AVRIL 1875. L'importation en Algérie des écorces à tan de provenance tunisienne est prohibée jusqu'à ce qu'il en soit autrement ordonné.

ORGANISATION MILITAIRE

DU CORPS FORESTIER.

Loi des 27 juillet — 17 août 1872.

Art. 19. — Les élèves de l'École polytechnique et de l'École forestière sont considérés comme présents sous les drapeaux pendant tout le temps passé par eux dans lesdites Écoles.

Les lois d'organisation prévues par l'article 45 de la présente loi, déterminent pour ceux de ces jeunes gens qui ont satisfait aux examens de sortie et ne sont pas placés dans les armées de terre ou de mer, les emplois auxquels ils peuvent être appelés, soit dans la disponibilité, soit dans la réserve de l'armée active, soit dans l'armée territoriale ou dans les services auxiliaires.

Les élèves de l'École polytechnique ou de l'École forestière qui ne satisfont pas aux examens de sortie de ces Écoles, suivent les conditions de la classe de recrutement à laquelle ils appartiennent par leur âge; le temps passé par eux à l'École polytechnique ou à l'École forestière est déduit des années de service déterminées par l'article 36 de la présente loi.

Loi des 24 juillet — 7 août 1873.

Art. 36. — Les élèves de l'École polytechnique et de l'École forestière qui ont satisfait aux examens de sortie desdites Écoles et ne sont pas placés dans un service public reçoivent un brevet de sous-lieutenant auxiliaire ou une commission équivalente au titre auxiliaire et restent dans la disponibilité, dans la réserve de l'armée active, dans l'armée territoriale pendant le temps durant lequel ils y sont astreints en conformité de l'article 36 de la loi du 27 juillet 1872.

Toutefois est déduit conformément à l'article 19 de la loi du 27 juillet 1872, le temps passé par eux dans ces Écoles.

Un règlement d'administration publique rendu pour chacun des services dans lesquels sont placés les élèves de l'École polytechnique qui ne font pas partie des armées de terre ou de mer et les élèves de l'École forestière entrés dans le service forestier, détermine les assimilations de grades et les emplois qui peuvent, en cas de mobilisation, leur être donnés dans l'armée selon la position qu'ils occupent dans les services publics auxquels ils appartiennent.

Décret du 20 mars 1876. — Les assimilations de grade et les emplois qui, en vertu de l'article 36 de la loi du 24 juillet 1873, peuvent être donnés dans l'armée aux élèves de l'École forestière entrés dans le service forestier, sont déterminés par le tableau suivant :

Garde général en stage. ...... Garde général de 3e classe et commis de 2e classe à l'administration centrale	sous-lieutenant de réserve ou de l'armée territoriale.
Garde général de 1re et de 2e classe et commis de 1re classe à l'administration centrale	lieutenant de réserve ou de l'armée territoriale.
Sous-inspecteur et commis principal	capitaine de réserve ou de l'armée territoriale.
Inspecteur et sous-chef.	chef de bataillon de réserve ou de l'armée territoriale.
Conservateur et chef de bureau. .	lieutenant-colonel de réserve ou de l'armée territoriale.

Ces fonctionnaires seront employés dans le commandement des sections et compagnies de chasseurs forestiers. (Décret du 2 avril 1875, p. 173.)

A défaut d'emploi dans ces corps, ils pourront recevoir toute autre destination.

DÉCIS. MIN. GUERRE 7 NOV. 1875 autorise le remboursement de la prestation aux engagés conditionnels d'un an qui entrent à l'École forestière sous la condition qu'ils perdront les avantages du volontariat et seront soumis aux obligations du service militaire qui pourront leur être imposées par la législation en vigueur. (Circ. nº 166.)

Décis. min. guerre 28 aout 1875. — Les candidats à l'École forestière ayant contracté l'engagement conditionnel d'un an peuvent obtenir le sursis de départ jusqu'à l'âge de 22 ans, limite d'âge pour l'admission à cette École. (Circ. n° 186.)

Décis. min. guerre du 21 juin 1878. — Tous les agents forestiers, y compris les gardes généraux adjoints (assimilés au grade de sous-lieutenant), ne figurent pas dans la non-disponibilité de l'armée, qui est spéciale aux sous-officiers et soldats, mais sur un contrôle spécial d'assimilés dont la tenue est prescrite par l'article 2 du décret du 20 mars 1876. (Circ. n° 231.)

Loi des 27 juillet — 17 août 1872.

Art. 6. — Tout corps organisé en armes est soumis aux lois militaires, fait partie de l'armée et relève soit du ministre de la guerre, soit du ministre de la marine.

Loi des 24 juillet — 7 août 1873.

Art. 8. — Les hommes appartenant à des services régulièrement organisés en temps de paix peuvent, en temps de guerre, être formés en corps spéciaux destinés à servir soit avec l'armée active, soit avec l'armée territoriale.

La formation de ces corps spéciaux est autorisée par décret.

Ces corps sont soumis à toutes les obligations du service militaire, jouissent de tous les droits des belligérants et sont assujettis aux règles du droit des gens.

DÉCRET DU 2 AVRIL 1875. — Art. 1er. — Conformément aux dispositions de l'article 6 de la loi du 27 juillet 1872 et de l'article 8 de la loi du 24 juillet 1873, le personnel de l'administration des forêts entre dans la composition des forces militaires du pays.

A dater de l'ordre de mobilisation, aucune démission donnée par un agent ou préposé de cette administration n'est valable qu'après avoir été acceptée par le ministre de la guerre.

Art. 2. — Les agents et préposés sont organisés, par conservation des forêts, et suivant l'effectif disponible, en compagnies ou sections, qui prennent la dénomination de compagnies ou sections de chasseurs-forestiers.

Art. 3. — Les compagnies sont divisées en deux catégories. Les unes, formées des hommes propres au service de campagne, sont dites *compagnies actives* et sont destinées à seconder les opérations actives. Les autres, dites *compagnies territoriales*, comprennent tous les autres hommes valides et sont appelées à concourir au service de l'armée territoriale.

Dans cette formation des compagnies de chasseurs forestiers, les hommes resteront, autant que possible, sous les ordres de leurs chefs en temps de paix.

Art. 4. — Les cadres des compagnies actives ou territoriales seront pris dans le personnel forestier et comprendront :

Un capitaine commandant;
Un capitaine en second;

Deux lieutenants (ou un lieutenant et un sous-lieutenant);

Un sergent-major;

Cinq sergents, dont un fourrier;

Huit caporaux;

Deux clairons.

Les commandants de compagnie seront montés en cas d'appel à l'activité.

Dans les conservations des forêts dont l'effectif ne permettra de former que des sections, soit actives, soit territoriales, le cadre de ces sections se composera d'un demi-cadre de compagnie.

Art. 5. — Les sous-officiers seront pris parmi les brigadiers forestiers, et les caporaux parmi les brigadiers ou les gardes forestiers de 1re classe.

Les gardes auront rang de soldats de 1re classe.

Le règlement d'administration publique prévu par l'article 36 de la loi du 24 juillet 1873, déterminera les assimilations de grade et les emplois d'officier qui peuvent être donnés aux élèves de l'École forestière entrés dans le service forestier.

Les mêmes assimilations seront observées pour tous les agents forestiers, quelle que soit leur origine.

Les gardes généraux adjoints seront assimilés au grade de sous-lieutenant.

Les dispositions des articles 43 et 57 de la loi du 13 mars 1875 sur les cadres de l'armée, seront applicables aux officiers du corps des chasseurs forestiers.

LOI DU 13 MARS 1875, art. 43. — A grade égal, les officiers, fonctionnaires et agents de l'armée active, auront le commandement sur les officiers de réserve. Ceux ayant déjà servi dans l'armée active conserveront les droits au commandement que leur conférait leur rang d'ancienneté au moment où ils ont quitté l'armée. Les officiers de réserve n'ayant pas servi dans l'armée active ne pourront dans aucun cas exercer les fonctions, soit de chef de corps ou de service, soit de commandant de dépôt.

Art. 57. — A égalité de grade, les officiers de l'armée active ont toujours le commandement sur les officiers de l'armée territoriale. — Les dispositions du 2e paragraphe de l'art. 43 de la présente loi sont applicables aux officiers de l'armée territoriale.

Art. 6. — Les élèves de l'École forestière recevront une instruction militaire pendant leur séjour à l'École.

Un officier désigné par le ministre de la guerre sera chargé de cet enseignement.

Art. 7. — Le lieu de rassemblement de chaque compagnie ou section sera déterminé à l'avance, afin que les officiers chargés de les commander puissent les y réunir au premier ordre.

Art. 8. — Dès que l'ordre de mobilisation de l'armée aura été donné, le corps des chasseurs forestiers sera à la disposition du ministre de la guerre, pour être employé ainsi qu'il est dit à l'article 3 ci-dessus.

Le ministre de la guerre fera connaître d'avance au ministre des finances, les compagnies ou sections dont la mobilisation devra être effectuée dès la publication de l'ordre, et celles d'entre ces compagnies ou sections mobilisées qui devront être tout d'abord appelées à l'activité.

Cette mobilisation et cette mise en activité seront opérées par les soins de l'administration des forêts.

Art. 9. — A dater du jour de l'appel à l'activité, les compagnies ou sections de chasseurs forestiers feront partie intégrante de l'armée et jouiront des mêmes droits, honneurs et récompenses que les corps de troupe qui la composent. Sous le rapport des pensions pour infirmités et blessures, et des pensions de veuves, les sous-officiers, caporaux et soldats jouiront notamment de tous les droits attribués aux militaires de même grade dans l'armée active.

Les lois et règlements qui régissent cette dernière leur seront applicables.

Conformément aux dispositions de l'article 35 de la loi du 24 juillet 1873, les compagnies ou sections de chasseurs forestiers appelées à l'activité seront assimilées à l'armée active pour la solde et les prestations, allocations et indemnités de toute nature.

DÉC. MIN. FIN. 29 JUIN 1876. En cas de mobilisation des chasseurs forestiers, les agents et préposés forestiers continueront à jouir de leur traitement civil en même temps qu'ils recevront la solde et les allocations militaires conformément à l'article 9 du décret du 2 avril 1875. (Circ. nos 200, 201.)

Art. 10. — L'uniforme du corps des chasseurs forestiers est fixé par le ministre des finances. Les insignes de grade sont réglés par une décision des ministres de la guerre et des finances.

Le département de la guerre pourvoira à l'armement et au grand équipement des chasseurs forestiers, ainsi qu'à la fourniture du havresac; il leur fera distribuer également les divers objets de campement dès que l'ordre de mobilisation leur aura été donné.

Le département des finances assurera l'habillement et petit équipement des préposés domaniaux et communaux, et l'entretien des armes en temps de paix.

ARRÊTÉ MIN. FIN. ET GUERRE 8 MAI 1875 règle les insignes des grades des officiers, sous-officiers et caporaux des compagnies de chasseurs forestiers. (Circ. no 177.)

Art. 11. — Les compagnies ou sections de chasseurs forestiers seront soumises, dans la période de paix, à des inspections générales, dans la forme déterminée par le ministre de la guerre, de concert avec le ministre des finances.

Les réunions des compagnies ou sections appelées à être inspectées auront lieu par fractions de troupe assez réduites pour ne pas occasionner de déplacements onéreux et ne pas compromettre le service forestier.

Art. 12. — L'organisation de guerre visée par le présent décret sera préparée sans retard par la Direction générale des forêts. Cette organisation comprendra la constitution des compagnies, l'établissement de propositions pour les grades d'officier, l'indication de l'emplacement des compagnies ou sections, et du lieu de leur rassemblement en cas de mobilisation.

Art. 13. — Les officiers seront nommés par le Président de la République, sur la présentation du ministre des finances.

Leur titre de nomination mentionnera leur affectation à une compagnie ou à une section déterminée.

Dans le cas où la Direction générale des forêts les ferait passer dans une autre résidence, située en dehors de la circonscription de leur compagnie ou section, leur nomination d'officier se trouvera annulée de plein droit, et leur lettre de service sera renvoyée au ministre de la guerre. Ils ne pourront être pourvus d'un grade dans la compagnie ou section de leur nouvelle résidence que si un emploi de ce grade s'y trouve vacant, et ils recevront dans ce cas une nouvelle lettre de service.

Art. 14. — Dès que les contrôles de guerre seront arrêtés, le conservateur des forêts adressera aux commandants des bureaux de recrutement les noms des hommes faisant partie du personnel placé sous ses ordres et astreints au service dans l'armée active ou dans l'armée territoriale. Il tiendra ensuite ces officiers au courant de toutes les mutations concernant ces hommes et ceux de la même catégorie qui seraient admis ultérieurement dans les compagnies ou sections de sa conservation.

Le directeur de l'École forestière fournira les mêmes renseignements aux commandants des bureaux de recrutement, en ce qui concerne les élèves de cette École, dont la situation en temps de guerre sera réglée ultérieurement.

Les commandants des bureaux de recrutement n'affecteront les agents forestiers, les élèves de l'École forestière, les gardes forestiers et les gardes auxiliaires à aucun corps de l'armée active ou territoriale, tant qu'ils resteront dans le service forestier. Ils conserveront les feuillets mobiles qui les concernent.

Art. 15. — L'ordonnance royale du 27 août 1831 est et demeure abrogée.

Art. 16. — Les ministres de la guerre et des finances sont chargés, chacun en ce qui le concerne, de l'exécution du présent décret qui sera inséré au *Bulletin des lois*.

DÉC. MIN. GUERRE 10 JUILLET 1875. Les employés des administrations de l'État ne sont pas tenus de produire eux-mêmes les déclarations exigées par l'article 34 de la loi du 27 juillet 1872, en cas de changement de résidence à bref délai, ni de produire leurs titres à la gendarmerie. Ces formalités sont remplies par les soins des administrations auxquelles ils appartiennent. (Circ. 187).

DÉCIS. MIN. GUERRE DU 10 AVRIL 1875 ET DU 1er SEPTEMBRE 1877. Les préposés forestiers et les élèves des Écoles forestières appartenant par leur âge à l'une des catégories de l'armée sont classés dans une catégorie spéciale de *non disponibles* (dispensés d'exercices et d'appels en temps de paix et de rejoindre immédiatement en cas de mobilisation), dont les contrôles sont tenus par les conservateurs des forêts et adressés par eux aux commandements de recrutement. (Circ. nos 183 et 219.)

DÉCIS. MIN. FIN. 23 MARS 1879 admet les préposés forestiers à la délivrance du tabac *de cantine à fumer*, dans les conditions du décret du 29 juin 1853 pour les troupes de l'armée de terre. (Circ. no 203.)

DÉCIS. MIN. DE LA GUERRE 3 JANVIER 1878 sur les honneurs et marques de respect à échanger entre les militaires de l'armée et le personnel des forêts. (Circ. no 222.)

DÉCIS. MIN. DE LA GUERRE 15 AVRIL 1878: autorise les sous-intendants militaires à admettre dans les hôpitaux militaires les gardes, brigadiers et gardes généraux adjoints des forêts dont l'état de maladie aura été dûment constaté (Circ. no 225.)

DÉCIS. MIN. GUERRE 29 MAI 1880 Les préposés communaux sont admis dans les hôpitaux militaires et dans les hospices civils aux mêmes conditions que les préposés du service domanial.

DÉCIS. MIN. DE LA GUERRE DU 24 SEPTEMBRE 1879. Les officiers et chasseurs forestiers sont admis à jouir du bénéfice de la réduction de prix sur les voies ferrées dans les cas de mobilisation, de manœuvres et de revues (arrêté min. trav. publics du 1er avril 1876, état A) et usent de cette faculté au moyen de feuilles de route délivrées soit par l'autorité militaire, soit par l'autorité administrative compétente. (Circ. no 254.)

DÉCRET DU 28 DÉCEMBRE 1876. — Organisation militaire analogue à celle du 2 avril 1875 pour le personnel de l'administration des forêts en Algérie.

Loi du 9 juin 1853.

Art. 8. — Les services dans les armées de terre et de mer concourent avec les services civils pour établir le droit à la pension (*civile*) et seront comptés pour leur durée effective, pourvu toutefois que la durée des services civils soit au moins de 12 ans dans la partie sédentaire, ou de 10 ans dans la partie active. (Loi du 9 juin 1853, tableau no 2.)

Si les services militaires de terre ou de mer ont déjà été rémunérés par une pension, ils n'entrent pas dans le calcul de la liquidation. S'ils n'ont pas été rémunérés par une pension, la liquidation est opérée d'après le *minimum* attribué au grade par les tarifs annexés aux lois des 11 et 18 avril 1831.

Emplois du service actif; tabl. n° 2: garde général adjoint; garde à cheval; brigadiers; gardes à pied; gardes forestiers cantonniers dans les forêts de l'État.

DÉCRET DU 9 NOVEMBRE 1853. — ART. 31. Le fonctionnaire admis à la retraite doit produire, indépendamment de son acte de naissance et d'une déclaration de domicile..... 2° pour la justification des services militaires de terre et de mer: un certificat directement émané du ministère de la guerre ou de celui de la marine; les actes de notoriété, les congés de réforme et les actes de licenciement ne sont pas admis pour la justification des services militaires. — Lorsque des actes de cette nature sont produits, ils sont renvoyés au ministère de la guerre ou à celui de la marine, qui les remplace, s'il y a lieu, par un certificat authentique.

Extrait des tarifs annexés aux lois des 11 et 18 avril 1831. — Minimum des pensions pour 30 ans de services militaires effectifs : *armée de terre* : soldats ou ouvriers 200 fr., caporaux ou brigadiers 220 fr., sous-officiers et maîtres ouvriers 250 fr.; sergents-majors et maréchaux des logis-chefs 300 fr.; adjudants sous-officiers 400 fr.; sous-lieutenants 600 fr.; lieutenants 800 fr.; *armée de mer* : matelots, ouvriers et mousses 200 fr.; aides et quartiers-maîtres 220 fr.; seconds maîtres et contre-maîtres 250 fr.; élèves de marine 600 fr.; enseignes de vaisseau 800 fr.

ORDONNANCE DU ROI

POUR L'EXÉCUTION DU CODE FORESTIER.

Au château de Saint-Cloud, le 1er août 1827.

CHARLES, par la grâce de Dieu, ROI DE FRANCE ET DE NAVARRE ;

Sur le rapport de notre ministre secrétaire d'État au département des finances ;

Vu le Code forestier du royaume, sanctionné par nous le 21 mai dernier et promulgué le 31 juillet suivant :

Voulant en assurer l'exécution par des dispositions réglementaires ;

NOUS AVONS ORDONNÉ et ORDONNONS ce qui suit :

TITRE PREMIER.

DE L'ADMINISTRATION FORESTIÈRE.

Art. 1er. — Les attributions conférées par le Code à l'administration forestière seront exercées, sous l'autorité de notre ministre des finances, par une direction générale dont l'organisation est réglée ainsi qu'il suit :

DÉCRET DU 15 DÉCEMBRE 1877. — La direction générale des forêts est distraite du ministère des finances et rattachée au ministère de l'agriculture et du commerce.

SECTION PREMIÈRE.

DE LA DIRECTION GÉNÉRALE DES FORÊTS.

Art. 2. — La direction générale des forêts se compose d'un directeur général et de trois administrateurs nommés par nous, sur la proposition de notre ministre des finances. (O. 9, 11.)

L'organisation de la direction générale des forêts a subi de nombreuses modifications. (Voir trois ordonnances en date des 5 janvier 1831, 7 septembre 1837, 17 décembre 1844, deux arrêtés du ministre des finances des 5 avril et 11 décembre 1848, et trois décrets des 5 mai 1854, 24 janvier 1860 et 9 novembre 1865.)

DÉCRET DU 28 DÉCEMBRE 1877. — La direction générale des forêts est supprimée. — Le sous-secrétaire d'État au ministère de l'agriculture et du commerce présidera le Conseil d'administration des forêts et exercera, en qualité de président du Conseil, les attributions conférées au directeur général par les ordonnances et décrets antérieurs.

DÉCRET DU 12 JANVIER 1878 : supprime les fonctions d'administrateur et crée un corps d'inspecteurs généraux des forêts qui sera recruté exclusivement parmi les conservateurs et les chefs de bureau. Ils composent le Conseil d'administration des forêts et sont au nombre de six, dont deux de première classe, au traitement de 15,000 francs, et quatre de deuxième classe, au traitement de 12,000 francs. Leurs attributions seront déterminées par un règlement ministériel.

DÉCRET DU 31 DÉCEMBRE 1879 : nomme un inspecteur général hors cadre chargé de la direction des services de l'administration centrale des forêts.

ARRÊTÉ MINISTÉRIEL DU 13 MAI 1878 réglant les attributions et le service des inspecteurs généraux des forêts (circ. n° 226, art. 9 et 10). Les conservations du territoire continental et de la Corse sont divisées en six régions d'inspection, dont chacune est dévolue à un inspecteur général qui y reste attaché pendant trois ans et subit ainsi un roulement triennal dans l'ordre déterminé par le sous-secrétaire d'État.

ARRÊTÉ DU SOUS-SECRÉTAIRE D'ÉTAT DU 27 MAI 1878. — Les six régions d'inspection générale sont ainsi constituées :

1re région : Paris, Rouen, Amiens, Troyes, Châlons, Alençon;

2e région : Nancy, Épinal, Bar-le-Duc, Chaumont, Vesoul;

3e région : Dijon, Besançon, Lons-le-Saulnier, Mâcon, Chambéry;

4e région : Tours, Bourges, Moulins, Rennes, Niort, Bordeaux;

5e région : Grenoble, Aix, Nîmes, Nice, Gap;

6e région : Toulouse, Pau, Carcassonne, Aurillac, Ajaccio.

DÉCRET DU 11 MAI 1878. — Le travail des bureaux de l'administration centrale des forêts est réparti entre quatre services généraux ; à la tête de chacun est placé un conservateur. Les quatre services se divisent en sections dirigées par des inspecteurs ayant sous leurs ordres des sous-inspecteurs. Il est créé, en conséquence, quatre emplois de conservateurs, chefs de service; huit emplois d'inspecteurs, chefs de section ; seize emplois de sous-inspecteurs. Ces agents sont placés sous le rapport du traitement et des conditions d'avancement dans la même situation que ceux du même grade appartenant au service extérieur. Les inspecteurs et sous-inspecteurs recevront une indemnité de séjour, dont le montant sera réglé par le ministre. Nul agent du service central ne pourra être promu soit au grade d'inspecteur soit à celui de conservateur à moins d'avoir exercé préalablement, dans le premier cas, les fonctions de chef de cantonnement pendant trois ans ; dans le second, celles d'inspecteur du service actif ordinaire pendant deux ans.

ARRÊTÉ MINISTÉRIEL DU 14 JUIN 1878. — L'indemnité annuelle de séjour attribuée aux inspecteurs et sous-inspecteurs faisant partie des services centraux est fixée à 500 francs pour les inspecteurs et à 400 francs pour les sous-inspecteurs.

ARRÊTÉ MINISTÉRIEL DU 24 JUIN 1878 réglant la répartition du travail dans les quatre services de l'administration centrale (circ. nº 230.)

Art. 3. — En cas d'absence du directeur général, le ministre des finances désignera celui des administrateurs qui en remplira les fonctions. (O. 6.)

Art. 4. — Le directeur général dirige et surveille, sous les ordres de notre ministre des finances, toutes les opérations relatives au service.

Il correspond seul avec les diverses autorités.

Il a seul le droit de recevoir et d'ouvrir la correspondance.

Il donne et signe tous les ordres généraux de service.

Il travaille avec le ministre des finances et lui rend compte de tous les résultats de son administration. (O. 6 à 8, 12, 15, 38 s., 48 s.)

Art. 5. — Notre ministre des finances déterminera les parties de service dont la suite sera attribuée à chaque administrateur. (Voy. Décret du 12 janvier 1878. O. 2.)

Les administrateurs pourront être chargés de missions temporaires dans les départements, avec l'approbation du ministre des finances.

ARRÊTÉ MINISTÉRIEL DU 13 MAI 1878. — Art. 7. — Les inspecteurs généraux peuvent être chargés, sans préjudice de la rédaction des rapports et comptes rendus relatifs à leurs tournées, de traiter des questions spéciales dont l'étude leur est confiée individuellement par le sous-secrétaire d'État, mais ils ne peuvent, sous aucun prétexte, être détournés de leurs fonctions pour participer à la gestion des bureaux.

Art. 6. — Les administrateurs se réunissent en conseil d'administration, sous la présidence du directeur général.

En cas d'empêchement, le directeur général délègue la présidence à l'un des administrateurs.

DÉCRET DU 12 JANVIER 1878. — Art. 4. — Les inspecteurs généraux des forêts composeront le conseil d'administration des forêts.

ORDONNANCE DU 5 JANVIER 1831. — Art. 3. — Les attributions du directeur et du Conseil d'administration des forêts seront déterminées par notre ministre des finances.

DÉCISION DU MINISTRE DES FINANCES DU 16 JUILLET 1838. — Le directeur général a le droit de prendre l'avis du Conseil d'administration, dans la forme qui lui paraît convenable, et il peut, sur toutes affaires de nature à être soumises au Conseil, présenter, signés de lui, des rapports sur lesquels il sera délibéré dans la même forme que sur les rapports signés par les sous-directeurs.

[Aux termes d'une décision du ministre des finances du 4 août 1837, c'est au directeur général, et non au Conseil, que les rapports de chacun des sous-directeurs doivent être adressés, sauf au directeur général à présenter ces rapports au Conseil, selon les prescriptions de l'article 7 de l'ordonnance du 1er août 1827.]

ARRÊTÉ MINISTÉRIEL DU 13 MAI 1878. — En l'absence du sous-secrétaire d'État au ministère de l'agriculture et du commerce, le Conseil d'administration des forêts est présidé par le doyen d'âge des inspecteurs généraux. Les délibérations ne sont valables qu'autant que trois membres au moins assistent à la séance, y compris le président. En cas de partage, la voix du président est prépondérante.

Art. 7. — Le directeur général soumettra à notre ministre des finances, après délibération préalable du Conseil d'administration, les objets dont la nomenclature suit :

1° Budget général de l'administration forestière ;

2° Création et suppression d'emplois supérieurs ;

3° Destitution, révocation ou mise en jugement des agents forestiers du grade de *sous-inspecteur* et au-dessus ; (O. 12, 30 ; Ord. 17 déc. 1844, art. 84.)

4° Liquidation de pensions ;

5° Changements dans la circonscription des arrondissements forestiers ; (O. 10.)

6° Projets d'aménagements, de partages et d'échanges de bois, de cantonnement, ou de rachat de droits d'usage ;

7° Coupes extraordinaires ;

8° États annuels des coupes ordinaires ; (*Abrogé*, ord. 10 mars 1831, art. 1, n° 1.)

9° Cahier des charges pour les adjudications des coupes ordinaires ; (O. 82.)

10° Remboursements pour moins de mesure ; (*Modifié*, ord. 10 mars 1831, art. n° 1, 5.)

11° Remises ou modérations d'amendes ; (*Modifié*, Décr. 21 déc. 1859, art. 1 et 2 ; F. 159.)

12° Extraction de minerai ou de matériaux dans les forêts; (*Abrogé*, ord. 10 mars 1831, art. 1, n° 6.)

13° Constructions à proximité des forêts ; (*Abrogé*, Décr. 25 mars 1852 ; O. 177.)

14° Pourvois au Conseil d'État ;

15° Dispositions de service qui donneraient lieu à une dépense au-dessus de 500 francs; (*Modifié*, au-dessus de 2000 francs ; Décr. 31 mai 1862 et Règl. min. 26 déc. 1866.)

16° Oppositions à des défrichements ;

17° Instructions générales et questions douteuses sur l'exécution des lois et ordonnances.

Plusieurs dispositions de cet article ont été abrogées ou modifiées par les ordonnances suivantes :

ORDONNANCE DU 10 MARS 1831. — Art. 1. — Les attributions ci-après déterminées, qui étaient confiées au ministre des finances par l'ordonnance du 1er août 1827, sont déléguées au directeur des forêts.

En conséquence, il autorisera, après délibération du Conseil d'administration :

1° Les coupes ordinaires de chaque année; (O. 7, § 8, 73.)

2° La coupe des arbres endommagés, ébranchés, morts ou dépérissants; (O. 103)

3° Le recépage des bois incendiés ou abroutis; (*Modifié*, Ord. 4 déc. 1844, art. 1, n° 1.)

4° Les élagages sur les routes et les lisières des bois soumis au régime forestier ; (*Abrogé*, Ord. 4 déc. 1844, art. 1, n° 2.)

5° Le remboursement des moins de mesure lorsqu'ils n'excéderont pas la somme de 500 francs; (O. 7, § 10.)

6° Les extractions de minerai ou de matériaux dans les forêts; (*Abrogé*, Ord. 4 déc. 1844, art. 2.)

7° La concession des terrains vagues à charge de repeuplement, lorsque la contenance des terrains ne dépassera pas cinq hectares, et la durée de la concession, six années; (*Modifié*, Ord. 4 déc. 1844, art. 1, n° 5.)

Les autres concessions demeureront soumises aux dispositions des articles 106 et 107 de l'ordonnance du 1er août 1827.

ORDONNANCE DU 4 DÉCEMBRE 1844. — Art. 1. — Les attributions ci-après déterminées sont déléguées aux conservateurs des forêts.

Les conservateurs autoriseront:

1° La vente, par forme de menus marchés, dans les forêts domaniales et communales, des bois incendiés et abroutis, lorsque les produits présumés n'excéderont pas 500 francs, et l'exploitation des mêmes bois, par entreprise ou par économie, dans les forêts domaniales, lorsque les frais de l'exploitation n'excéderont pas 200 francs; (O. 103; Ord. 10 mars 1831, art. 1, § 3.)

2° L'élagage sur les routes et lisières des bois soumis au régime forestier; (O. 102; Ord. 10 mars 1831, art. 1, § 4.)

3° Les prorogations de délais de coupe et de vidange, lorsque ces délais n'excéderont pas quinze jours pour la coupe, et deux mois pour la vidange; (*Modifié*; Décr. 31 mai 1850; O. 96.)

4° La délivrance aux adjudicataires de chemins de vidange autres que ceux désignés dans le procès-verbal d'adjudication; (F. 39; O. 82.)

5° La concession de terrains vagues à charge de repeuplement, lorsque la durée de la concession n'excédera pas quatre années, et la contenance des terrains, 25 ares pour les gardes, et 5 hectares pour tous autres concessionnaires; (O. 106, 107; Ord. 10 mars 1831, art. 1, § 7.)

6° La délivrance des harts, rouettes, souches, épines et plants.

Art. 2. Dans les bois et forêts qui sont régis par l'administration des forêts, l'extraction de productions quelconques du sol forestier ne pourra avoir lieu qu'en vertu d'une autorisation formelle, délivrée par le conservateur des forêts, s'il s'agit de bois de l'Etat; et, s'il s'agit de ceux des communes et des établissements publics, par les maires ou administrateurs des communes ou établissements propriétaires, sauf l'approbation du conservateur des forêts qui, dans tous les cas, réglera les conditions et le mode d'extraction.

Quant au prix, il sera fixé, pour les bois de l'État, par le conservateur des forêts; et, pour les bois des communes et des établissements publics, par le préfet, sur les propositions des maires et administrateurs. (O. 169.)

Art. 3. Les dispositions des ordonnances ci-dessus visées et de tous autres règlements qui seraient contraires à la présente ordonnance sont abrogées.

Décret du 31 mai 1850. — Art. 1er. — Les prorogations de délais de coupe ou de vidange seront accordées, à l'avenir, par les conservateurs des forêts, quelle que soit la durée des délais réclamés. (Ord. 4 déc. 1844, art. 1, n° 3.)

Art. 8. — Dans toutes les affaires autres que celles qui sont mentionnées en l'article précédent, le directeur général statuera, sauf le recours des parties devant notre ministre des finances.

Le directeur général devra toutefois prendre l'avis du Conseil d'administration sur les destitutions, révocations ou mises en jugement des agents au-dessous du grade de *sous-inspecteur* et des préposés de l'administration forestière, sur toutes les affaires contentieuses, ainsi que sur toutes les dépenses au-dessous de 500 francs. (O. 12, 38; Ord. 17 déc. 1844, art. 85.)

Art. 9. — Un vérificateur général des arpentages sera attaché à la direction générale des forêts.

Il sera nommé par notre ministre des finances.

ORDONNANCE DU 17 DÉCEMBRE 1844 supprimant implicitement cet emploi.

DÉCRET DU 11 JUILLET 1864 créant un vérificateur général des aménagements.

DÉCRET DU 23 JANVIER 1877 créant un vérificateur général des reboisements en vertu de la loi de finances du 29 décembre 1876.

DÉCRET DU 12 JANVIER 1878 supprimant les vérificateurs généraux et les administrateurs, et les remplaçant par un corps d'inspecteurs généraux (O. 2).

DÉCRET DU 11 MAI 1878. — Art. 7. — Le nombre des commis est fixé à 16. Leurs titres, classes et émoluments seront déterminés par le ministre, sans que le chiffre du traitement le plus élevé puisse dépasser 3500 francs; ces commis seront recrutés parmi les gardes généraux adjoints et les préposés du service extérieur.

DÉCISION MINISTÉRIELLE DU 14 JUIN 1878. — Les titres, classes et émoluments des commis attachés aux services centraux sont réglés ainsi : *commis*, 1re classe, 3500 francs; 2e classe, 3100 francs; 3e classe, 2800 francs; 4e classe, 2500 francs; *commis adjoints*, 1re classe, 2200 francs; 2e classe, 1900 francs; 3e classe, 1600 francs.

SECTION II.

DU SERVICE FORESTIER DANS LES DÉPARTEMENTS.

Art. 10. — La division territoriale de la France en conservations forestières est arrêtée conformément au tableau annexé à la présente ordonnance.

Les conservations seront subdivisées en inspections et sous-inspections, dont le nombre et les circonscriptions seront fixés par notre ministre des finances.

La direction générale déterminera le nombre et la résidence des gardes généraux, des arpenteurs, des gardes à cheval et des gardes à pied, ainsi que les arrondissements et triages dans lesquels ils devront exercer leurs fonctions. (O. 25.)

Tableau de la Division de la France en 35 Conservations forestières[1].

NUMÉROS ET CHEFS-LIEUX DES CONSERVATIONS.	DÉPARTEMENTS.	CHEFS-LIEUX.
1 Paris	Oise.	Beauvais.
	Seine	Paris.
	Seine-et-Marne . .	Melun.
	Seine-et-Oise. . . .	Versailles.
2 Rouen	Eure	Evreux.
	Seine-Inférieure . .	Rouen.

1 Fixé d'abord à vingt par l'ordonnance réglementaire du 1er août 1827, le nombre des conservations a été plusieurs fois modifié. L'organisation actuelle résulte des décrets des 29 avril 1849, 28 décembre 1853, 3 mai 1854, 25 août 1861 et 2 septembre 1862.

NUMÉROS ET CHEFS-LIEUX DES CONSERVATIONS.	DÉPARTEMENTS.	CHEFS-LIEUX.
3 Dijon	Côte-d'Or	Dijon.
4 Nancy	Meurthe-et-Moselle	Nancy.
5 (Strasbourg) .		
6 (Colmar). . . .		
7 Amiens	Aisne.	Laon.
	Nord	Lille.
	Pas-de-Calais	Arras.
	Somme.	Amiens.
8 Troyes	Aube	Troyes.
	Yonne	Auxerre.
9 Épinal	Vosges	Épinal.
10 Châlons	Ardennes	Mézières.
	Marne	Châlons.
11 (Metz)		
12 Besançon . . .	Doubs	Besançon.
	Arrond. de Belfort.	Belfort.
13 Lons-le-Saulnier.	Jura.	Lons-le-Saulnier
14 Grenoble . . .	Isère	Grenoble.
	Loire	Saint-Étienne.
	Rhône	Lyon.
15 Alençon	Calvados	Caen.
	Eure-et-Loir	Chartres.
	Manche.	Saint-Lô.
	Mayenne	Laval.
	Orne	Alençon.
	Sarthe	Le Mans.
16 Bar-le-Duc . .	Meuse	Bar-le-Duc.
17 Mâcon	Ain	Bourg.
	Saône et-Loire . . .	Mâcon.

NUMÉROS ET CHEFS-LIEUX DES CONSERVATIONS.	DÉPARTEMENTS.	CHEFS-LIEUX.
18 Toulouse . . .	Ariége	Foix.
	Haute-Garonne . .	Toulouse.
	Lot	Cahors.
	Tarn-et-Garonne. .	Montauban.
19 Tours.	Indre-et-Loire . . .	Tours.
	Loir-et-Cher	Blois.
	Loiret.	Orléans.
20 Bourges	Cher	Bourges.
	Indre	Châteauroux.
	Nièvre	Nevers.
21 Moulins	Allier.	Moulins.
	Creuse	Guéret.
	Puy-de-Dôme. . . .	Clerm.-Ferrand.
22 Pau.	Basses-Pyrénées . .	Pau.
	Gers	Auch.
	Hautes-Pyrénées. .	Tarbes.
23 Rennes	Côtes-du-Nord . . .	Saint-Brieuc.
	Finistère.	Quimper.
	Ille-et-Vilaine . . .	Rennes.
	Loire-Inférieure . .	Nantes.
	Maine-et-Loire. . .	Angers.
	Morbihan	Vannes.
24 Niort.	Charente	Angoulême.
	Charente-Infér. . .	La Rochelle.
	Deux-Sèvres	Niort.
	Vendée.	La Roche s. Yon
	Vienne.	Poitiers.
25 Carcassonne .	Aude	Carcassonne.
	Pyrénées-Orient. .	Perpignan.
	Tarn	Alby.

NUMÉROS ET CHEFS-LIEUX DES CONSERVATIONS.	DÉPARTEMENTS.	CHEFS-LIEUX.
26 Aix	Basses-Alpes	Digne.
	B.-du-Rhône	Marseille.
	Vaucluse	Avignon.
27 Nîmes	Gard	Nîmes.
	Hérault	Montpellier.
	Lozère	Mende.
28 Aurillac	Aveyron	Rodez.
	Cantal	Aurillac.
	Corrèze	Tulle.
	Haute-Loire	Le Puy.
	Haute-Vienne	Limoges.
29 Bordeaux	Dordogne	Périgueux.
	Gironde	Bordeaux.
	Landes	Mont-de-Marsan
	Lot-et-Garonne	Agen.
30 Ajaccio	Corse	Ajaccio.
31 Chaumont	Haute-Marne	Chaumont.
32 Vesoul	Haute-Saône	Vesoul.
33 Chambéry	Haute-Savoie	Annecy.
	Savoie	Chambéry.
34 Nice	Alpes-Maritimes	Nice.
	Var	Draguignan.
35 Gap	Hautes-Alpes	Gap.
36 Valence[1]	Ardèche	Privas.
	Drôme	Valence.

ARRÊTÉ DU MINISTRE DES FINANCES DU 27 JUILLET 1844. — Art. 2. — Un sous-inspecteur est attaché à chaque inspection. Cet agent sera chargé du cantonnement le plus voisin du chef-lieu de l'inspection.

[1] Conservation créée par décret du 3 décembre 1880.

Art. 3. — L'inspecteur, en cas d'empêchement, sera remplacé de droit par le sous-inspecteur. Hors ce cas, aucune des fonctions de l'inspecteur ne pourra être confiée au sous-inspecteur qu'en vertu d'une autorisation spéciale du directeur général.

ARRÊTÉ DU MINISTRE DES FINANCES DU 7 JANVIER 1861. — Art. 1er. — A compter du 1er janvier 1861, le nombre des inspecteurs des forêts, y compris les six professeurs de l'École forestière, est fixé à cent soixante-treize.

ORDONNANCE DU 25 JUILLET 1844. — Art. 1er. — A l'avenir, il ne sera plus nommé de gardes à cheval.

Art. 2. — La direction générale des forêts aura sous ses ordres des gardes généraux adjoints.

Art. 3. — Les gardes généraux adjoints seront choisis parmi les gardes à cheval actuels ou parmi les brigadiers ayant deux ans au moins d'exercice dans ce grade.

Art. 4. — Les gardes généraux adjoints ne pourront être promus au grade de garde général s'ils n'ont au moins deux ans d'exercice dans leur grade.

Art. 5. — Les gardes à cheval qui ne seront pas nommés gardes généraux adjoints conserveront leur titre et leurs fonctions.

Art. 11. — La direction générale a sous ses ordres :

1° Des agents sous les dénominations de conservateurs, d'inspecteurs, de sous-inspecteurs et de gardes généraux [1] ;

2° Des arpenteurs [2]; (O. 19.)

1 *Ajoutez* et de gardes généraux adjoints. (Ord. 25 juillet 1844, art. 2.)

2 Le corps des arpenteurs est aujourd'hui supprimé.

3° Des gardes à cheval et des gardes à pied. (O. 10.)

Art. 12. — Les conservateurs seront nommés par nous, sur la proposition de notre ministre des finances.

Le ministre des finances nommera aux places d'inspecteur et de *sous-inspecteur*, sur la proposition du directeur général.

Le directeur général nommera à tous les autres emplois. (O. 38.)

Les nominations à tous les grades supérieurs à celui de garde général seront toujours faites parmi les agents du grade immédiatement inférieur qui auront au moins deux ans d'exercice dans ce grade.

ORDONNANCE DU 17 DÉCEMBRE 1844. — Art. 83. — Seront nommés par nous, sur la proposition de notre ministre des finances : le directeur général de l'administration, les administrateurs, les conservateurs, le directeur de l'École forestière.

Art. 84. — Seront nommés par notre ministre des finances, sur la proposition du directeur général : les chefs de bureau de toutes classes de l'administration centrale, les inspecteurs, les élèves de l'École forestière.

Art. 85. — Seront nommés par le directeur général, et en vertu de la délégation de notre ministre des finances, les titulaires de tous les emplois inférieurs à ceux qui viennent d'être désignés.

DÉCRET DU 24 JANVIER 1860. — Art. 20. — Sont

nommés par les directeurs généraux : les (sous-chefs), commis de tous grades et surnuméraires des administrations financières.

Ordonnance du 15 novembre 1832. — Art. 1er. — A l'avenir, nul ne sera nommé garde forestier, s'il est âgé de plus de 35 ans et s'il ne sait lire et écrire.

Aux termes des règlements concertés entre les ministres des finances, de la guerre et de la marine, les emplois de gardes forestiers sont réservés exclusivement :

1° Aux sous-officiers rengagés et présentés par les ministres de la guerre et de la marine, sur la proposition des chefs de corps et des inspecteurs généraux d'armes ;

2° Aux fils de gardes et aux gardes cantonniers ou communaux qui sont présentés par les conservateurs ou les chefs de service. (Circ. du 3 juin 1842, n° 534.)

Arrêté du ministre des finances du 3 mai 1852. — Art. 3. — Les gardes forestiers des communes et des établissements publics sont choisis sur une liste de trois candidats dressée par le conservateur (des forêts).

Art. 4. — Les candidats aux emplois de garde forestier des communes et des établissements publics doivent être âgés de 25 ans au moins et de 35 au plus, savoir lire et écrire, et être capables de rédiger un procès-verbal.

Ils sont choisis parmi les anciens militaires qui ont contracté un rengagement, jusqu'à concurrence des trois quarts des vacances au moins, sauf le cas d'insuffisance dans le nombre des candidats de cette catégorie.

Art. 5. — Le salaire des gardes forestiers des communes et des établissements publics est réglé par le préfet, sur la proposition du Conseil municipal ou de l'établissement propriétaire et l'avis du conservateur. (F. 98.)

Art. 6. — Le préfet pourra, suivant les circonstances locales et sur l'avis du conservateur, placer sous la surveillance du même garde des bois appartenant à plusieurs communes ou établissements publics.

Art. 7. — Les nominations des . . . . gardes forestiers des communes et des établissements publics sont portées immédiatement par les préfets à la connaissance du ministre.

Art. 13. — Nul ne sera promu au grade de garde général, si préalablement il n'a fait partie de l'École forestière, dont il sera parlé ci-après, ou s'il n'a exercé, pendant deux ans au moins, les fonctions de *garde à cheval.* (O. 10; Ord. 25 juillet 1844, art. 4 et 5.)

Décret du 19 juin 1860. — Art. 3. — Sont admis à concourir pour le grade d'inspecteur des finances de 4e classe dans la proportion du quart des vacances et en tant qu'ils n'auront pas moins de 25 ans ni plus de 30 ans et après avoir subi un examen de capacité, les employés comptant 7 ans de service et occupant au moins les positions suivantes. . . . *aux forêts*, le grade de garde général.

Ordonnance du 17 décembre 1844. — Art. 28. — A la fin de chaque année, il sera dressé par les directeurs généraux de chacune des administrations financières un tableau présentant en nombre triple des vacances présumées, les noms des agents de tous grades reconnus dignes d'obtenir de l'avancement. Des arrêtés spéciaux de notre ministre des finances détermineront pour chaque administration les conditions d'aptitude et de durée de service que devront remplir les agents pour être portés sur ce tableau.

Art. 29. — Les directeurs généraux présenteront à chaque vacance d'emploi réservé à notre nomination ou à celle de notre ministre des finances, une liste de trois candidats pris dans le tableau d'avancement et parmi lesquels le ministre nous désignera ou nommera directement le nouveau titulaire. Si, dans quelque circonstance extraordinaire, il y avait lieu de faire une exception en faveur d'un candidat qui n'aurait pas été porté sur les listes d'avancement et dont cependant les services mériteraient une récompense immédiate, cette exception devra être l'objet d'une décision spéciale et motivée du ministre.

Arrêté ministériel du 13 mai 1878. — Art. 8. — Les inspecteurs généraux constituent avec le directeur de l'École forestière et le chef du personnel, le comité qui arrête, chaque année, les tableaux d'avancement dressés en vertu des dispositions de l'ordonnance royale du 17 décembre 1844.

§ 1er. — *Des Agents forestiers.*

Art. 14. — Chacun des agents dénommés en l'article 11, § 1er, fera, suivant l'ordre hiérarchique, les opérations, vérifications et tournées qui lui seront prescrites en exécution du Code forestier et de la présente ordonnance, surveillera le service des agents et gardes qui lui seront subordonnés, et leur transmettra les ordres et instructions qu'il recevra de ses supérieurs. Il pourra faire suppléer, en cas d'empêchement, les agents et gardes employés sous ses ordres, à la charge d'en rendre compte, sans délai, à son supérieur immédiat.

DÉCISION MINISTÉRIELLE DU 20 MARS 1865. — Traitement des conservateurs : 1re classe, 12,000 francs; 2e classe, 10,000 francs; 3e classe, 9000 francs; 4e classe, 8000 francs. Traitement des inspecteurs : 1re classe, 6000 francs; 2e classe, 5000 francs; 3e classe, 4500 francs; 4e classe (supprimée par décision ministérielle du 9 septembre 1878).

ARRÊTÉ MINISTÉRIEL DU 18 NOVEMBRE 1878. — Traitement des sous-inspecteurs : 1re classe, 3800 francs; 2e classe, 3400 francs; 3e classe, 3000 francs.

ARRÊTÉ MINISTÉRIEL DU 15 MARS 1879. — Traitement des gardes généraux : 1re classe, 2600 francs; 2e classe, 2300 francs; 3e classe, 2000 francs.

ARRÊTÉ MINISTÉRIEL DU 20 DÉCEMBRE 1878. — Traitement des gardes généraux adjoints : 1re classe, 1600 francs; 2e classe, 1400 francs. Ceux qui sont chargés de la direction ou de l'intérim d'un cantonnement recevront une indemnité annuelle représentant la différence entre leur traitement et celui de garde général de 3e classe. Ceux qui font fonction de chefs de brigade jouissent des avantages accordés aux brigadiers.

Art. 15. — Les conservateurs correspondront directement avec la direction générale et avec les autorités supérieures des départements.

Les autres agents correspondront avec le chef de service sous les ordres duquel ils seront placés immédiatement, et lui rendront compte de leurs opérations.

ORDONNANCE DU 10 MARS 1831. — Art. 2. — Les préfets pourront, en ce qui concerne l'administration des bois des communes et des établissements publics, et pour tous les objets urgents, s'adresser directement à l'agent local, chef de service, pour les renseignements dont ils auront besoin. Ces renseignements, toutefois, leur seront transmis par l'intermédiaire du conservateur.

Cette marche sera observée principalement à l'égard des demandes en autorisation de coupes extraordinaires.

Lorsque ces demandes seront instruites, les préfets les adresseront avec toutes les pièces à l'administration des forêts, qui en rendra compte à notre ministre des finances.

Elles ne seront communiquées à notre ministre de l'intérieur que dans le cas où l'administration forestière aurait donné un avis contraire à celui du préfet. (O. 140.)

LOI DU 10 AOÛT 1871. — Art. 52. — Les chefs de service des administrations publiques dans le département sont tenus de fournir verbalement ou par écrit tous les renseignements qui leur seraient réclamés par le Conseil général sur les questions qui intéressent le département.

Art. 16. — Les agents forestiers seront tenus d'avoir des sommiers et registres, dont la direction générale déterminera le nombre et la destination, et sur lesquels ils inscriront régulièrement, par ordre de date, les ordonnances et ordres de service qui leur seront transmis, leurs diverses opérations, leurs procès-verbaux et les déclarations qui leur seront remises.

Ils feront coter et parafer ces registres par le préfet ou sous-préfet du lieu de leur résidence, et signeront chaque enregistrement, en faisant mention, en marge de chaque pièce ou procès-verbal, de l'inscription à laquelle elle aura donné lieu sur les registres, avec indication du folio.

Les inspecteurs, sous-inspecteurs et gardes généraux tiendront, en outre, un registre spécial sur lequel ils annoteront sommairement, par ordre de réception, les procès-verbaux qui leur seront remis par les gardes, et indiqueront en regard le résultat des poursuites et la date des jugements auxquels ces procès-verbaux auront donné lieu.

Art. 17. — Les agents forestiers seront responsables des titres, plans et actes dont ils se trouveront dépositaires en vertu de leurs fonctions. (O. 23.)

A chaque mutation d'emploi, il en sera dressé, ainsi que des registres et sommiers, un inventaire en double, qui constituera le nouvel agent responsable, en opérant la décharge de son prédécesseur.

Art. 18. (*Abrogé.*) — L'uniforme des agents forestiers est réglé ainsi qu'il suit :

Pour tous les agents, habit et pantalon de drap vert; l'habit boutonné sur la poitrine; le collet droit; le gilet chamois; les boutons de métal blanc, ayant un pourtour de feuilles de chêne, et portant au milieu les mots *Direction générale des forêts*, avec une fleur de lis; le chapeau français avec une ganse en argent et un bouton pareil à ceux de l'habit; une épée.

La broderie sera en argent, et le dessin en feuilles de chêne.

Les conservateurs porteront la broderie au collet, aux parements et au bas de la taille de l'habit, avec une baguette unie sur les bords de l'habit et du gilet.

Les inspecteurs porteront la broderie au collet et aux parements.

L'habit des sous-inspecteurs sera brodé au collet, avec une baguette unie aux parements.

Les gardes généraux auront deux rameaux de chêne, de la longueur de 10 centimètres, brodés de chaque côté du collet de l'habit. (O. 21.)

DÉCRET DU 20 NOVEMBRE 1878. — L'uniforme des agents forestiers comporte une grande et une petite tenue; il est réglé ainsi qu'il suit :

Pièces communes à la grande et à la petite tenue :

Tunique jaquette en drap vert foncé; collet rabattu avec cor de chasse brodé en canetille d'argent à chaque angle; deux rangées de cinq boutons chacune sur le devant; pattes à la soubise marquant la taille par derrière; insignes de grade en argent sur les manches. *Pantalon* en drap gris bleuté, forme droite; sur chaque jambe deux bandes en drap vert foncé, encadrant un passepoil de même drap. *Capote-manteau* (modèle des officiers d'infanterie) en drap vert foncé; deux rangées de boutons d'argent sur le devant; collet rabattu avec cor de chasse comme sur la tunique-jaquette; galons de grades sur les manches. *Épée* pour les inspecteurs généraux et les conservateurs; *sabre droit* (pour tous les autres agents) à fourreau et garde d'acier; ceinturon à bélières en cuir verni noir, doublé en maroquin vert et piqué avec boucle argentée se portant sous la jaquette; *dragonne* en argent; *cravate* en soie noire, col rabattu.

Petite tenue : *Brides d'épaules* avec trèfle en tresse carrée de poil de chèvre, sur la tunique-jaquette. *Coiffure:* Képi souple en drap vert foncé, visière coupée carrément et à angles arrondis. Insignes de grade en argent, cor de chasse brodé en argent sur le bandeau; jugulaire en cuir verni, soutachée d'argent.

Grande tenue : *Brides d'épaules* avec trèfle en argent sur la tunique-jaquette. *Coiffure :* chapeau français en feutre noir avec cocarde nationale et ganse en torsade d'argent. (Pour les agents qui sont officiers dans les compagnies de chasseurs forestiers, la coiffure de grande tenue est le képi rigide de même forme que le képi souple.)

Marques distinctives des grades : *Pour les inspecteurs généraux*, un double rang de broderies en argent composées de branches de chêne faisant le tour de la manche à hauteur du parement; *pour les autres agents* (décis. min. 28 avril 1873); conservateur, cinq galons d'argent aux manches et au képi, dragonne à torsade filigrane. Inspecteur, quatre galons, dragonne *idem*. Sous-inspecteur, trois galons, dragonne à petite torsade. Garde général, deux galons, dragonne *idem*. Garde général adjoint et élève de l'École forestière, un galon, dragonne *idem*; *pour les agents, officiers de chasseurs forestiers* (décis. min. guerre et fin. 8 mai 1875), mêmes galons à trois rangs pour le capitaine, deux pour le lieutenant, un pour le sous-lieutenant (circ. n° 177).

§ 2. — *Des Arpenteurs.*

Art. 19. — Les arpenteurs nommés et commissionnés par le directeur général des forêts feront, sous les ordres des agents forestiers chefs de service, l'arpentage des coupes ordinaires et extraordinaires et toutes les opérations de géométrie nécessaires pour les délimitations, aménagements, partages, échanges et cantonnements. (F. 5; O. 75.)

Une ordonnance royale du 12 février 1840 avait autorisé la création d'ingénieurs forestiers destinés à remplacer les arpenteurs, mais elle a été rapportée par une nouvelle ordonnance du 8 février 1846, avant d'avoir été mise à exécution.

Le corps des arpenteurs se trouve aujourd'hui supprimé par l'effet des lois de finances qui ont reporté sur le chapitre du personnel de l'administration des forêts les sommes affectées au paiement des travaux d'art à exécuter dans les bois de l'État.

Art. 20. — Leurs rétributions pour l'arpentage de coupes seront fixées par notre ministre des finances.

Pour les autres opérations énoncées en l'article précédent, et généralement pour toutes les opérations extraordinaires dont les arpenteurs pourraient être chargés, leur salaire sera réglé de gré à gré entre eux et la direction générale. (F. 8, 47.)

Art. 21. — L'uniforme des arpenteurs sera de même forme et de même couleur que celui des agents forestiers; mais le collet et les parements seront en velours noir, avec une broderie pareille à celle des gardes généraux. (O. 18.)

Art. 22. — Les arpenteurs forestiers constateront les délits qu'ils reconnaîtront dans le cours de leurs opérations, les déplacements de bornes et toute dégradation ou altération de limites; et ils remettront aux agents forestiers les procès-verbaux qu'ils en auront dressés. (F. 160.)

Art. 23. Les arpenteurs seront tenus de représenter, à toute réquisition, aux agents forestiers chefs de service, les minutes et expéditions des procès-verbaux, plans et actes quelconques relatifs à leurs travaux.

En cas de cessation de fonctions, les arpenteurs ou leurs héritiers remettront ces actes à l'agent forestier chef de service, dans le délai de quinze jours. (O. 17.)

§ 3. — *Des Gardes à cheval et des Gardes à pied.*

Art. 24. — Les gardes à cheval et les gardes à pied sont spécialement chargés de faire des visites journalières dans les bois soumis au régime forestier, et de dresser procès-verbal de tous les délits ou contraventions qui y auront été commis. (F. 5, 6, 160; O. 10 s.)

Arrêté du directeur général du 8 janvier 1840. — Crée des brigadiers domaniaux ou mixtes, avec ou sans triage pour servir d'intermédiaire entre les gardes et les chefs de cantonnement.

Ordonnance du 25 juillet 1844. — Supprime le grade de garde à cheval et décide que les gardes généraux-adjoints seront choisis parmi les brigadiers ayant au moins deux ans d'exercice.

Arrêté du ministre des finances du 27 février 1861. — 1. Aucun préposé forestier domanial ou mixte ne pourra, à l'avenir, se marier sans en avoir référé, par voie hiérarchique, au conservateur sous les ordres duquel il est placé.

2. Si le conservateur estime que le mariage projeté ne peut nuire au service ni porter atteinte à la considération du préposé, il informera ce dernier, par la même voie, qu'il ne s'oppose pas au mariage.

3. Si, au contraire, le conservateur pense qu'il est de l'honneur et de l'intérêt de l'administration de s'opposer au mariage, il transmettra la demande avec ses observations et son avis motivé au directeur général des forêts, qui statuera immédiatement.

4. Le préposé qui se mariera malgré l'opposition du directeur général sera réputé démissionnaire.

5. Pourra également être considéré comme démissionnaire le préposé qui se mariera sans en référer à l'administration ou sans en attendre la décision.

Art. 25. — Les gardes forestiers résideront dans le voisinage des forêts ou triages confiés à leur surveillance. Le lieu de leur résidence sera indiqué par le conservateur. (O. 10, § 3.)

Arrêté du sous-secrétaire d'État du 13 avril 1878. – Le traitement des brigadiers domaniaux et mixtes est fixé : 1re classe, 1100 francs ; 2e classe, 1000 francs ; 3e classe, 900 francs. Celui des gardes domaniaux ou mixtes et des gardes cantonniers est fixé : 1re classe, non logés, 800 francs ; logés, 750 francs ; 2e classe, logés ou non logés, 700 francs. Après quinze ans de service, le traitement des gardes forestiers domaniaux ou mixtes ou cantonniers de 1re classe, logés en maison forestière, peut être porté à 800 francs.

Le traitement des gardes sédentaires est fixé à 900 francs ; celui des brigadiers sédentaires de 1re classe à 1200 francs ; de 2e classe, à 1100 francs ; de 3e classe, à 1000 francs. Les brigadiers de 1re classe chargés de la comptabilité dans les conservations, peuvent recevoir 1300 francs de traitement.

Art. 26. — Les gardes forestiers tiendront un registre d'ordre, qu'ils feront coter et parafer par le sous-préfet de l'arrondissement.

Ils y transcriront régulièrement leurs procès-verbaux par ordre de date. Ils signeront cet enregistrement et inscriront en marge de chaque procès-verbal le folio du registre où il se trouvera transcrit. (F. 165 s.)

Ils feront mention, sur le même registre et dans le même ordre, de toutes les significations et citations dont ils auront été chargés. (F. 173.)

Ils y feront également mention des chablis et des bois de délit qu'ils auront reconnus, et en donneront avis, sans délai, à leur supérieur immédiat.

A chaque mutation, les gardes seront tenus de remettre ce registre à celui qui leur succédera.

Art. 27. — Les gardes à cheval et les gardes à pied adresseront leurs rapports à leur chef immédiat, et lui remettront leurs procès-verbaux revêtus de toutes les formalités prescrites. (F. 165, 170; O. 181; I. Cr. 18.)

Art. 28. — Indépendamment des fonctions communes aux gardes à cheval et aux gardes à pied, le directeur général pourra attribuer aux gardes à cheval des fonctions de surveillance immédiate sur les gardes à pied.

Art. 29. — L'uniforme des gardes à cheval et des gardes à pied sera l'habit, le pantalon et le gilet de drap vert.

L'habit des gardes à cheval aura sur le collet une broderie semblable à celle qui sera déterminée ci-après pour les élèves de l'École royale forestière. (O. 18, 47.)

Les gardes à cheval et les gardes à pied porteront une bandoulière chamois avec bandes de drap vert, et au milieu une plaque de métal blanc portant ces mots : *Forêts royales*, avec une fleur de lis.

DÉCRET DU 2 AVRIL 1875 chargeant le ministre de régler l'uniforme.

ARRÊTÉ MINISTÉRIEL DU 29 AVRIL 1875. — L'habillement de grande tenue des brigadiers et gardes forestiers est réglé ainsi qu'il suit : *Jaquette* demi-ajustée en drap vert finance, croisant sur la poitrine et garnie de dix boutons grelots en étain, cinq de chaque côté, également espacés ; devant d'un seul morceau, avec poche munie d'une patte extérieure rectangulaire ; manches larges et parements droits ; double martingale dans le dos avec deux boutons, le tout passepoilé au drap du fond ; collet rabattu passepoilé en drap jonquille, avec deux cors de chasse de même couleur aux angles de devant ; pattes d'épaule en drap doublé de basane également passepoilées de jonquille et munies chacune d'un bouton. *Pantalon*, modèle d'infanterie en drap gris bleuté clair, avec passepoils jonquille. *Képi* en drap vert finance avec passepoils jonquille et cor de chasse sur le bandeau, visière et jugulaires en cuir verni fixées par deux petits boutons. *Collet* à capuchon en drap gris bleuté, passepoils couleur du fond, quatre boutons sur la poitrine. *Cravate* en tissu de coton bleu de ciel foncé, modèle d'infanterie. *Insignes de grade* : Brigadiers, une tresse argent et soie noire en mélange au-dessus du passepoil des manches et le suivant. Gardes de 1re classe, une tresse en laine jaune et noire placée comme ci-dessus.

ARRÊTÉ DES MINISTRES DE LA GUERRE ET DES FINANCES DU 8 MAI 1875. — *Insignes des grades pour les compagnies de chasseurs forestiers :* Sergent-major, deux galons en argent façon dite *à la lézarde*, sur chaque avant-bras de la jaquette Sergent, un seul galon en argent sur chaque avant-bras. Fourrier, galons de sergent et, en outre, un galon de même nature placé obliquement sur le haut de chaque bras. Caporal, deux galons en laine jonquille, façon dite *cul de dé* sur chaque avant-bras.

ARRÊTÉ MINISTÉRIEL DU 25 NOVEMBRE 1878. — Petite tenue des brigadiers et gardes forestiers : *blouse* bleue en coutil treillis coton, collet rabattu, patte d'épaules en étoffe semblable, avec un bouton grelot ; *gilet* à manches en drap vert foncé et parement droit à onze petits boutons grelots et collet rabattant passepoilé jonquille, et garni de chaque côté d'un cor de chasse en laine jonquille ; *pantalon* en drap gris bleuté comme la grande tenue, et, pour l'été, en coutil rayé bleu d'Évreux ; *képi* souple, identique à celui de grande tenue ; les brigadiers portent sur le képi un galon en argent placé autour du bandeau, au-dessous du passepoil jonquille ; *cravate* bleue en coton, modèle d'ordonnance.

Art. 30. — Les gardes sont autorisés à porter un fusil simple pour leur défense, lorsqu'ils font leurs tournées et visites dans les forêts.

§ 4. — *Dispositions communes aux Agents et Préposés.*

Art. 31. — Il est interdit aux agents et gardes, sous peine de révocation, de faire le commerce de bois, d'exercer aucune industrie où le bois sera employé comme matière principale, de tenir auberge ou de vendre des boissons en détail. (F. 4, 21.)

Art. 32. — Nul ne pourra exercer un emploi forestier dans l'étendue de la conservation où il fera ses approvisionnements de bois comme propriétaire ou fermier de forges, fourneaux, verreries et autres établissements destinés au travail des bois. (F. 21.)

Art. 33. — Les agents forestiers ne pourront avoir sous leurs ordres leurs parents ou alliés en ligne directe, ni leurs frères ou beaux-frères, oncles ou neveux. (F. 21.)

Art. 34. — Les agents et les gardes forestiers, ainsi que les arpenteurs, seront toujours revêtus de leur uniforme ou des marques distinctives de leur grade dans l'exercice de leurs fonctions.

Art. 35. — Les agents et gardes ne pourront, sous aucun prétexte, rien exiger ni recevoir des communes, des établissements publics et des particuliers pour les opérations qu'ils auront faites à raison de leurs fonctions. (F. 107, 109.)

Art. 36. — Le marteau royal uniforme destiné aux opérations de balivage et de martelage aura pour empreinte une fleur de lis avec le numéro de la conservation.

Il sera déposé chez l'agent chef de service de chaque inspection, et renfermé dans un étui fermant à deux clefs, dont l'une restera entre les mains de cet agent, et l'autre entre les mains de l'agent immédiatement inférieur.

L'agent dépositaire de ce marteau est chargé d'entretenir l'étui et la monture en bon état, et demeure responsable de son dépôt dans l'étui et de la remise de la seconde clef à l'agent à qui elle doit être confiée.

La direction générale déterminera, sous l'approbation de notre ministre des finances, les mesures propres à prévenir les abus dans l'emploi de ce marteau. (F. 7.)

La fleur de lis a été supprimée en exécution d'une ordonnance royale du 14 août 1830.

Le marteau de l'État porte actuellement en relief les lettres A. F., avec le numéro de la conservation et celui de l'inspection, le tout entouré d'un cercle. (Décis. min. 10 mars 1831.)

Art. 37. — Les agents forestiers, les arpenteurs et les gardes seront pourvus chacun d'un marteau particulier dont la direction générale déterminera, sous l'approbation de notre ministre des finances, la forme, l'empreinte et l'emploi, et dont chacun d'eux sera chargé de déposer l'empreinte au greffe des cours et tribunaux, conformément à l'article 7 du Code forestier.

Les actes constatant ce dépôt ne sont passibles d'aucun droit de timbre et d'enregistrement. (Décis. min. 29 juin 1830 ; circ. nº 242.)

Art. 38. — Les agents et préposés ne pourront être destitués que par l'autorité même à qui appartient le droit de les nommer.

Toutefois le directeur général pourra, dans les cas d'urgence, suspendre de leurs fonctions et remplacer provisoirement les agents qui ne sont pas nommés par lui ; mais il devra en rendre compte immédiatement à notre ministre des finances. (Ord. 17 décembre 1844, art. 84.)

Les conservateurs pourront, dans le même cas, suspendre provisoirement de leurs fonctions les gardes généraux et les préposés sous leurs ordres, mais à charge d'en rendre compte immédiatement au directeur général. (Id., art. 85.)

Règlement ministériel du 13 mai 1878. — Les inspecteurs généraux peuvent suspendre les agents à partir du grade d'inspecteur inclusivement et les préposés de toute catégorie, et prendre toutes les mesures propres à sauvegarder les intérêts de l'État, sauf à avertir immédiatement le conservateur et à rendre compte au sous-secrétaire d'État, président du Conseil d'administration. (Déc. 12 janv. 1878. O. 2.)

Art. 39. — Le directeur général, après avoir pris l'avis du Conseil d'administration, pourra dénoncer aux tribunaux les gardes généraux et les préposés forestiers, ou autoriser leur mise en jugement, pour faits relatifs à leurs fonctions.

Notre ministre des finances pourra de même dénoncer aux tribunaux les inspecteurs et sous-inspecteurs des forêts, ou autoriser leur mise en jugement.

Les conservateurs ne pourront être poursuivis devant les tribunaux qu'en vertu d'autorisation accordée par nous en Conseil d'Etat. (F. 207; O. 7, 8, 12, 38; C. P. 114; Ord. 17 décembre 1844, article 83 à 85.)

Décret du Gouvernement de la Défense nationale du 19 septembre 1870. — L'article 75 de la Constitution de l'an VIII est abrogé. Sont également abrogées toutes autres dispositions des lois générales ou spéciales ayant pour objet d'entraver les poursuites dirigées contre des fonctionnaires publics de tout ordre.

SECTION III.

DES ÉCOLES FORESTIÈRES.

Art. 40. — Il y aura, sous la surveillance de notre directeur général des forêts :

1° Une École royale destinée à former des sujets pour les emplois d'agent forestier ;

2° Des écoles secondaires pour l'instruction d'élèves gardes. (O. 54.)

§ 1er. — *École royale.*

(Créée et organisée par Ordonnances du 28 août et du 1er décembre 1824.)

DÉCRET DU 31 JUILLET 1856. — Art 1er. — Le ministre des finances est autorisé à créer, dans l'École impériale forestière de Nancy, quatre bourses, en faveur de fils d'agents forestiers.

Art. 2. — Ces bourses seront accordées par le ministre des finances, sur la présentation du directeur général des forêts.

ARRÊTÉ MINISTÉRIEL DU 17 SEPTEMBRE 1856. — Art. 1er. — Quatre bourses sont instituées en faveur des élèves de l'École impériale forestière.

Art. 2. — Les bourses ne pourront être accordées qu'aux fils d'agents forestiers, élèves de l'École ou inscrits, en rang utile, sur la liste d'admissibilité.

Art. 3. — Des titres des prétendants aux bourses seront constatés par une délibération du Conseil d'administration des forêts. Cette délibération sera soumise, avec les observations du directeur général, au ministre, qui statuera sur le choix à faire pour chaque concession de bourse.

Art. 4. — Les bourses s'appliqueront, non seulement à la pension annuelle de 1500 francs que les parents sont tenus de servir à leurs enfants pendant leur séjour à l'École, mais encore à la pension annuelle de 600 francs qu'ils ont à leur servir à la sortie de l'École, en qualité de gardes généraux stagiaires.

Art. 5. — Les bourses ne pourront être retirées que par une décision du ministre, rendue sur une délibération du Conseil d'administration des forêts, approuvée par le directeur général.

Art. 6. — Les aspirants à l'École qui prétendront au bénéfice des dispositions précédentes, devront adresser leur demande au directeur général, avant le 31 mai de l'année du concours.

Décision du ministre des finances du 6 juin 1862. — Le décret du 31 juillet 1856 s'applique aux fils des préposés forestiers comme aux fils des agents.

Art. 41. — L'enseignement dans l'École royale aura pour objet :

L'histoire naturelle, dans ses rapports avec les forêts ;

Les mathématiques appliquées à la mesure des solides et à la levée des plans ;

La législation et la jurisprudence, tant administratives que judiciaires, en matière forestière ;

L'économie forestière, en ce qui concerne spécialement la culture, l'aménagement et l'exploitation des forêts, et l'éducation des arbres propres aux constructions navales ;

Le dessin ;

La langue allemande.

Art. 42. — Notre ministre des finances nommera, pour être attachés à l'École royale forestière, trois professeurs, savoir :

Un professeur d'histoire naturelle ;

Un professeur de mathématiques ;

Un professeur d'économie forestière, de législation et de jurisprudence.

Les cours seront de deux années. Ils commenceront le 1er novembre de chaque année, et se termineront au 1er septembre suivant.

L'un des trois professeurs remplira les fonctions de directeur de l'École.

Un maître de dessin et un maître d'allemand seront attachés à l'École royale.

ORDONNANCE DU 17 DÉCEMBRE 1844. — Art. 83. — Sont nommés par nous, sur la proposition de notre ministre des finances..... 4° le directeur de l'École forestière. (O. 38.)

DÉCRET DU 3 NOVEMBRE 1880. — Le président de la République : vu les ordonnances du 1er décembre 1824, 31 octobre 1838, 17 décembre 1844 et le décret du 31 avril 1867 — sur le rapport du ministre de l'agriculture et du commerce, décrète :

ART. 1er. Le personnel administratif et de surveillance de l'École forestière comprend : un directeur, un sous-directeur, un inspecteur des études, un agent comptable, des adjudants de surveillance.

ART. 2. Le directeur est nommé par nous, sur la proposition du ministre de l'agriculture et du commerce ;

il est choisi exclusivement parmi les conservateurs des forêts, les inspecteurs portés au tableau d'avancement et les professeurs ayant exercé les fonctions actives d'agent forestier pendant quatre ans au moins.

Son autorité s'étend sur toutes les parties du service et sur tout le personnel administratif et enseignant. Il jouit du traitement de conservateur dans les conditions de classe déterminées par le ministre et reçoit, en outre, à titre de frais de représentation, une indemnité annuelle de 2000 fr.

Art. 3. Le sous-directeur est choisi parmi les professeurs ayant exercé des fonctions actives d'agent forestier pendant quatre ans au moins; il est nommé par le ministre sur la proposition du sous-secrétaire d'État, président du Conseil d'administration des forêts. — En cas d'absence ou de maladie du directeur, le sous-directeur le remplace dans toutes ses attributions.

Art. 4. Les fonctions d'inspecteur des études sont exercées par un professeur ou un répétiteur désigné par le sous-secrétaire d'État, président du Conseil d'administration des forêts. Elles ont spécialement pour objet d'assurer, sous l'autorité immédiate du sous-directeur, l'exécution de règlements de police et le maintien de la discipline tant à l'intérieur qu'à l'extérieur de l'école.

Art. 5. L'agent comptable est nommé par le ministre. Ses fonctions spéciales sont déterminées par un règlement ministériel.

Art. 6. Les adjudants de surveillance sont nommés par le sous-secrétaire d'État, président du Conseil d'administration des forêts, qui fixe leur nombre et règle leurs attributions.

Art. 7. Le directeur, le sous-directeur, l'inspecteur des études et les adjudants sont logés à l'École.

Art. 8. Le personnel enseignant de l'École forestière comprend: un professeur d'économie forestière, un professeur d'histoire naturelle, un professeur de législation et de jurisprudence, un professeur de mathématiques appliquées, un professeur d'agriculture, un professeur d'art militaire, un professeur de langue allemande et des répétiteurs au nombre déterminé par le ministre.

Art. 9. Les professeurs sont nommés par le ministre de l'agriculture et du commerce sur la proposition du sous-secrétaire d'État, président du Conseil d'administration des forêts. — Ils forment deux catégories: 1° Les titulaires choisis parmi les agents forestiers, et professant l'économie forestière, l'histoire naturelle, la législation, les mathématiques appliquées. Leur traitement est ainsi fixé: 1re classe, 9000 fr.; 2e classe, 8000 fr.; 3e classe, 7000 fr. 2° Les chargés de cours professant l'agriculture, l'art militaire, la langue allemande. Leur traitement est fixé par le ministre sans que le chiffre maximum puisse, en aucun cas, dépasser 6000 fr.

Art. 10. Les agents forestiers nommés titulaires cessent de figurer dans les cadres du personnel et de concourir pour l'avancement dans le corps. Le ministre pourra toutefois confier temporairement les fonctions de professeur ou de chargé de cours à des agents forestiers maintenus dans les cadres du personnel, et qui recevront à cette occasion une indemnité fixe et annuelle de 2000 fr. outre le traitement afférent à leur grade administratif.

Art. 11. Les répétiteurs sont choisis parmi les agents forestiers et nommés par le sous-secrétaire d'État, président du Conseil d'administration des forêts. Une indemnité fixe, annuelle de 1000 fr., leur est attribuée, outre le traitement afférent à leur grade administratif.

Art. 12. Les agents forestiers attachés à l'École forestière soit comme professeurs temporaires conformément aux dispositions du dernier paragraphe de l'art. 10 précédent, soit comme chargés de cours ou comme répétiteurs, conserveront leurs droits à l'avancement dans les cadres du personnel jusqu'au grade d'inspecteur inclusivement.

Art. 13. Le ministre de l'agriculture et du commerce est chargé de l'exécution du présent décret, qui sera inséré au *Bulletin des lois.*

Décis. min. 12 nov. 1880. Art. 6. Le nombre des répétiteurs est actuellement fixé à quatre.

Arrêté ministériel du 10 novembre 1876. — Art. 1er. — Le personnel administratif de l'École est composé ainsi qu'il suit : un directeur, un sous-directeur (qui est un des professeurs), un inspecteur (qui est un des professeurs), un agent comptable (dont les fonctions sont réglées par l'arrêté ministériel du 3 juin 1858) et quatre adjudants chargés de la surveillance des élèves.

Arrêté du directeur général du 24 novembre 1857. — Art. 2. — Les adjudants sont nommés par le directeur général, sur la proposition du directeur de l'École ; ils ont le rang et le traitement des gardes généraux adjoints.

Art. 4. — ....L'inspecteur de l'École a sous ses ordres immédiats les adjudants chargés de la surveillance des élèves ainsi que le portier-consigne, les garçons de salle et les domestiques.

Art. 19. — ....Le Conseil d'instruction de l'École est composé du directeur, du sous-directeur, de l'inspecteur et des professeurs. Le directeur préside le Conseil, le sous-directeur y remplit les fonctions de secrétaire. Il délibère sur les modifications à introduire dans le programme d'admission et sur toutes les questions se rapportant à l'enseignement de l'École. Les délibérations du Conseil d'instruction sont soumises au directeur général des forêts qui prononce sur la suite qu'il y a lieu d'y donner.

Art. 43. — L'École royale forestière sera établie à Nancy.

Il sera affecté à cette école :

1° Une maison pour servir au cours des professeurs, à l'établissement d'une bibliothèque et d'un cabinet d'histoire naturelle, et au logement du directeur ;

2° Un terrain pour les pépinières et cultures forestières nécessaires à l'instruction des élèves.

DÉCRET DU 31 AOÛT 1867. — Le logement dans les bâtiments dépendant de l'École impériale forestière établie à Nancy est concédé aux fonctionnaires et gens de service de cette École ci-après désignés : 1° le directeur de l'École ; 2° le sous-directeur ; 3° l'inspecteur chargé de la police de l'établissement ; 4° les quatre adjudants chargés de la surveillance ; 5° le portier-consigne ; 6° le jardinier. Le nombre et la nature des pièces affectées à chaque logement sont désignés sur un état annexé au présent décret. (Loi du 23 avril 1833, art. 12.)

Art. 44. — Le nombre des élèves est fixé à vingt-quatre.

Les aspirants seront examinés, tant à Paris que dans les départements, par les examinateurs des écoles royales militaires, dans le même temps et dans les mêmes lieux. Pour être admis au concours à une place d'élève, chaque aspirant devra adresser au directeur général des forêts :

1° Son acte de naissance, constatant qu'à l'époque du 1er novembre l'aspirant aura 19 ans accomplis et n'aura pas plus de 22 ans ;

2° Un certificat signé d'un docteur en médecine ou en chirurgie, et dûment légalisé, attestant que l'aspirant est d'une bonne constitution, et qu'il a été vacciné ou qu'il a eu la petite vérole ;

3° Un certificat en forme, constatant qu'il a terminé son cours d'humanités ;

4° La preuve qu'il possède un revenu annuel de 1200 francs, ou, à défaut, une obligation par laquelle ses parents s'engagent à lui fournir une pension de pareille somme pendant son séjour à l'École forestière, et une pension de 400 francs depuis le moment où il sortira de l'École jusqu'à l'époque où il sera employé comme garde général en activité.

Ordonnance du 5 mai 1834. — A l'avenir, le nombre des élèves à admettre à l'École forestière sera fixé chaque année par le ministre des finances, en raison des besoins de l'administration des forêts. (O. 46.)

Ordonnance du 21 décembre 1840. — Les aspirants qui se présentent pour être admis à l'École royale forestière sont examinés, tant à Paris que dans les départements, par quatre examinateurs désignés annuellement par notre ministre des finances.

Les examens ont lieu d'après le même mode, dans le même temps et les mêmes lieux que ceux pour l'admission des Écoles militaires.

Les candidats ne seront admis au concours que sur la présentation d'une lettre du directeur général de l'administration des forêts.

Les demandes d'admission au concours doivent être adressées à l'administration avant le 30 juin, avec les pièces justificatives suivantes :

1° L'acte de naissance, dûment légalisé, constatant que l'aspirant aura, au 1er novembre, 19 ans accomplis et n'aura pas plus de 22 ans. (*Modifié*, décr. 2 janv. 1861.)

2° Un certificat d'un docteur en médecine, dûment légalisé, attestant que l'aspirant a été vacciné, qu'il n'a aucun vice de conformation ni infirmité qui le rendrait impropre au service forestier.

3° Le diplôme de bachelier ès lettres. (*Modifié*, arr. min. 13 sept. 1852.)

4° La preuve que le candidat possède un revenu annuel de 1500 francs au moins, ou, à défaut, une obligation par laquelle ses parents s'engagent à lui fournir une pension de pareille somme pendant son séjour à l'École forestière, et une pension de 600 francs comme complément de traitement, depuis le moment où il sortira de l'École jusqu'à l'époque où il sera employé comme garde général en activité.

DÉCRET DU 1er NOVEMBRE 1852. — Art. 68. — Les élèves (de l'École polytechnique) admissibles dans les services publics qui, faute de place, n'ont pu être désignés pour l'un des services énumérés à l'article 1er du présent décret..., peuvent être reçus à l'École forestière.

Décret du 2 janvier 1861. — Art. 1er. — A l'avenir, nul ne sera admis à concourir pour l'admission à l'École impériale forestière s'il ne fournit la preuve qu'il aura, au 1er novembre de l'année du concours, 18 ans accomplis et moins de 22.

Le diplôme de bachelier ès sciences est actuellement exigé, par application d'un arrêté pris de concert entre les ministres de la guerre, de la marine, des finances et de l'instruction publique et des cultes, le 13 septembre 1852, en ce qui concerne les épreuves d'admission aux Écoles spéciales du gouvernement (École polytechnique, École militaire, École normale supérieure, École navale et École forestière).

Cet arrêté dispose :

Art. 1er. — Les examens d'admission aux Écoles spéciales du gouvernement porteront exclusivement sur les programmes de l'enseignement scientifique donné dans les lycées, et auront pour base les portions de cet enseignement correspondant aux besoins de chaque École...

Art. 3. — Les candidats aux Écoles polytechnique.... et forestière devront justifier du diplôme de bachelier ès sciences, tel qu'il a été institué par le décret du 10 avril 1852.

Art. 45. -- Les candidats seront examinés sur les objets ci-après, savoir :

1° L'arithmétique complète et l'exposition du nouveau système métrique ;

2° La géométrie élémentaire ;

3° La langue française ;

4° Ils traduiront, sous les yeux de l'examinateur, un morceau d'un des auteurs latins, poète ou prosateur, qu'on explique en rhétorique.

Les candidats ne seront examinés que sur les objets indiqués par le programme ; mais on aura égard aux connaissances plus étendues qu'ils pourront posséder, surtout en algèbre, en trigonométrie, en physique et en chimie.

ORDONNANCE DU 21 DÉCEMBRE 1840. — L'examen d'admission à l'École forestière porte sur les objets ci-après, savoir :

1° L'arithmétique complète, y compris l'exposition du nouveau système métrique ;

2° La géométrie élémentaire ;

3° La trigonométrie rectiligne ;

4° Les éléments d'algèbre ;

5° Les éléments de géométrie descriptive ;

6° Les éléments de statique ;

7° Les éléments de physique ;

8° Les éléments de chimie ;

9° Le dessin ;

10° La langue française ;

11° La langue latine ;

12° Les premiers éléments de la langue allemande.

Un programme arrêté par notre ministre des finances déterminera, pour chacun des objets de l'examen, l'étendue des connaissances dont les aspirants doivent justifier.

Art. 46. — Les élèves seront nommés par notre ministre des finances, selon le rang d'instruction et de capacité qui aura été assigné aux aspirants d'après le résultat des examens. Ils auront, pendant la durée de leur séjour à l'École, le rang de *gardes à cheval*[1].

ORDONNANCE DU 21 DÉCEMBRE 1840. — A leur arrivée à l'École, les élèves seront soumis à la visite du médecin de l'établissement, à l'effet de constater qu'ils n'ont aucun vice de conformation ni aucune infirmité qui les mettrait hors d'état d'être admis aux cours de l'École ou qui les rendrait impropres au service forestier.

ORDONNANCE DU 12 OCTOBRE 1840. — Art. 1er. — Tous les ans, après les tournées d'examen, il sera formé à Paris un jury chargé de prononcer sur l'admission à l'École forestière des candidats examinés dans tout le royaume. Ce jury se composera : du directeur général des forêts, président ; des sous-directeurs de l'administration ; du directeur de l'École ; des quatre examinateurs d'admission, et du professeur de belles-lettres, qui sera chargé annuellement, par notre ministre des finances, sur la proposition du directeur général, du travail relatif aux compositions littéraires.

Art. 2. — Le jury dressera une liste, par ordre de mérite, de tous les candidats jugés admissibles, et notre ministre des finances arrêtera les admissions, suivant l'ordre de cette liste, en raison du nombre des places à remplir.

ORDONNANCE DU 17 DÉCEMBRE 1844. — Art. 84. — Seront nommés par notre ministre des finances, sur la

1 Le rang de *garde général adjoint*. (Ord. 25 juillet 1844.)

proposition du directeur général :.... 3° les élèves de l'École forestière.

Art. 47. — Leur uniforme est réglé ainsi qu'il suit :

Habit et pantalon de drap vert ; boutons de métal blanc, portant les mots : *École royale forestière ;* l'habit boutonné sur la poitrine ; deux légers rameaux de chêne de la longueur de 5 centimètres, et un gland, brodés en argent, de chaque côté du collet ; le gilet blanc ; le chapeau français, avec ganse en argent. (O. 18.)

ARRÊTÉ MINISTÉRIEL DU 6 JUIN 1862. — Art. 39. — L'uniforme des élèves comporte trois tenues différentes : grande tenue, petite tenue et tenue de travail.

ARRÊTÉ MINISTÉRIEL DU 8 NOVEMBRE 1879. — *Grande tenue :* tunique en drap vert foncé, boutonnant sur la poitrine au moyen de deux rangs de boutons d'uniforme, attentes en argent sur les épaules, cors de chasse en argent brodés au collet. Pantalon en drap gris garni d'une double bande conforme au modèle prescrit pour l'uniforme des agents forestiers, chapeau français comme celui des agents forestiers, sauf la torsade, qui est remplacée par une bande estampée en métal argenté. Couteau de chasse avec ceinturon en cuir verni sur la tunique, agrafes en métal argenté. — Pour la tenue de ville, le chapeau est remplacé par un képi avec cor de chasse sur le bandeau et celui-ci garni d'un galon d'argent en cocarde de 15 mm. de largeur. — *Petite tenue :* tunique-jaquette conforme au modèle prescrit pour l'uniforme des agents forestiers, sans insignes de grade, avec collet droit portant deux cors de chasse brodés en argent, attentes en poil de chèvre noir. Pantalon comme pour la grande tenue. — *Tenue de travail* : veston demi-ajusté, passepoilé couleur du fond, croisant sur la poitrine et garni de dix boutons demi-grelots en argent, collet droit. Pantalon comme pour la grande tenue. — *Vêtement de dessus :* capote-manteau en drap vert, collet rabattu avec cors de chasse en argent ; rotonde à capuchon ayant la longueur des manches de la capote.

Art. 48. — Les élèves feront, chaque année, dans les forêts, aux époques qui seront indiquées par le directeur général, et sous la conduite du professeur qu'il aura désigné, des excursions qui auront pour but la démonstration et l'application sur le terrain des principes qui leur auront été enseignés.

DÉCISION DU MINISTRE DES FINANCES DU 11 NOVEMBRE 1861. — Des places d'auditeurs libres, au nombre de vingt à vingt-cinq, seront mises, dans les amphithéâtres de l'École impériale forestière, à la disposition des Français ou étrangers qui en feront la demande.

Les demandes devront être adressées, avant le 1er septembre de chaque année, au directeur général des forêts, qui statuera sur la suite à y donner.

Art. 49. — A la fin de chaque année, un jury composé des trois professeurs, et présidé par le directeur général, ou par l'administrateur qu'il aura délégué, procédera à l'examen des élèves qui auront complété leurs deux années d'études. (O. 42.)

ORDONNANCE DU 31 OCTOBRE 1838. — Art. 2. — Les professeurs et les inspecteurs (des études) font partie du jury d'examen institué par l'art. 49 de l'ordonnance du 1er août 1827.

Art. 50. — Les élèves qui auront satisfait à l'examen de sortie, auront le rang de garde général et obtiendront, dès qu'ils auront l'âge requis ou qu'il leur aura été accordé par nous des dispenses d'âge, les premiers emplois vacants dans ce grade.

Toutefois la moitié de ces emplois demeurera expressément réservée pour l'avancement des gardes à cheval en activité.

Ce dernier paragraphe a été abrogé par une ordonnance du 15 décembre 1837.

Art. 51. — Si les élèves, après avoir terminé leurs cours et fait preuve des connaissances requises, n'ont pas atteint l'âge de 25 ans, ni obtenu de nous des dispenses d'âge, ou s'il n'existe point d'emplois de garde général vacants, ils jouiront du traitement de garde à cheval, et seront provisoirement employés, soit près de la direction générale à Paris, soit près des conservateurs ou des inspecteurs dans les arrondissements les plus importants.

Dès qu'ils auront satisfait à la condition d'âge et que des vacances auront lieu, les premiers emplois de garde général leur seront acquis par préférence aux autres élèves qui auraient postérieurement terminé leurs cours.

Art. 52. — Ceux qui, après les deux années d'études révolues, n'auront point fait preuve, devant le jury d'examen, de l'instruction nécessaire pour exercer des fonctions actives, seront admis à suivre les cours pendant une troisième année ; mais si, après cette troisième année, ils sont encore reconnus incapables, ils cesseront de faire partie de l'École et de l'administration forestières.

Quant à ceux qui, d'après les comptes périodiques rendus au directeur général des forêts par le directeur de l'École, ne suivront pas exactement les cours, ou dont la conduite aura donné lieu à des plaintes graves, il en sera référé à notre ministre des finances, qui ordonnera, s'il y a lieu, leur radiation du tableau des élèves.

Ordonnance du 15 décembre 1841. — Art. 32. — Les élèves qui, après la première ou la seconde année, n'auront point fait preuve, devant le jury d'examen, d'une instruction suffisante, seront rayés des cadres de l'École, à moins qu'une maladie grave, dûment constatée, ne leur ait causé pendant l'année une interruption de travail de quarante-cinq jours au moins ; auquel cas ils pourront être admis, sur l'avis du jury, à doubler, soit la première, soit la seconde année.

La faculté de doubler ne sera d'ailleurs accordée pour nulle autre cause, et, dans aucun cas, les élèves ne pourront séjourner plus de trois ans à l'École.

ARRÊTÉ MINISTÉRIEL DU 6 JUIN 1862. — Les élèves qui n'ont pas satisfait aux examens de sortie pourront être appelés aux fonctions de brigadier dans le service sédentaire. Ils doivent faire connaître au directeur général, dans le mois qui suit leur radiation des cadres, s'ils sont dans l'intention de profiter de l'avantage qui leur est accordé. Ils ne pourront être nommés gardes généraux adjoints avant d'avoir accompli leur vingt-cinquième année.

Art. 53. — Notre ministre des finances fixera par un règlement spécial la division des cours, le classement des élèves, l'ordre et les heures des leçons, la police de l'École et les attributions du directeur.

ARRÊTÉ MINISTÉRIEL DU 10 NOVEMBRE 1876. — Porte règlement intérieur pour l'enseignement et la discipline des élèves de l'École forestière.

§ 2. — *Écoles secondaires.*

Art. 54. — Il sera établi des Écoles secondaires dans les régions de la France les plus boisées.

Elles seront destinées à former des sujets pour les emplois de garde.

La durée des cours sera de deux ans.

Art. 55. — L'enseignement dans les Écoles secondaires aura pour objet :

1° L'écriture, la grammaire et les quatre premières règles de l'arithmétique ;

2° La connaissance des arbres forestiers et de leurs qualités et usages, et spécialement celle des arbres propres aux constructions civiles et navales ;

3° Les semis et plantations ;

4° Les principes sur les aménagements, les estimations et les exploitations ;

5° La connaissance des dispositions législatives et réglementaires qui concernent les fonctions des gardes, la rédaction des procès-verbaux et les formalités dont ils doivent être revêtus ; les citations ; la tenue d'un livre-journal et l'exercice des droits d'usage.

Art. 56. — Nous déterminerons par une ordonnance spéciale les lieux où les Écoles secondaires seront établies, le nombre des élèves, les conditions d'admissibilité, et les moyens de pourvoir à l'entretien et à l'enseignement des élèves de ces Écoles.

ARRÊTÉ DU DIRECTEUR GÉNÉRAL DU 31 JUILLET 1873. — Institue au domaine des Barres (Nogent-sur-Vernisson, Loiret) un centre d'enseignement de pratique sylvicole pour préparer aux emplois de garde les fils de préposés forestiers qui y sont admis comme gardes auxiliaires.

RÈGLEMENT DU DIRECTEUR GÉNÉRAL DU 5 JUILLET 1875 portant règlement d'admission et d'enseignement pour les élèves-gardes de l'École des Barres. (Circ. n°s 196 et 213. Voy. déc. 2 av. 1875, art. 24, organisation militaire.)

Arrêté ministériel du 8 avril 1870. — Il sera institué chaque année à Villers-Cotterets (Épinal), Grenoble et Toulouse des cours d'instruction théorique et pratique destinés à former des préposés (gardes ou brigadiers) pour le grade de garde général adjoint. Ces cours sont faits par des agents désignés par l'administration et durant deux ans, du 1er novembre au 1er mars de chaque année... Les gardes généraux adjoints seront exclusivement choisis parmi les brigadiers qui, après avoir suivi ces cours, sont déclarés admissibles à ce grade. Aucun garde général ne sera promu au grade de sous-inspecteur si préalablement il n'a fait partie de l'École forestière de Nancy ou n'a subi avec succès et devant le même jury l'examen de sortie de cette École. (Circ. nº 118.)

Arrêté ministériel du 23 juin 1879. — Les préposés forestiers communaux jouiront à l'avenir de tous les avantages accordés par l'arrêté ministériel du 8 avril 1870 aux préposés domaniaux pour l'admission et le séjour dans les cours d'enseignement préparatoire au grade de garde général adjoint.

TITRE II.

DES BOIS ET FORÊTS QUI FONT PARTIE DU DOMAINE DE L'ÉTAT.

SECTION PREMIÈRE.

DE LA DÉLIMITATION ET DU BORNAGE.

Art. 57. — Toutes demandes en délimitation et bornage entre les forêts de l'État et les propriétés riveraines seront adressées au préfet du département. (F. 8 à 10.)

Loi du 13 brumaire an vii. — Art. 12. — Sont assujettis au droit de timbre établi à raison de la dimension du papier.... les pétitions et mémoires, même en forme de lettre, présentés.... à toutes les autorités constituées.... et généralement tous livres, registres et minutes de lettres qui sont de nature à être produits en justice et dans le cas d'y faire foi ainsi que leurs expéditions.

Art. 58. — Si les demandes ont pour objet des délimitations partielles, il sera procédé dans les formes ordinaires.

Dans le cas où, les parties étant d'accord pour opérer la délimitation et le bornage, il y aurait lieu à nommer des experts, le préfet, après avoir pris l'avis du conservateur des forêts et du directeur des domaines, nommera un agent forestier pour opérer comme expert dans l'intérêt de l'État. (F. 9; O. 129, 130, 133.)

Décision ministérielle du 14 octobre 1840. — Les délimitations partielles sont soumises à toutes les règles du droit commun. Les délimitations générales sont seules soumises aux formalités spéciales des articles 9 et suivants du Code forestier. Elles deviennent définitives par l'approbation du ministre des finances pour les bois domaniaux; du chef de l'État, pour les bois des communes et des établissements publics.

Sol. enregist. du 16 janvier 1866 : n'est passible que d'un seul droit fixe (2 fr., act. 3 fr. 75, décimes compris), le procès-verbal de bornage rédigé à la requête d'un seul propriétaire, quel que soit le nombre des propriétaires riverains appelés à l'opération. (Sol. contraire, 5 février 1835.)

DÉCISION MINISTÉRIELLE DU 12 AOÛT 1836. — Les actes concernant les délimitations et les bornages sont visés pour timbre et enregistrés en débet à la diligence du géomètre ou de l'agent forestier, sauf recouvrement ultérieur. La formalité de l'enregistrement est remplie dans les vingt jours à dater de la clôture des actes.

Art. 59. — Lorsqu'en exécution de l'article 10 du Code il s'agira d'effectuer la délimitation générale d'une forêt, le préfet nommera, ainsi qu'il est prescrit par l'article précédent, les agents forestiers et les arpenteurs qui devront procéder dans l'intérêt de l'État, et indiquera le jour fixé pour le commencement des opérations et le point de départ. (F. 10; O. 129, 130, 133.)

DÉCISION MINISTÉRIELLE DU 23 SEPTEMBRE 1830. — L'arrêté du préfet doit contenir l'indication de la direction suivant laquelle il sera procédé.

DÉCISION MINISTÉRIELLE DU 23 SEPTEMBRE 1830. — La signification de l'arrêté du préfet est faite par les préposés au nom et à la diligence de l'administration des forêts.

DÉCISIONS MINISTÉRIELLES DES 1er SEPTEMBRE ET 2 DÉCEMBRE 1840. — Les significations pour les opérations de délimitations et de bornages généraux sont payées à raison de 50 centimes par original et 50 centimes par copie, qui sont attribués, savoir : au chef de service, 10 centimes par original et 10 centimes par copie pour l'impression des formules ; à l'agent qui a préparé le travail, 40 centimes par original et 20 centimes par copie ; au garde citateur, 20 centimes par copie.

DÉCISION MINISTÉRIELLE DU 7 AOÛT 1834. — Les originaux de signification sont enregistrés dans les quatre jours au droit fixe de 2 francs (actuellement 3 fr. 75) par riverain compris dans l'exploit. (Loi 22 frim. an VII, tit. 3, art. 20 et tit. 4, art. 34.)

Art. 60. — Les maires des communes où devra être affiché l'arrêté destiné à annoncer les opérations relatives à la délimitation générale, seront tenus d'adresser au préfet des certificats constatant que cet arrêté a été publié et affiché dans ces communes. (F. 10, 12.)

Art. 61. — Le procès-verbal de délimitation sera rédigé par les experts suivant l'ordre dans lequel l'opération aura été faite. Il sera divisé en autant d'articles qu'il y aura de propriétaires riverains, et chacun de ces articles sera clos séparément et signé par les parties intéressées.

Si les propriétaires riverains ne peuvent pas signer ou refusent de le faire, si même ils ne se présentent ni en personne ni par un fondé de pouvoirs, il en sera fait mention.

En cas de difficulté sur la fixation des limites, les

réquisitions, dires et observations contradictoires seront consignées au procès-verbal.

Toutes les fois que, par un motif quelconque, les lignes de pourtour d'une forêt, telles qu'elles existent actuellement, devront être rectifiées de manière à déterminer l'abandon d'une portion du sol forestier, le procès-verbal devra énoncer les motifs de cette rectification, quand même il n'y aurait à ce sujet aucune contestation entre les experts. (F. 10 s.)

Décision ministérielle du 26 janvier 1867. — Approuve le spécimen des procès-verbaux de délimitation dont les tracés géométriques font désormais partie intégrante. (Circ. n° 57. Proc. civ. 317, 318.)

Sol. enregist. du 5 février 1835. — Un droit fixe de 2 francs (actuellement 3 fr. 75) est dû une seule fois pour les minutes des procès-verbaux de délimitations et de bornages généraux.

Art. 62. — Dans le délai fixé par l'article 11 du Code forestier, notre ministre des finances nous rendra compte des motifs qui pourront déterminer l'approbation ou le refus d'homologation du procès-verbal de délimitation, et il y sera statué par nous sur son rapport.

A cet effet, aussitôt que le procès-verbal aura été déposé au secrétariat de la préfecture, le préfet en fera faire une copie entière, qu'il adressera sans délai à notre ministre des finances. (F. 11 s.)

DÉCISIONS MINISTÉRIELLES DES 24 MAI ET 8 JUILLET 1852. — Les préfets sont autorisés à communiquer aux communes qui possèdent des forêts riveraines de celles de l'État, des extraits des procès-verbaux de délimitations concernant ces forêts. Ces extraits sont délivrés sur la demande et aux frais des communes.

Art. 63. — Les intéressés pourront requérir des extraits dûment certifiés du procès-verbal de délimitation, en ce qui concernera leurs propriétés.

Les frais d'expédition de ces extraits seront à la charge des requérants, et réglés à raison de 75 centimes par rôle d'écriture, conformément à l'article 37 de la loi du 25 juin 1794 (7 messidor an II). (F. 11.)

Art. 64. — Les réclamations que les propriétaires pourront former, soit pendant les opérations, soit dans le délai d'un an, devront être adressées au préfet du département, qui les communiquera au conservateur des forêts et au directeur des domaines, pour avoir leurs observations. (F. 11 s.)

Art. 65. — Les maires justifieront, dans la forme prescrite par l'article 60, de la publication de l'arrêté pris par le préfet pour faire connaître notre résolution relativement au procès-verbal de délimitation. Il en sera de même pour l'arrêté par lequel le préfet appellera les riverains au bornage, conformément à l'article 12 du Code forestier.

Art. 66. — Les frais de délimitation et de bornage seront établis par articles séparés pour chaque propriétaire riverain, et supportés en commun entre l'administration et lui.

L'état en sera dressé par le conservateur des forêts et visé par le préfet. Il sera remis au receveur des domaines, qui poursuivra par voie de contrainte le paiement des sommes à la charge des riverains, sauf l'opposition, sur laquelle il sera statué par les tribunaux conformément aux lois. (F. 13; C. N. 646.)

Décision ministérielle du 12 août 1836. — La portion des droits de timbre et d'enregistrement qui se trouve à la charge de l'État dans les frais de délimitation et de bornage des forêts domaniales n'est pas remboursable à l'administration des domaines par celle des forêts.

Décision ministérielle du 26 octobre 1841. — L'état de répartition des frais de délimitation à remettre au receveur des domaines doit être sur timbre. Ces frais de timbre sont supportés par les riverains seuls pour les forêts domaniales. (Loi du 13 brum. an VII, art. 29.)

Décision du directeur général du 28 août 1867. — Les frais des agents forestiers, agissant comme géomètres, sont réglés à 11 francs par jour sur le terrain et à 6 francs au cabinet. La portion due par les riverains est encaissée par le domaine, l'administration se réservant de régler, quant au surplus, la somme à allouer aux agents à titre d'indemnité. (Circ. nº 64, art. 208.)

Décision ministérielle du 23 mars 1836. — Le recouvrement des frais ne doit être fait que suivant le droit commun, c'est-à-dire en vertu d'un jugement et non d'une contrainte, attendu que l'état des frais arrêté par le préfet n'est pas, en cette matière, un titre exécutoire. (Loi des 19 août — 12 sept. 1791. Voy. O., art. 169.)

SECTION II.

DES AMÉNAGEMENTS.

Art. 67. — Il sera procédé à l'aménagement des forêts dont les coupes ne sont pas fixées régulièrement ou conformément à la nature du sol et des essences.

Notre ministre des finances nous présentera, au mois de janvier de chaque année, l'état des aménagements effectués durant l'année révolue. (F. 15.)

Décision ministérielle du 12 août 1848. — En cas d'urgence des travaux d'aménagement et impossibilité de faire exécuter les plans par les agents forestiers, ces travaux peuvent être confiés à des arpenteurs.

Art. 68. — Les aménagements seront réglés principalement dans l'intérêt des produits en matière et de l'éducation des futaies.

En conséquence, l'administration recherchera les forêts et parties de forêts qui pourront être réservées pour croître en futaie, et elle en proposera l'aménagement, en indiquant celles où le mode d'exploitation par éclaircie pourrait être le plus avantageusement employé. (F. 16; O. 125, 134.)

Art. 69. — Dans toutes les forêts qui seront aménagées à l'avenir, l'âge de la coupe des taillis sera fixé à vingt-cinq ans au moins, et il n'y aura d'exception à cette règle que pour les forêts dont les essences dominantes seront le châtaignier et les bois blancs, ou qui seront situées sur des terrains de la dernière qualité.

DÉCISION MINISTÉRIELLE DU 10 NOVEMBRE 1833. — Les préposés forestiers sont chargés de l'entretien des lignes de coupes et des laies d'aménagement; le produit de ce nettoiement leur appartient à titre d'indemnité.

Art. 70. — Lors de l'exploitation des taillis, il sera réservé cinquante baliveaux de l'âge de la coupe par hectare. En cas d'impossibilité, les causes en seront énoncées aux procès-verbaux de balivage et de martelage.

Les baliveaux modernes et anciens ne pourront être abattus qu'autant qu'ils seront dépérissants ou hors d'état de prospérer jusqu'à une nouvelle révolution. (O. 134, 137.)

DÉCISION MINISTÉRIELLE DU 6 FÉVRIER 1828. — Les baliveaux anciens et modernes qui se trouvent dans les coupes arrivées en tour d'exploitation peuvent être abattus sans qu'il soit besoin d'une autorisation spéciale.

lorsqu'ils sont dépérissants ou hors d'état de prospérer jusqu'à une révolution suivante. L'article 70 n'a pas reproduit l'article 12, titre XV, de l'Ordonnance de 1669, qui voulait qu'aucun baliveau ancien ou moderne ne fût abattu qu'en vertu d'une ordonnance du roi.

Art. 71. — Seront considérées comme coupes extraordinaires, et ne pourront en conséquence être effectuées qu'en vertu de nos ordonnances spéciales, celles qui intervertiraient l'ordre établi par l'aménagement ou par l'usage observé dans les forêts dont l'aménagement n'aurait pu encore être réglé, toutes les coupes par anticipation, et celles des bois ou portions de bois mis en réserve pour croître en futaie et dont le terme d'exploitation n'aurait pas été fixé par l'ordonnance d'aménagement. (F. 16; O. 174.)

Ordonnance du 10 mars 1831. — Le directeur général autorise après délibération du Conseil d'administration . . . . . 2° la coupe des arbres endommagés, ébranchés, morts ou dépérissants.

Art. 72. — Pour les forêts d'arbres résineux où les coupes se feront en jardinant, l'ordonnance d'aménagement déterminera l'âge ou la grosseur que les arbres devront atteindre avant que la coupe puisse en être ordonnée.

SECTION III.

DES ASSIETTES, ARPENTAGES, BALIVAGES, MARTELAGES ET ADJUDICATION DES COUPES.

Art. 73. — Chaque année, les conservateurs adresseront au directeur général les états des coupes ordinaires à asseoir, conformément aux aménagements, ou selon les usages actuellement observés dans les forêts qui ne sont pas encore aménagées.

Ces états seront soumis à l'approbation de notre ministre des finances.

Les conservateurs adresseront pareillement au directeur général, pour chaque coupe extraordinaire à autoriser par nos ordonnances, un procès-verbal qui énoncera les motifs de la coupe proposée, l'état, l'âge, la consistance et la nature des bois qui la composeront, le nombre d'arbres de réserve qu'elle comportera, et les travaux à exécuter dans l'intérêt du sol forestier. (F. 16; O. 71.)

ORDONNANCE DU 10 MARS 1831. — Le directeur général autorise, après délibération du Conseil d'administration, les coupes ordinaires de chaque année.

Art. 74. — Lorsque les coupes ordinaires et extraordinaires auront été autorisées, les conservateurs désigneront ou feront désigner par les agents forestiers les arbres d'assiette, et feront procéder aux arpentages.

Art. 75. — Les arpenteurs ne pourront, sous peine de révocation et sans préjudice de toutes poursuites en dommages-intérêts, donner aux laies et tranchées qu'ils ouvriront pour le mesurage des coupes plus d'un mètre de largeur.

Les bois qui en proviendront feront partie de l'adjudication de chaque coupe, ou seront vendus suivant la forme des menus marchés. (F. 19; O. 102 s.)

Art. 76. — Les coupes seront délimitées par des pieds corniers et parois : lorsqu'il ne se trouvera pas d'arbres sur les angles pour servir de pieds corniers, les arpenteurs y suppléeront par des piquets, et emprunteront au dehors ou au dedans de la coupe les arbres les plus apparents et les plus propres à servir de témoins.

L'arpenteur sera tenu de faire usage au moins de l'un des pieds corniers de la précédente vente.

Tous les arbres de limites seront marqués au pied, et le plus près de terre qu'il sera possible, du marteau de l'arpenteur, savoir : les pieds corniers sur deux faces, l'une dans la direction de la ligne qui sera à droite, et l'autre dans celle de la ligne qui sera à gauche ; et les parois sur une seule face, du côté et en regard de la coupe.

L'arpenteur fera, au-dessus de chaque empreinte de son marteau, dans la même direction, et à la hauteur d'un mètre, une entaille destinée à recevoir l'empreinte du marteau royal. (O. 79; C. P. 456.)

Art. 77. — Les arpenteurs dresseront des plans et procès-verbaux d'arpentage des coupes qu'ils auront mesurées, et ils y indiqueront toutes les circonstances nécessaires pour servir à la reconnaissance des limites de ces coupes lors du récolement.

Ils en enverront immédiatement deux expéditions à l'inspecteur ou à l'agent qui en remplira les fonctions dans l'arrondissement. (F. 50 s.)

Art. 78. — Il sera procédé à chaque opération de balivage et de martelage par deux agents au moins; le garde du triage devra y assister, et il sera fait au procès-verbal mention de sa présence. (F. 33 s.)

Art. 79. — Les pieds corniers, les parois et les arbres à réserver dans les coupes, seront marqués du marteau royal, savoir : les arbres de limites, à la hauteur d'un mètre; et les arbres anciens, les modernes et les baliveaux de l'âge du taillis, à la hauteur et de la manière qui seront déterminées par les instructions de l'administration. (O. 76.)

Les baliveaux de l'âge du taillis pourront être désignés par un simple griffage ou toute autre marque autorisée par l'administration, lorsque ces arbres seront trop faibles pour recevoir l'empreinte du marteau royal.

Il sera fait mention, dans les affiches et dans le procès-verbal d'adjudication, du mode de martelage ou de désignation des arbres de réserve. (O. 84.)

DÉCISION MINISTÉRIELLE DU 10 AOÛT 1822. — Les *baliveaux* de l'âge seront marqués à la patte, le plus près de la terre que faire se pourra; les *modernes*, sur deux miroirs distincts au bas du tronc et autant que possible sur les pattes des racines extérieures, les deux blanchis rapprochés l'un de l'autre; les *anciens*, d'une seule marque à la racine, les marques autant que possible du côté du nord.

Art. 80. — Dans les coupes qui s'exploitent en jardinant ou par pieds d'arbre, le marteau royal sera appliqué aux arbres à abattre, et la marque sera faite au corps et à la racine.

Art. 81. — Les procès-verbaux de balivage et de martelage indiqueront le nombre et les espèces d'arbres qui auront été marqués en réserve, avec distinction en baliveaux de l'âge, modernes et anciens, pieds corniers et parois.

Des procès-verbaux, revêtus de la signature de tous les agents qui auront concouru à l'opération, seront adressés, dans le délai de huit jours, au conservateur.

L'estimation des coupes sera faite par un procès-verbal séparé, qui sera adressé au conservateur dans le même délai.

Art. 82. — Les conditions générales des adjudications seront établies par un cahier des charges délibéré chaque année par la direction générale des forêts, et approuvé par notre ministre des finances.

Les clauses particulières seront arrêtées par les conservateurs. (O. 7; Ord. 4 déc. 1844, art. 1.)

Les clauses et conditions, tant générales que particulières, seront toutes de rigueur, et ne pourront jamais être réputées comminatoires. (F. 37 ; O. 7, § 9.)

DÉCISION MINISTÉRIELLE DU 30 SEPTEMBRE 1831. — Les cahiers des charges sont exempts du timbre et de l'enregistrement sur la minute (Loi du 15 mai 1818, art. 80), mais les copies à remettre aux adjudicataires ou aux comptables et à annexer au procès-verbal d'adjudication doivent être timbrées.

DÉCISION MINISTÉRIELLE DU 28 JANVIER 1832. — Les cahiers des charges des ventes de coupes sont visés pour timbre en débet.

RÈGLEMENT MINISTÉRIEL DU 4 JUILLET 1836. — Les cahiers des clauses spéciales, approuvés par l'administration, sont imprimés dans les départements par les agents forestiers chefs de service; les frais d'impression sont acquittés par l'administration.

Art. 83. — Quinze jours avant l'époque fixée pour l'adjudication, l'agent forestier chef de service fera déposer au secrétariat de l'autorité administrative qui devra présider à la vente :

1° Les procès-verbaux d'arpentage, de balivage et de martelage des coupes ;

2° Une expédition du cahier des charges générales et des clauses particulières et locales.

Le fonctionnaire qui devra présider à la vente apposera son visa au bas de ces pièces pour en constater le dépôt. (F. 17 s.)

DÉCISION MINISTÉRIELLE DU 10 OCTOBRE 1810. — Après l'adjudication, ces pièces sont retirées du secrétariat et rendues aux agents forestiers.

Art. 84. — Les affiches indiqueront le lieu, le jour et l'heure où il sera procédé aux ventes; les fonctionnaires qui devront les présider; la situation, la nature et la contenance des coupes, et le nombre, la classe et l'essence des arbres marqués en réserve.

Elles seront rédigées par l'agent supérieur de l'arrondissement forestier, approuvées par le conservateur, et apposées, sous l'autorisation du préfet, à la diligence de l'agent forestier, lequel sera tenu de rapporter les certificats d'apposition que les maires délivreront aux gardes ou autres qui les auront placardées.

Les préfets et sous-préfets emploieront au surplus les autres moyens de publication qui seront à leur disposition.

Il sera fait mention, dans les procès-verbaux d'adjudication, des mesures qui auront été prises pour donner aux ventes toute la publicité possible. (F. 17 s.; O. 79.)

LOI DES 18-22 MAI 1791. — L'autorité municipale désigne les lieux destinés à recevoir les affiches de l'autorité publique. (Loi des 10 décembre 1830 et 8 juillet 1852 sur l'affichage public et particulier.) Le papier blanc est réservé pour les affiches et actes de l'administration.

DÉCISION MINISTÉRIELLE DU 10 DÉCEMBRE 1857. — Les conservateurs ne doivent soumettre aux préfets les propositions pour le jour de vente qu'après s'être concertés avec les trésoriers-payeurs généraux et avec les conservateurs des arrondissements limitrophes.

Art. 85. — Il sera fait, dans les affiches et dans les actes de vente des coupes extraordinaires, mention des ordonnances spéciales qui les auront autorisées. (F. 16, 17.)

Art. 86. — Les adjudications des coupes ordinaires et extraordinaires auront lieu par-devant les préfets et sous-préfets, dans les chefs-lieux d'arrondissement.

Toutefois les préfets, sur la proposition des conservateurs, pourront permettre que les coupes dont l'évaluation n'excédera pas 500 francs soient adjugées au chef-lieu d'une des communes voisines des bois et sous la présidence du maire.

Les adjudications se feront, dans tous les cas, en présence des agents forestiers et des receveurs chargés du recouvrement des produits. (F. 16, 19.)

Décision ministérielle du 13 septembre 1834. — Dans les séances d'adjudication, le conservateur ou l'agent forestier qui le remplace doit occuper la droite du fonctionnaire chargé de présider la séance.

Ordonnance du 20 mai 1837. — Art. 1er. — Les bois chablis et de délit provenant des forêts domaniales, quelle qu'en soit la valeur, ainsi que les coupes exploitées par économie, pour être vendues en détail et par lots, pourront, par exception aux dispositions de l'article 86 de l'ordonnance réglementaire, être adjugés aux chefs-lieux de canton ou dans les communes voisines de ces forêts.

Art. 87. — Les adjudications se feront aux enchères et à l'extinction des feux.

Avant l'ouverture des enchères, le conservateur ou l'agent forestier qui le remplacera pour l'adjudication, fera connaître au fonctionnaire qui présidera la vente le montant de l'estimation des coupes, et les feux ne seront allumés que lorsque les offres seront égales à l'estimation.

Si cependant les offres se rapprochaient de l'estimation, les feux pourraient être allumés sur la proposition de l'agent forestier.

Ordonnance du 26 novembre 1836. — Art. 1er. — A l'avenir, les ventes des coupes ordinaires ou extraordinaires, dans les bois soumis au régime forestier, pourront se faire, soit par adjudication aux enchères et à l'extinction des feux, soit par adjudication au rabais, soit enfin sur soumissions cachetées, suivant que les circonstances l'exigeront.

Art. 88. — Quant aux bois à couper par éclaircie, le directeur général pourra ordonner qu'ils soient exploités et façonnés pour le compte de l'État, et l'entreprise en sera adjugée au rabais.

Les bois façonnés seront vendus par lots dans la forme ordinaire des adjudications aux enchères, et à la charge par ceux qui s'en rendront adjudicataires de payer le prix de l'abatage et de la façon desdits bois. (O. 79, 134.)

ARRÊTÉ DU MINISTRE DES FINANCES DU 10 SEPTEMBRE 1864. — La taxe de 1 fr. 50 c. % établie pour frais d'adjudication des coupes domaniales par l'arrêté ministériel du 4 juillet 1836 comprend, outre les frais, les droits de timbre et d'enregistrement des actes relatifs à la vente, à l'exception des droits d'enregistrement de l'acte d'adjudication, de cautionnement et du certificat de cautionnement, et s'applique à toutes les adjudications de produits des forêts domaniales sans exception.

DÉCISION DU MINISTRE DES FINANCES DU 20 JUILLET 1872. — Porte cette taxe à 1 fr. 60 c. %. (Circ. nº 160.)

Art. 89. — Lorsque, faute d'offres suffisantes, les adjudications n'auront pu avoir lieu, elles seront remises, séance tenante, au jour qui sera indiqué par le président, sur la proposition de l'agent forestier.

Le directeur général pourra, au surplus, autoriser le renvoi de l'adjudication à l'année suivante, et même ordonner, s'il y a lieu, et avec l'approbation de notre ministre des finances, que l'exploitation des coupes pour le compte de l'État et la vente des bois soient effectuées de la manière qui est autorisée par l'article précédent pour les exploitations par éclaircie.

Art. 90. — Les frais à payer comptant par les adjudicataires seront réglés par le préfet, sur la proposition du conservateur, et l'état en sera affiché dans le lieu des séances avant l'ouverture et pendant toute la durée de la séance d'adjudication.

Art. 91. — Les procès-verbaux des adjudications seront signés sur-le-champ par tous les fonctionnaires présents et par l'adjudicataire ou son fondé de pouvoirs; et dans le cas d'absence de ces derniers, ou s'ils ne veulent ou ne peuvent signer, il en sera fait mention au procès-verbal.

SECTION IV.

DES EXPLOITATIONS.

Art. 92. — Le permis d'exploiter sera délivré par l'agent forestier local chef de service, aussitôt que l'adjudicataire lui aura présenté les pièces justificatives exigées à cet effet par le cahier des charges. (F. 30.)

DÉCISION MINISTÉRIELLE DU 29 NOVEMBRE 1831. — L'agent forestier qui délivre le permis d'exploiter sans se conformer aux prescriptions de l'article 82 de l'ordonnance royale, est pécuniairement et personnellement responsable des conséquences de cette irrégularité.

Art. 93. — Dans le mois qui suivra l'adjudication, pour tout délai, et avant que le permis d'exploiter soit délivré, l'adjudicataire pourra exiger qu'il soit procédé, contradictoirement avec lui ou son fondé de pouvoirs, au souchetage et à la reconnaissance des délits qui auraient été commis dans la vente ou à l'ouïe de la cognée. (F. 45, 46.)

Cette opération sera exécutée dans l'intérêt de l'État et sans frais par un agent forestier accompagné du garde du triage.

Le procès-verbal qui en sera dressé constatera le nombre des souches qui auront été trouvées, leur essence et leur grosseur. Il sera signé par l'adjudicataire ou son fondé de pouvoirs, ainsi que par l'agent et le garde forestier présent.

Les souches seront marquées du marteau de l'agent forestier.

Art. 94. — Le facteur ou garde-vente de l'adjudicataire tiendra un registre sur papier timbré, coté et paraphé par l'agent forestier; il y inscrira, jour par jour et sans lacune, la mesure et la quantité des bois qu'il aura débités et vendus, ainsi que les noms des personnes auxquelles il les aura livrés. (F. 31; L. 28 avril 1816, art. 62.)

DÉCISION MINISTÉRIELLE DU 6 MARS 1839. — L'article 4 de la loi du 20 juillet 1837 qui a supprimé le droit de timbre spécial établi sur les livres de commerce, n'est pas applicable aux registres des facteurs, qui sont soumis au timbre de dimension déterminé par l'artilce 62 de la loi du 28 avril 1816.

Art. 95. — Tout adjudicataire de coupes dans lesquelles il y aura des arbres à abattre sera tenu d'avoir un marteau dont la forme sera déterminée par l'administration, et d'en marquer les arbres et bois de charpente qui sortiront de la vente.

Le dépôt de l'empreinte de ce marteau au greffe du tribunal et chez l'agent forestier local devra être effectué dans le délai de dix jours, à dater de la délivrance du permis d'exploiter, sous les peines portées par l'article 32 du Code forestier. Il sera donné acte de ce dépôt à l'adjudicataire par l'agent forestier.

Art. 96. — Les prorogations de délai de coupe ou de vidange ne pourront être accordées que par la direction générale des forêts.

Il n'en sera accordé qu'autant que les adjudicataires se soumettront d'avance à payer une indemnité calculée d'après le prix de la feuille et le dommage qui résultera du retard de la coupe ou de la vidange. (F. 40; O. 138.)

DÉCRET DU 31 MAI 1850. — Art. 1er. — Les prorogations de délais de coupe ou de vidange seront accordées, à l'avenir, par les conservateurs des forêts, quelle que soit la durée des délais réclamés.

L'ordonnance du 4 décembre 1844 est, en conséquence, modifiée en ce qu'elle a de contraire aux dispositions qui précèdent. (Voy. art. 7.)

SECTION V.

DES RÉARPENTAGES ET RÉCOLEMENTS.

Art. 97. — Le réarpentage des coupes sera exécuté par un arpenteur autre que celui qui aura fait le premier mesurage, mais en présence de celui-ci, ou lui dûment appelé.

Art. 98. — L'opération du récolement sera faite par deux agents au moins, et le garde du triage y sera appelé.

Les agents forestiers en dresseront un procès-verbal, qui sera signé tant par eux que par l'adjudicataire ou son fondé de pouvoirs. (O. 108.)

Art. 99. — Les préfets ne délivreront aux adjudicataires les décharges d'exploitation qu'après avoir pris l'avis des conservateurs. (F. 45] s., 51; O. 108.)

SECTION VI.

DES ADJUDICATIONS DE GLANDÉE, PANAGE ET PAISSON, ET DES VENTES DE CHABLIS, DE BOIS DE DÉLIT ET AUTRES MENUS MARCHÉS.

Art. 100. — Le conservateur fera reconnaître, chaque année, par les agents forestiers locaux, les cantons des bois et forêts où des adjudications de glandée, panage et paisson pourront avoir lieu sans nuire au repeuplement et à la conservation des forêts. Il autorisera en conséquence ces adjudications. (F. 53 s.; O. 104.)

Art. 101. — Les gardes constateront le nombre, l'essence et la grosseur des arbres abattus ou rompus par les vents, les orages ou tous autres accidents. Ils en dresseront des procès-verbaux, qu'ils remettront à leur chef immédiat dans les dix jours de la rédaction.

La reconnaissance de ces chablis sera faite sans délai par un agent forestier, qui les marquera de son marteau. (O. 26, 104.)

DÉCISION MINISTÉRIELLE DU 28 JUIN 1822. — Les procès-verbaux de reconnaissance et d'estimation des chablis sont exempts de timbre et d'enregistrement.

DÉCISION MINISTÉRIELLE DU 7 AOÛT 1858. — Les chandeliers de même que les volis doivent être considérés comme chablis; leur vente et leur exploitation sont autorisées comme pour les chablis.

Art. 102. — Les conservateurs autoriseront et feront effectuer les adjudications des chablis, ainsi que celles des bois provenant de délits, de recepages, d'élagages ou d'essartements, et qui n'auront pas été vendus sur pied, et généralement tous autres menus marchés. (F. 17; O. 104, 174.)

Arrêté ministériel du 9 février 1836. — Il n'est point imprimé de cahier des charges pour les adjudications de menus produits; les conditions de la vente sont stipulées au procès-verbal d'adjudication, sauf pour les ventes supérieures à 500 francs, pour lesquelles il pourra être rédigé un cahier des charges, dont le projet sera soumis à l'administration.

Art. 103. — Les arbres sur pied, quoique endommagés, ébranchés, morts ou dépérissants, ne pourront être abattus et vendus, même comme menus marchés, sans l'autorisation spéciale de notre *ministre des finances*. (O. 7, 104 et ord. 10 mars 1831.)

Ordonnance du 4 décembre 1844. — Art. 1er. Les conservateurs autoriseront: 1° la vente, par forme de menus marchés, dans les forêts domaniales et communales, des bois incendiés et abroutis, lorsque les produits présumés n'excéderont pas 500 francs, et l'exploitation des mêmes bois, par entreprise ou par économie, dans les forêts domaniales, lorsque les frais de l'exploitation n'excéderont pas 200 francs.

Art. 104. — Les adjudications mentionnées dans les articles 100, 102 et 103 ci-dessus seront effectuées avec les mêmes formalités que les adjudications des coupes ordinaires de bois. (O. 84, 100, 102, 139.)

ORDONNANCE DU 23 JUIN 1830. — Art. 1er. — Ne seront point applicables aux adjudications mentionnées dans les articles 102 et 103 de notre ordonnance du 1er août 1827, la disposition de l'article 17 du Code forestier qui ordonne l'affiche des ventes des coupes ordinaires au chef-lieu du département, celle de l'article 25 de la même loi relative aux surenchères (*les surenchères ont été supprimées par la loi du 4 mai* 1837), la disposition de l'article 83 de l'ordonnance réglementaire qui prescrit le dépôt, au secrétariat de la vente, d'une expédition du cahier des charges, et celle du deuxième paragraphe de l'article 84 qui exige que les affiches soient approuvées par le conservateur des forêts et apposées sous l'autorisation du préfet.

Toutefois, les formalités prescrites pour les adjudications des coupes ordinaires de bois seront observées, lorsque l'évaluation des objets mis en vente excédera la somme de 500 francs.

ORDONNANCE DU 13 JANVIER 1847. — (Ci-dessous, art. 134.)

SECTION VII.

DES CONCESSIONS A CHARGE DE REPEUPLEMENT.

Art. 105. — Lorsqu'au lieu d'opérer par adjudication à prix d'argent ou par économie des semis et plantations dans les forêts, l'administration jugera convenable d'en concéder temporairement les vides et clairières à charge de repeuplement, les agents forestiers procéderont d'abord à la reconnaissance des lieux, et le procès-verbal qu'ils en dresseront constatera le nombre, l'essence et les dimensions des arbres existant sur les terrains à concéder.

Le conservateur transmettra à la direction générale ce procès-verbal, avec ses observations, et un projet de cahier des charges spécial pour chaque concession, par lequel les concessionnaires devront particulièrement être assujettis aux dispositions des articles 34, 41, 42, 44 et 46 du Code forestier.

Art. 106. (*Modifié.*) — Le directeur général des forêts soumettra à notre ministre des finances les projets de concession avec toutes les pièces à l'appui.

Voyez, sous l'art. 7, les ordonnances des 10 mars 1831, § 7, et 4 décembre 1844, article 1er, § 5.

Art. 107. — Les concessions de cette nature ne pourront être effectuées que par voie d'adjudication publique, avec les mêmes formalités que les adjudications des coupes de bois. (F. 17; O. 83 s.)

Art. 108. — La réception des travaux, la reconnaissance des lieux et le récolement seront effectués ainsi qu'il est prescrit par les articles 98 et 99 de la présente ordonnance pour le récolement des coupes de bois.

Décisions ministérielles des 17 août et 18 septembre 1829. — En cas de contestation entre l'État et le concessionnaire, les Conseils de préfecture sont incompétents pour en connaître, et la voie civile est la seule à suivre pour l'exécution d'un acte de concession de terrain forestier à charge de repeuplement.

SECTION VIII.

DES AFFECTATIONS A TITRE PARTICULIER DANS LES FORÊTS DE L'ÉTAT.

Art. 109. — Lorsque des délivrances en vertu d'affectations à titre particulier devront être faites par coupes ou par pieds d'arbre, les ayants-droit ne pourront en effectuer l'exploitation qu'après que la désignation et la délivrance leur en auront été faites régulièrement et par écrit par l'agent forestier chef de service.

Les opérations d'arpentage, de balivage et de martelage, ainsi que le réarpentage et le récolement, seront effectués par les agents de l'administration forestière, de la même manière que pour les coupes des bois de l'État et avec les mêmes réserves.

Les possesseurs d'affectations se conformeront, pour l'exploitation des bois qui leur seront ainsi délivrés, à tout ce qui est prescrit aux adjudicataires des bois de l'État pour l'usance et la vidange des ventes. (F. 58; O. 69, 79.)

Art. 110. — Lorsque les délivrances devront être faites par stères, elles seront imposées comme charges aux adjudicataires des coupes, et les possesseurs d'affectations ne pourront enlever les bois auxquels ils auront droit qu'après que le comptage en aura été fait contradictoirement entre eux et l'adjudicataire, en présence de l'agent forestier local.

Art. 111. — Lorsqu'il y aura lieu d'estimer la valeur des bois à délivrer aux affouagistes, il sera procédé à l'estimation par un agent forestier nommé par le préfet et un expert nommé par l'affouagiste; en cas de partage, un troisième expert sera nommé par le président du tribunal. (F. 58.)

SECTION IX.

DES DROITS D'USAGE DANS LES BOIS DE L'ÉTAT.

Art. 112. (*Abrogé.*) — Lorsqu'il y aura lieu d'affranchir les forêts de l'État des droits d'usage en bois au moyen d'un cantonnement, le conservateur en adressera la proposition au directeur général, qui la soumettra à l'approbation de notre ministre des finances.

Art. 113. (*Abrogé*). — Le ministre des finances prescrira au préfet, s'il y a lieu de procéder aux opérations préparatoires du cantonnement.

A cet effet, un agent forestier désigné par le conservateur, un expert choisi par le directeur des domaines, et un troisième expert nommé par le préfet, estimeront :

1° D'après les titres des usagers, les droits d'usage en bois, en indiquant par une somme fixe en argent la valeur représentative de ces divers droits, tant en bois de chauffage qu'en bois de construction ;

2° Les parties de bois à abandonner pour le cantonnement, dont ils feront connaître l'assiette, l'abornement, la contenance, l'essence dominante et l'évaluation en fonds et en superficie, en distinguant le taillis de la futaie, et mentionnant les claires-voies, s'il y en a ;

3° Les procès-verbaux indiqueront, en outre, les routes, rivières ou canaux qui servent aux débouchés, et les villes ou usines à la consommation desquelles les bois sont employés.

La proposition de cantonnement, ainsi fixée provisoirement, sera signifiée par le préfet à l'usager.

Art. 114. (*Abrogé.*) — Si l'usager donne son consentement à cette proposition, il sera passé entre le préfet et lui, et sous la forme administrative, acte de l'engagement pris par l'usager d'accepter sans nulle contestation le cantonnement tel qu'il lui a été proposé, sauf notre homologation.

Cet acte, avec toutes les pièces à l'appui, sera transmis par le préfet à notre ministre des finances, qui, après avoir pris l'avis des directions générales des domaines et des forêts, soumettra le projet de cantonnement à notre homologation.

Art. 115. (*Abrogé.*) — Si l'usager refuse de consentir au cantonnement qui lui est proposé, et élève des réclamations, soit sur l'évaluation de ses droits d'usage, soit sur l'assiette et la valeur du cantonnement, le préfet en référera à notre ministre des finances, lequel lui prescrira, s'il y a lieu, d'intenter une action contre l'usager devant les tribunaux, conformément à l'article 63 du Code forestier.

Art. 116. — Lorsqu'il y aura lieu d'effectuer le rachat d'un droit d'usage quelconque, autre que l'usage en bois, suivant la faculté accordée au gouvernement par l'article 64 du Code forestier, il sera procédé de la manière prescrite pour le cantonnement des usages en bois par les articles 112, 113, 114 et 115 ci-dessus.

Toutefois, si le droit d'usage appartient à une commune, notre ministre des finances, avant de prononcer sur la proposition de l'administration forestière, la communiquera au préfet, lequel donnera des renseignements précis et son avis motivé sur l'absolue nécessité de l'usage pour les habitants.

Lorsque le ministre aura prononcé, le préfet, avant de faire procéder à l'estimation préparatoire, notifiera la proposition de rachat au maire de la commune usagère, en lui prescrivant de faire délibérer le Conseil municipal, pour qu'il exerce, s'il le juge à propos, le pourvoi qui lui est réservé par le § 2 de l'article 64 du Code forestier.

Le procès-verbal des experts ne contiendra que l'évaluation en argent des droits des usagers, d'après leurs titres.

Les articles 112, 113, 114, 115, 116 et 145 ont été remplacés par les dispositions suivantes :

Décret du 12 avril 1854. — Art. 1er. — Lorsqu'il y a lieu d'affranchir les forêts de l'État de droits d'usage en bois, au moyen d'un cantonnement, le directeur général des forêts en adresse la proposition à notre ministre des finances, qui statue sur l'opportunité, après avoir pris l'avis de l'administration des domaines. (Décr. du 19 mai 1857, art. 1er.)

Si cette opportunité est reconnue, il est procédé par deux agents forestiers aux études nécessaires pour déterminer les offres à faire à l'usager.

Art. 2. — Les offres sont soumises par l'administration des forêts à notre ministre des finances, qui, après avoir pris l'avis de la direction générale des domaines, prescrit, s'il y a lieu, au préfet de les signifier à l'usager.

Art. 3. — Si l'usager déclare accepter les offres, il est passé, entre le préfet et lui, en la forme administrative, un acte constatant son engagement, sous réserve de notre homologation.

Art. 4. — Si l'usager propose des modifications au projet qui lui a été signifié, ou refuse absolument d'y adhérer, il en est référé au ministre des finances, qui statue et ordonne, s'il y a lieu, au préfet d'intenter l'action en cantonnement.

Art. 5. — Lorsqu'il y a lieu d'effectuer le rachat d'un droit d'usage quelconque, autre que l'usage en bois, suivant la faculté accordée au gouvernement par l'article 64 du Code forestier, il est statué sur l'opportunité de ce rachat par notre ministre des finances, sur la proposition de l'administration des forêts, après avoir pris l'avis de l'administration des domaines.

Si le droit d'usage appartient à une commune, le préfet est préalablement appelé à donner son avis motivé sur l'absolue nécessité de l'usage pour les habitants.

Lorsque le ministre des finances a déclaré l'opportunité, le préfet notifie la décision au maire de la commune usagère, en lui prescrivant de faire délibérer le Conseil municipal pour qu'il exerce, s'il le juge à propos, le pourvoi qui lui est réservé par le § 2 de l'article 64 du Code forestier.

Il est ensuite procédé conformément aux dispositions de l'article 1er, § 2, et des articles 2, 3 et 4 du présent décret.

Art. 6. — Les communes ou établissements publics qui veulent affranchir leurs bois des droits d'usage quelconques, par voie de cantonnement ou de rachat, en adressent la demande au préfet, qui statue sur l'opportunité, après avoir pris l'avis des agents forestiers.

S'il s'agit d'un droit rachetable à prix d'argent, prévu au § 2, article 64 du Code forestier, il est procédé conformément aux dispositions des §§ 2 et 3 de l'article 5 du présent décret.

Art. 7. — Les études préalables pour déterminer les

offres de cantonnement ou de rachat sont faites suivant le mode tracé par l'article 1er, § 2, du présent décret.

Toutefois, sur la demande de la commune ou de l'établissement propriétaire, il est adjoint aux deux agents forestiers un troisième expert, dont la désignation appartient à la commune ou à l'établissement. Ce troisième expert fait, concurremment avec les agents forestiers, les études nécessaires pour la détermination des offres.

La commune ou l'établissement propriétaire est appelé par le préfet à déclarer s'il entend donner suite aux offres de cantonnement ou de rachat. Sur sa déclaration affirmative, les offres sont soumises à notre ministre de l'intérieur. En cas d'avis favorable, le ministre des finances statue sur la convenance et l'opportunité des offres.

Il est ensuite procédé conformément aux articles 3 et 4 du présent décret.

Toutefois les modifications qui seraient proposées par l'usager, dans le cas prévu par l'article 4, doivent être acceptées par la commune ou l'établissement propriétaire, et approuvées par le ministre de l'intérieur, avant d'être soumises à notre homologation par le ministre des finances. Si l'usager refuse d'adhérer aux offres, l'action devant les tribunaux ne peut être intentée que par le maire ou les administrateurs, suivant les formes prescrites par les lois.

Les indemnités et frais auxquels les agents forestiers seraient reconnus avoir droit, et les vacations du troisième expert, seront supportés en entier par les communes ou établissements publics.

Art. 8. — Les articles 112, 113, 114, 115, 116 et 145 de l'ordonnance royale du 1er août 1827 sont abrogés.

Décret du 19 mai 1857. — Art. 1er. — Les propositions tendant à faire déclarer l'opportunité des cantonnements seront adressées par le conservateur des forêts au préfet, qui, après avoir pris l'avis du directeur des domaines, transmettra le tout, avec son propre avis, au ministre des finances.

Il sera ensuite procédé conformément à l'article 1er du décret du 12 avril 1854.

Art. 2. — Dans l'évaluation de l'émolument usager, chaque espèce de droits à servir donnera lieu à une estimation distincte.

Art. 3. — Pour évaluer l'émolument annuel en bois de maronage, on déterminera le volume total des bois des espèces dues que comporte l'ensemble des bâtiments usagers, et on divisera ce volume par le nombre d'années formant la durée moyenne desdits bois, eu égard aux essences employées, à l'âge des bois, à leurs dimensions et aux circonstances locales, telles que climat, situation, usages locaux, etc.

Toutefois, dans le cas où, depuis un grand nombre d'années, les délivrances de bois de maronage auraient été constamment effectuées dans des proportions ordinaires, la moyenne des délivrances connues pourra être prise pour évaluation de l'émolument annuel du droit.

Pour tenir compte des chances d'incendie, on ajoutera à la valeur en argent de l'émolument annuel en maronage la somme à laquelle les bâtiments usagers auront été ou pourront être annuellement taxés à titre de prime d'assurance.

Art. 4. — La quotité annuelle de l'affouage, toutes les fois qu'elle ne consistera pas en une délivrance fixe, et l'émolument annuel de tous droits d'usage en bois, autres que le maronage, seront déterminés par les moyennes calculées sur le plus grand nombre d'années possible.

Art. 5. — Toutes les fois que les délivrances stipulées par les titres dépasseront la possibilité de la forêt, la détermination de cette possibilité formera l'évaluation de l'émolument annuel usager.

Cette règle s'appliquera à l'évaluation de chacune des espèces de droits à servir.

Art. 6. — La valeur en argent des délivrances annuelles sera fixée d'après le prix courant des marchandises dans la localité.

Art. 7. — Il sera défalqué de la somme représentant la valeur annuelle des délivrances :

1° Les redevances payées ou dues par les usagers, en vertu des titres ;

2° La part des frais de garde payée annuellement par eux ;

3° Les frais d'exploitation des bois délivrés, si ces frais ne se trouvent pas défalqués dans l'évaluation des délivrances ;

4° La valeur, s'il y a lieu, des travaux mis en charge sur les coupes usagères.

Il ne sera fait aucune déduction à raison de la contribution foncière, à moins que le paiement n'en ait été mis à la charge des usagers par une stipulation expresse du titre.

Les frais de timbre des actes relatifs aux délivrances ne seront pas non plus défalqués.

Art. 8. — Les produits en bois que les usagers retirent annuellement de leurs propres forêts ne seront pas précomptés en déduction de l'émolument du droit d'usage, sauf le cas où, soit d'après les stipulations expresses du titre, soit d'après des faits de jouissance équivalents à titre, les délivrances ne devraient être faites aux usagers qu'après emploi de leurs propres ressources en bois et en complément de ces mêmes ressources.

Art. 9. — Le revenu net du droit d'usage sera capitalisé au denier vingt.

Art. 10 — A la valeur ainsi déterminée de l'émolument du droit d'usage, il sera ajouté à titre de concession :

1° Une somme égale à 15 % de ladite valeur ;

2° Le capital au denier vingt des frais de garde et d'impôt que les usagers, une fois cantonnés, auront à supporter comme propriétaires.

Art. 11. — Lorsque la forêt à affranchir de droits d'usage en bois sera grevée, en outre, de droits de parcours, pour tenir compte à l'usager de ces droits en tant que grevant la partie de forêt attribuée en cantonnement, il sera ajouté au capital de l'émolument usager une somme égale au produit de la capitalisation au denier vingt du revenu annuel qui pourrait être retiré du parcours sur ladite portion de forêt.

Art. 12. — Le cantonnement sera assis autant que possible à la convenance des usagers.

Art. 13. — La superficie entière du cantonnement sera estimée à sa valeur vénale actuelle.

Les bois trop jeunes pour avoir une valeur actuellement commerçable seront estimés d'après leur produit présumé à l'âge où ils commenceront à remplir cette condition.

Art. 14. — Le sol sera estimé d'après la valeur des sols boisés similaires dans la localité.

Cette valeur sera déterminée au moyen des transactions qui pourront être connues. A défaut de transactions connues, le sol sera estimé directement par des calculs basés sur le produit net dont ce sol serait susceptible, étant cultivé en nature de bois, à l'exploitabilité déterminée par le maximum d'intérêt annuel en argent du capital engagé.

Dans l'un et l'autre cas, le produit du pâturage sera compté parmi les éléments de revenu du sol.

Il ne sera pas tenu compte du droit de chasse et de pêche.

Le taux d'intérêt à employer dans les calculs sera celui des placements en biens fonds similaires dans la localité.

Art. 15. — Les procès-verbaux contenant proposition de cantonnement seront dressés en double expédition. Il y sera joint un plan du cantonnement, sur lequel la portion de forêt représentant les concessions faites à l'usager sera distinctement figurée.

Art. 117. — En cas de contestation sur l'état et la possibilité des forêts et sur le refus d'admettre les animaux au pâturage et au panage dans certains cantons déclarés non défensables, le pourvoi contre les décisions rendues par les Conseils de préfecture, en exécution des articles 65 et 67 du Code forestier, aura effet suspensif jusqu'à la décision rendue par nous en Conseil d'État.

Décret du 22 juillet 1806. — Art. 11. — Le recours au Conseil d'État contre la décision d'une autorité qui y ressortit ne sera pas recevable après trois mois, du jour où cette décision aura été notifiée.

Loi du 24 mai 1872. — Art. 24. — . . . Les recours formés contre les décisions des autorités administratives continueront à n'être pas suspensifs. Néanmoins les Conseils de préfecture pourront subordonner l'exécution de leurs décisions, en cas de recours, à la charge de donner caution ou de justifier d'une solvabilité suffisante. Les formalités édictées par les articles 440 et 441 du Code de procédure civile seront observées pour la présentation de la caution.

Art. 118. — Les maires des communes et les particuliers jouissant du droit de pâturage ou de panage dans les forêts de l'État remettront annuellement à l'agent forestier local, avant le 31 décembre pour le pâturage et avant le 30 juin pour le panage, l'état des bestiaux que chaque usager possède, avec la distinction de ceux qui servent à son propre usage et de ceux dont il fait commerce. (F. 69, 70.)

Art. 119. — Chaque année, les agents forestiers locaux constateront par des procès-verbaux, d'après la nature, l'âge et la situation des bois, l'état des cantons qui pourront être délivrés pour le pâturage, la glandée et le panage dans les forêts soumises à ces droits; ils indiqueront le nombre des animaux qui pourront y être admis, et les époques où l'exercice de ces droits d'usage pourra commencer et devra finir.

Les propositions des agents forestiers seront soumises à l'approbation du conservateur avant le 1er février pour le pâturage, et avant le 1er août pour le panage et la glandée (F. 66 à 69.)

DÉCISION MINISTÉRIELLE DU 18 JUILLET 1839. — Les préposés domaniaux sont autorisés à envoyer au pâturage, dans les forêts domaniales, deux vaches et un suivant de six mois au plus.

Art. 120. — Les pâtres des communes usagères seront choisis par le maire et agréés par le Conseil municipal. (F. 66, 69.)

LOI DU 18 JUILLET 1837. — Art. 13. — Le maire nomme les pâtres communs, sauf l'approbation du Conseil municipal. Il peut prononcer leur révocation.

Art. 121. — Le dépôt du fer servant à la marque des animaux, et de l'empreinte de ce fer, devra être effectué par l'usager, ainsi que le prescrit l'article 74 du Code forestier, avant l'époque fixée pour l'ouverture du pâturage ou du panage, sous les peines portées par cet article.

L'agent forestier local donnera acte de ce dépôt à l'usager. (F. 56, 73 s.; O. 146.)

DÉCISION MINISTÉRIELLE DU 15 JUILLET 1828. — L'acte de dépôt au greffe de l'empreinte de la marque doit être rédigé sur papier timbré; il est soumis au droit d'enregistrement de 3 francs et au droit de greffe et de rédaction de 1 fr. 25 c.

Art. 122. — Les bois de chauffage qui se délivrent par stères seront mis en charge sur les coupes adjugées et fournis aux usagers par les adjudicataires, aux époques fixées par le cahier des charges.

Pour les communes usagères, la délivrance des bois de chauffage sera faite au maire, qui en fera effectuer le partage entre les habitants. (F. 105.)

Lorsque les bois de chauffage se délivreront par coupes, l'entrepreneur de l'exploitation sera agréé par l'agent forestier local. (F. 81, 82.)

Art. 123. — Aucune délivrance de bois pour constructions ou réparations ne sera faite aux usagers que sur la présentation de devis dressés par des gens de l'art et constatant les besoins.

Ces devis seront remis, avant le 1er février de chaque année, à l'agent forestier local, qui en donnera reçu ; et le conservateur, après avoir fait effectuer les vérifications qu'il jugera nécessaires, adressera l'état de toutes les demandes de cette nature au directeur général, en même temps que l'état général des coupes ordinaires, pour être revêtus de son approbation.

La délivrance de ces bois sera mise en charge sur les coupes en adjudication, et sera faite à l'usager par l'adjudicataire, à l'époque fixée par le cahier des charges.

Dans le cas d'urgence constatée par le maire de la commune, la délivrance pourra être faite en vertu d'un arrêté du préfet, rendu sur l'avis du conservateur. L'abatage et le façonnage des arbres auront lieu aux frais de l'usager, et les branchages et remanents seront vendus comme menus marchés.

Décision ministérielle du 11 décembre 1819. — Les cas d'urgence ne comprennent que ceux d'incendie, d'inondation ou de ruine imminente.

Décision ministérielle du 3 octobre 1821. — C'est aux usagers à payer les frais de devis et d'expertise dus aux gens de l'art qu'ils emploient.

TITRE III.

DES BOIS ET FORÊTS QUI FONT PARTIE DU DOMAINE DE LA COURONNE.

Art. 124. — . . . . . .

TITRE IV.

DES BOIS ET FORÊTS QUI SONT POSSÉDÉS PAR LES PRINCES A TITRE D'APANAGE, ET PAR DES PARTICULIERS A TITRE DE MAJORATS RÉVERSIBLES A L'ÉTAT.

Art. 125. — Toutes les dispositions des première et deuxième sections du titre II de la présente ordonnance, relativement à la délimitation, au bornage et à l'aménagement des forêts de l'État, à l'exception de l'article 68, sont applicables aux bois et forêts qui sont possédés par les princes à titre d'apanage, ou par des particuliers à titre de majorats réversibles à l'État. (F. 89; O. 57 à 67, 69 à 72.)

Art. 126. — Les possesseurs auront droit d'intervenir comme parties intéressées dans tous débats et actions relativement à la propriété.

Art. 127. — Les visites que l'article 89 du Code forestier prescrit à l'administration de faire faire dans ces bois et forêts, auront pour objet de vérifier s'ils sont régis et administrés conformément aux dispositions de ce Code, aux titres constitutifs des apanages ou majorats, et aux états ou procès-verbaux qui ont été ou seront dressés en exécution de ces titres.

Ces visites ne seront faites que par des agents forestiers qui seront désignés par le conservateur local ou par le directeur général des forêts. Elles auront lieu au moins une fois par an.

Les agents dresseront des procès-verbaux du résultat de leurs visites, et remettront ces procès-verbaux au conservateur, qui les transmettra sans délai, avec ses observations, au directeur général des forêts.

TITRE V.

DES BOIS DES COMMUNES ET DES ÉTABLISSEMENTS PUBLICS.

Art. 128. — L'administration forestière dressera incessamment un état général des bois appartenant à des communes ou établissements publics, et qui doivent être soumis au régime forestier, aux termes des articles 1er et 90 du Code, comme étant susceptibles d'aménagement ou d'une exploitation régulière.

S'il y a contestation à ce sujet de la part des communes ou établissements propriétaires, la vérification de l'état des bois sera faite par les agents forestiers, contradictoirement avec les maires ou administrateurs.

Le procès-verbal de cette vérification sera envoyé par le conservateur au préfet, qui fera délibérer les Conseils municipaux des communes ou les administrateurs des établissements propriétaires, et transmettra le tout, avec son avis, à notre ministre des finances, sur le rapport duquel il sera statué par nous. (F. 8 s. ; O. 131 s.)

Art. 129.— Lorsqu'il y aura lieu d'opérer la délimitation des bois des communes et des établissements publics, il sera procédé de la manière prescrite par la première section du titre II de la présente ordonnance pour la délimitation et le bornage des forêts de l'État, sauf les modifications des articles suivants. (F. 8 s.; O. 57, 66, 131.)

ARRÊTÉ DU MINISTRE DES FINANCES DU 7 JANVIER 1863. — Art. 1er. — Les dispositions des décret et arrêté des 25 et 28 août 1861 sont applicables aux délimitations générales exécutées par les agents du service ordinaire dans les bois des communes et des établissements publics, ainsi qu'aux bornages et expertises nécessités par ces délimitations. (O. 135.)

Voir ci-après, sous l'article 135, le décret du 25 août 1861 et l'arrêté ministériel du 28 du même mois.

Art. 130. — Dans les cas prévus par les articles 58 et 59, le préfet, avant de nommer les agents forestiers chargés d'opérer comme experts dans l'intérêt des communes ou établissements propriétaires, prendra l'avis des conservateurs des forêts et celui des maires et administrateurs. (O. 57.)

Art. 131. — Le maire de la commune, ou l'un des administrateurs de l'établissement propriétaire, aura droit d'assister à toutes les opérations, conjointement avec l'agent forestier nommé par le préfet. Ses dires, observations et oppositions seront exactement consignés au procès-verbal.

Le Conseil municipal ou les administrateurs seront appelés à délibérer sur les résultats du procès-verbal avant qu'il soit soumis à notre homologation.

Art. 132. — Lorsqu'il s'élèvera des contestations ou des oppositions, les communes ou établissements propriétaires seront autorisés à intenter action ou à défendre, s'il y a lieu, et les actions seront suivies par les maires ou administrateurs, dans la forme ordinaire. (F. 13.)

Loi du 18 juillet 1837. — Art. 10. — Le maire est chargé, sous la surveillance de l'autorité supérieure..... 8° de représenter la commune en justice, soit en demandant, soit en défendant.

Art. 19. — Le Conseil municipal délibère sur les objets suivants :... 10° les actions judiciaires et transactions.

Art. 49. — Nulle commune ou section de commune ne peut introduire une action en justice sans être autorisée par le Conseil de préfecture.

Art. 133. — L'état des frais de délimitation et de bornage, dressé par le conservateur et visé par le préfet, sera remis au receveur de la commune ou de l'établissement propriétaire, qui percevra le montant des sommes mises à la charge des riverains, et, en cas de refus, en poursuivra le paiement par toutes les voies de droit au profit et pour le compte de ceux à qui ces frais seront dus. (F. 14; O. 66.)

Loi du 18 juillet 1837. — Art. 63. — Toutes les recettes municipales pour lesquelles les lois et règlements n'ont pas prescrit un mode spécial de recouvrement s'effectuent sur des états dressés par le maire. Ces états sont exécutoires après qu'ils ont été visés par le sous-préfet. Les oppositions, lorsque la matière est de la compétence des tribunaux ordinaires, sont jugées comme affaires sommaires et la commune peut y défendre sans autorisation du Conseil de préfecture.

Ordonnance du 23 mars 1845. — Art. 1er. — Les communes et établissements publics qui auront requis des délimitations ou des bornages partiels ou généraux payeront directement et intégralement aux ayants-droit, *autres que les agents forestiers*, les frais de ces opérations, et recouvreront ensuite, sur les propriétaires riverains, le montant des frais tombant à la charge de chacun d'eux.

Art. 2. — Lorsque les délimitations ou les bornages de bois communaux ou d'établissements publics auront été requis par les riverains, il sera procédé conformément aux dispositions de l'article 133 de l'ordonnance réglementaire du 1er août 1827.

Art. 3. — Dans l'un et l'autre cas, les frais de la coopération des agents du service des travaux d'art, réglés d'après un tarif arrêté par notre ministre des finances, seront versés par les receveurs des communes ou des établissements publics dans les caisses des domaines, à titre de remboursement d'avances et comme produits accessoires des forêts.

Les frais alloués pour le concours des agents chargés d'opérer comme experts, dans l'intérêt des communes ou des établissements publics, ainsi que les frais du recouvrement des sommes mises à la charge des riverains, seront supportés en entier par lesdits établissements et communes.

Décision ministérielle du 26 octobre 1841. — L'état

de répartition des frais de délimitation à remettre au receveur doit être sur timbre. Ces frais de timbre sont supportés pour les forêts communales par la commune et les riverains.

Art. 134. — Toutes les dispositions des deuxième, troisième, quatrième, cinquième et sixième sections du titre II de la présente ordonnance sont applicables aux bois des communes et des établissements publics, à l'exception des articles 68 et 88, et sauf les modifications qui résultent du titre VI du Code forestier et des dispositions du présent titre. (O. 67 s., 139.)

Titre II, 2e section. Des aménagements. (Voy. art. 67 à 72, moins l'art. 68.)

Décision ministérielle du 15 décembre 1828 et 19 janvier 1830. — Une commune ne peut se soustraire à l'exécution d'une ordonnance qui prescrit l'aménagement de ses bois. C'est à l'administration des forêts et au préfet à prendre des mesures pour l'y contraindre.

Titre II, 3e section. Des assiettes, arpentages, balivages, martelages et adjudications de coupes. (Voy. art. 73 à 91, moins l'art. 88.)

Ordonnance du 15 octobre 1834. — Art. 1er. — Notre ministre secrétaire d'État des finances pourra, sur la proposition des préfets et de l'administration des forêts, permettre que des coupes ou portions de coupes affouagères de la valeur de 500 francs et au-dessus [1]

1 *Ajouter :* Dont les produits ont été préalablement *exploités* et *façonnés* sous la direction d'un entrepreneur responsable. (Décisions du ministre des finances du 9 févrler 1843 et 5 mars 1844.)

soient mises en adjudication dans la commune propriétaire, sous la présidence du maire, mais toujours avec l'intervention des agents forestiers et aux clauses et conditions qui seront indiquées (ord. du 10 juin 1840, ci-dessous).

ORDONNANCE DU 15 SEPTEMBRE 1838. — Art. 1er. — Notre ordonnance du 20 mai 1837 est rendue applicable aux bois communaux, mais seulement en ce qui concerne la vente des chablis (Voy. sous l'art. 86, l'ord. du 20 mai 1837.)

ORDONNANCE DU 10 JUIN 1840. — Art. 1er. — Notre ordonnance du 15 octobre 1834 est rendue applicable aux coupes extraordinaires communales dont les produits auront été préalablement exploités et façonnés sous la direction d'un entrepreneur responsable.

ORDONNANCE DU 24 AOÛT 1840. — Art. 1er. — Lorsque, faute d'offres suffisantes, l'adjudication de coupes communales ordinaires ou extraordinaires, d'une valeur supérieure à 500 francs, aura été tentée sans succès au chef-lieu d'arrondissement, le préfet, sur la proposition du conservateur, pourra autoriser l'exploitation de ces coupes par économie et la vente, en bloc ou par lots, des produits façonnés au chef-lieu d'une des communes voisines de la situation des bois.

Une ordonnance du 2 février 1844 avait abrogé partiellement plusieurs des dispositions qui précèdent, mais elle a été elle-même rapportée par une ordonnance du 14 juillet suivant.

Art. 2. — En cas de dissentiment entre le préfet et le conservateur, il en sera référé au ministre des finances, qui statuera après avoir pris l'avis de l'administration des forêts.

ORDONNANCE DU 13 JANVIER 1847. — Art. 1er. — Les conservateurs pourront, toutes les fois qu'ils le jugeront utile au bien du service, autoriser les agents forestiers à se faire remplacer, par un chef de brigade sous leurs ordres, dans les ventes sur les lieux des produits *principaux* et *accessoires* des bois appartenant aux communes et aux établissements publics, quel que soit le montant de l'estimation de ces produits.

Décret du 25 mars 1852. — Art. 3. — Les préfets statueront en Conseil de préfecture, sans l'autorisation du ministre des finances, mais sur l'avis ou la proposition des chefs de service . . . . . en matières domaniales et forestières, sur les objets déterminés par le tableau C ci-annexé. — *Tableau C* . . . . . 9° Vente sur les lieux des produits façonnés provenant des bois des communes et des établissements publics, quelle que soit la valeur de ces produits.

Titre II, 4e section. Des exploitations. (Voy. art. 92 à 96.)

Décision ministérielle du 3 décembre 1825. — Comme acte de police intérieure, le permis d'exploiter des coupes à délivrer en nature est exempt de timbre et d'enregistrement.

Titre II, 5e section. Des réarpentages et récolements. (Voy. art. 97 à 99.)

Décision ministérielle du 13 mai 1830. Il est inutile de faire le réarpentage des coupes communales délivrées en nature. (Circ. 235ter.)

Titre II, 6e section. Des adjudications de glandée, panage et paisson, et des ventes de chablis, bois de délit et autres menus marchés. (Voy. art. 100 à 104.)

DÉCISION MINISTÉRIELLE DU 11 OCTOBRE 1833. — Les chablis peuvent être distribués en affouage et la commune doit être consultée, afin que le Conseil municipal fasse connaître s'il demande la vente ou la délivrance de ces bois. En cas de délivrance en nature, un état détaillé des chablis devra être dressé en double et signé par le maire et l'agent forestier local.

DÉCISION MINISTÉRIELLE DU 3 DÉCEMBRE 1845. — Le maire constate son reçu de la délivrance des chablis sur un des doubles de l'état détaillé qui est renvoyé à l'inspecteur.

Art. 135. — Nos ordonnances d'aménagement ne seront rendues qu'après que les Conseils municipaux ou les administrateurs des établissements propriétaires auront été consultés sur les propositions d'aménagement, et que les préfets auront donné leur avis. (F. 15, 16; O. 67 à 72.)

ORDONNANCE DU 2 DÉCEMBRE 1845. — Art. 1er. — Les agents des travaux d'art pourront être chargés des opérations d'aménagement des bois appartenant à des communes ou à des établissements publics.

Les dispositions de l'article 3, § 4, de l'ordonnance royale du 23 mars 1845 seront applicables aux frais relatifs à ces opérations. (O. 133.)

DÉCRET DU 23 AOÛT 1861. — Art. 1er. — Les agents forestiers du service ordinaire pourront être chargés des travaux d'aménagement des bois appartenant à des communes ou à des établissements publics.

Les frais de ces opérations seront à la charge des communes et des établissements publics. Ils seront réglés suivant le tarif et dans les proportions arrêtées par notre ministre des finances, qui déterminera la part à attribuer à l'État en remboursement de la portion du traitement des agents afférente au temps employé par eux au service dont il s'agit, et celle qui sera due aux agents eux-mêmes à titre d'indemnité de déplacement.

Art. 2 — Il sera fourni, pour la part revenant à l'État et pour celle qui devra être comptée aux agents, deux décomptes distincts indiquant la somme à payer par chaque commune, section de commune ou établissement public.

Ces états, dressés par les conservateurs, seront rendus exécutoires par les préfets pour être recouvrés, savoir : — En ce qui concerne les restitutions à l'État, par les receveurs des domaines à titre de remboursements d'avances et comme produits accessoires des forêts; — en ce qui concerne les frais dus aux agents, par les receveurs des finances, à titre de *cotisations* municipales, pour être ensuite mandatés par les préfets au profit des agents créanciers.

ARRÊTÉ DU MINISTRE DES FINANCES DU 28 AOÛT 1861. — Art. 1er. — Les frais de coopération des agents de tout grade, du service ordinaire, aux travaux d'aménagement dans les bois des communes et des établissements publics, sont fixés à 6 francs pour chaque journée employée au cabinet, et à 11 francs pour chaque journée employée sur le terrain.

Art. 2. — La portion attribuée au Trésor dans les sommes fixées par l'article précédent est : — de 2 francs par journée de travail au cabinet; — de 4 francs par journée de travail sur le terrain. — L'autre portion est attribuée aux agents chargés de l'opération. Elle est recouvrée et ordonnancée conformément à l'article 2 du décret du 25 août 1861.

Art. 136. — Les mêmes formalités seront observées lorsqu'il s'agira de faire effectuer des travaux extraordinaires, tels que recepages, repeuplements, clôtures, routes, constructions de loges pour les gardes et autres travaux d'amélioration.

Si les communes ou établissements propriétaires n'élèvent aucune objection contre les travaux projetés, ces travaux pourront être autorisés par le préfet, sur la proposition du conservateur. Dans le cas contraire, il sera statué par nous sur le rapport de notre ministre des finances.

Décision ministérielle du 15 mai 1862. — Les décisions régulières qui autorisent des travaux d'amélioration dans les bois soumis au régime forestier, autorisent implicitement les abatages que ces travaux occasionnent.

Décret du 25 mars 1852. — Art. 3. — Les préfets statueront en Conseil de préfecture, sans l'autorisation du ministre des finances, mais sur l'avis ou la proposition des chefs de service, en matières domaniales et forestières, sur les objets déterminés par le *tableau C* ci-annexé . . . . . C. 10° . . . . . travaux à exécuter dans les forêts communales et d'établissements publics pour la recherche ou la conduite des eaux, la construction des récipients et autres ouvrages analogues, lorsque ces travaux auront un but d'utilité communale.

Art. 137. — Dans les coupes des bois des communes et des établissements publics, la réserve prescrite par l'article 70 de la présente ordonnance sera de quarante baliveaux au moins et de cinquante au plus par hectare.

Lors de la coupe des quarts en réserve, le nombre des arbres à conserver sera de soixante au moins et de cent au plus par hectare. (F. 93; O. 131.)

Art. 138. — Les indemnités que les adjudicataires des bois des communes et des établissements publics devront payer, en exécution de l'article 96 de la présente ordonnance, lorsqu'il leur sera accordé des délais de coupe et de vidange, seront versées dans les caisses des receveurs des communes ou établissements propriétaires. (O. 7; Décr. 31 mai 1850.)

Art 139. — Il ne pourra être fait, dans les bois des communes et des établissements publics, aucune adjudication de glandée, panage ou paisson, qu'en vertu d'autorisation spéciale du préfet, qui devra consulter à ce sujet les communes ou établissements propriétaires et prendre l'avis de l'agent forestier local. (F. 53 s.; O. 100 à 104, 134.)

Art. 140. — Hors le cas de dépérissement des quarts en réserve, l'autorisation de les couper ne sera accordée que pour cause de nécessité bien constatée et à défaut d'autres moyens d'y pourvoir.

Les demandes de cette nature, appuyées de l'avis des préfets, ne nous seront soumises par notre ministre des finances qu'après avoir été par lui communiquées à notre ministre de l'intérieur. (F. 93.)

Voyez l'article 2 de l'ordonnance du 10 mars 1831, rapportée à la suite de l'article 15 de la présente ordonnance.

ARRÊTÉ MINISTÉRIEL DU 4 FÉVRIER 1837. — Art. 1er. — A l'avenir, les maires des communes et les administrations des établissements publics devront, avant le 15 juin de chaque année, adresser au préfet les propositions des coupes extraordinaires, soit par contenance, soit par pieds d'arbres à exploiter pour l'année suivante. Ces propositions seront ensuite transmises par les préfets aux conservateurs avant le 30 du même mois.

Art. 2. — Les conservateurs, après avoir fait vérifier les demandes et constater l'état des bois, formeront un tableau de ces demandes par département; ils y exprimeront leur avis et l'adresseront au préfet, avec les pièces à l'appui, au plus tard le 1er octobre.

Art. 3. — Les préfets, après avoir consigné leur avis sur ce même tableau, le transmettront à l'administration des forêts, avec toutes les pièces, avant le 15 novembre, pour y être statué par ordonnances collectives.

Art. 4. — Les demandes qui ne seraient pas adressées aux conservateurs dans le délai fixé par l'article 1er seront renvoyées au travail de l'année suivante. Néanmoins, les demandes de coupes extraordinaires ayant pour but de satisfaire à des besoins urgents, tels que ceux résultant d'incendies, inondations et autres cas de force majeure, continueront d'être traitées au fur et à mesure de leur présentation pour être l'objet d'ordonnances spéciales.

Décision ministérielle du 15 juillet 1845. — L'arrêté ministériel du 4 février 1837 ne s'oppose pas à ce que les préfets prennent exceptionnellement des arrêtés de délivrance dans les cas véritablement urgents et de force majeure, sauf à faire régulariser ces arrêtés par l'autorité compétente.

Art. 141. — Les communes qui ne sont pas dans l'usage d'employer la totalité des bois de leurs coupes à leur propre consommation feront connaître à l'agent forestier local la quantité de bois qui leur sera nécessaire, tant pour chauffage que pour constructions et réparations, et il en sera fait délivrance, soit par l'adjudicataire de la coupe, soit au moyen d'une réserve sur cette coupe, le tout conformément à leur demande et aux clauses du cahier des charges de l'adjudication. (F. 103 à 105.)

Ordonnance du 5 février 1846. — Art. 1er. — Avant le 1er septembre de chaque année, les conservateurs des forêts adresseront aux préfets les états estimatifs des produits à délivrer en nature dans les bois des communes et des établissements publics.

Art. 2. — Avant le 10 du même mois, ces états seront transmis par les préfets aux maires des communes et aux présidents des commissions administratives des établissements publics propriétaires des bois.

Art. 3. — Les observations des Conseils municipaux et des commissions administratives, sur les propositions des conservateurs des forêts, devront être adressées au plus tard le 30 du même mois aux préfets avec les pièces à l'appui.

Art. 4. — Les préfets transmettront toutes les pièces à notre ministre des finances, avec leur avis, avant le 20 octobre suivant.

Décision du ministre des finances du 11 juillet 1857. — La quotité des frais de régie exigible jusqu'à concurrence de 1 franc par hectare est calculée sur le montant du prix des coupes vendues, désignées par les états d'assiette de l'exercice courant, concerté avec le montant de l'estimation des coupes délivrées en nature figurant sur les états d'assiette de l'exercice précédent.

Décision du ministre des finances du 13 novembre 1874. — Il ne sera pas tenu compte des fractions d'hectare dans le calcul des frais de régie.

Art. 142. — Les administrateurs des établissements publics donneront chaque année un état des quantités de bois, tant de chauffage que de construction, dont ces établissements auront besoin. Cet état sera visé par le sous-préfet, et transmis par lui à l'agent forestier local.

Les quantités de bois ainsi déterminées seront mises en charge lors de la vente des coupes, et délivrées à l'établissement par l'adjudicataire, aux époques qui seront fixées par le cahier des charges. (F. 102.)

Art. 143. — Lorsqu'il y aura lieu à l'expertise prévue par l'article 105 du Code forestier, cette expertise sera faite, dans le procès-verbal même de la délivrance, par le maire de la commune ou son délégué, par l'agent forestier et par un expert au choix de la partie prenante.

Le procès-verbal sera remis au receveur municipal par l'agent forestier.

Art. 144. — Dans le cas prévu par le § 2 de l'article 109 du Code, le préfet, sur les propositions de l'agent forestier local et du maire de la commune, déterminera la portion de coupe affouagère qui devra être vendue aux enchères pour acquitter les frais de garde, la contribution foncière et l'indemnité attribuée au Trésor par l'article 106 du Code.

Le produit de cette vente sera versé dans la caisse du receveur municipal, pour être employé à l'acquittement de ces charges.

Art. 145. (*Abrogé.*) — Lorsqu'il y aura lieu d'user de la faculté accordée par le Code forestier aux communes et aux établissements publics, d'affranchir leurs bois de droits d'usage, le Conseil municipal ou les administrateurs de la commune et de l'établissement propriétaire seront d'abord consultés sur la convenance et l'utilité soit du cantonnement, soit du rachat, et le préfet soumettra leur délibération, avec les observations de l'agent forestier et son propre avis en forme d'arrêté, à notre ministre des finances, qui nous soumettra un projet d'ordonnance, après s'être concerté avec notre ministre de l'intérieur.

Il sera ensuite procédé de la manière prescrite par les articles 113, 114 et 116 de la présente ordonnance; mais le second expert, au lieu d'être nommé par le directeur des domaines, sera chois par le maire, sauf l'approbation du Conseil municipal, ou par les administrateurs de l'établissement.

S'il s'élève des contestations, il sera procédé conformément à l'article 115 de la présente ordonnance. Toutefois les actions seront suivies devant les tribunaux par le maire ou les administrateurs, suivant les formes prescrites par les lois. (*Abrogé par décret du 12 avril 1854, rapporté sous l'art. 116.*)

Art. 146. — Toutes les dispositions de la section IX du titre II de la présente ordonnance, sur l'exercice des droits d'usage dans les bois de l'État, sont applicables à la jouissance des communes et des établissements publics dans leurs propres bois, sauf les modifications qui résultent du présent titre, et à l'exception des articles 121 et 123.

TITRE VI.

DES BOIS INDIVIS QUI SONT SOUMIS AU RÉGIME FORESTIER.

Art. 147. — En exécution des articles 1er et 113 du Code forestier, toutes les dispositions de la présente ordonnance relatives aux forêts de l'État sont applicables aux bois dans lesquels l'État a des droits de propriété indivis, soit avec des communes ou des établissements publics, soit avec des particuliers.

Ces dispositions sont également applicables aux bois indivis entre le domaine de la couronne et les particuliers, sauf les modifications qui résultent du titre IV du Code forestier et du titre III de la présente ordonnance.

Quant aux bois indivis entre des communes ou des établissements publics et les particuliers, ils seront régis conformément aux dispositions du titre VI du Code forestier et du titre V de la présente ordonnance. (F. 90 à 112; O. 126 à 146.)

Art. 148. — Lorsqu'il y aura lieu d'effectuer des travaux extraordinaires pour l'amélioration des bois indivis, le conservateur communiquera aux copropriétaires les propositions et projets de travaux.

Art. 149. — L'administration des forêts soumettra incessamment à notre ministre des finances le relevé de tous les bois indivis entre l'État et d'autres propriétaires, en indiquant quels sont ceux dont le partage peut être effectué sans inconvénient. (Civ. 815.)

Notre ministre des finances décidera s'il y a lieu de provoquer le partage, et l'action sera, en conséquence, intentée et suivie conformément au droit commun et dans les formes ordinaires. (Pr. 59, 69.)

Lorsque les parties auront à nommer des experts, ces experts seront nommés :

Dans l'intérêt de l'État, par le préfet, sur la proposition du directeur des domaines, qui devra se concerter à ce sujet avec le conservateur pour désigner un agent forestier ;

Dans l'intérêt des communes, par le maire, sauf l'approbation du Conseil municipal ;

Dans l'intérêt des établissements publics, par les administrateurs de ces établissements.

INSTRUCTION MINISTÉRIELLE DU 4 FÉVRIER 1813. — Le procès-verbal des experts est affirmé devant le juge de paix du canton de la situation des biens ou de leur plus forte partie (voy. ord. 12 déc. 1827, *Échanges*) ; il est remis au préfet, qui le communique au directeur des domaines et au conservateur des forêts, et l'adresse ensuite, avec son propre avis, au ministère des finances, à qui il appartient de statuer.

APPENDICE AU TITRE VI.

Ordonnance du 12 octobre 1827

concernant les échanges d'immeubles contre des propriétés domaniales.

CHARLES, etc. ; — Voulant déterminer les règles à suivre dans l'instruction des demandes d'échanges d'immeubles contre les propriétés de l'État ; — Vu l'article 8 de la loi du 1er décembre 1790, relatif aux aliénations du domaine de l'État; — Notre Conseil d'État entendu; — Sur le rapport de notre ministre secrétaire d'État des finances, — Nous avons ordonné et ordonnons ce qui suit :

Art. 1er. — Toute demande contenant proposition d'échange d'un immeuble avec un autre immeuble dépendant du domaine de l'Etat sera adressée directement à notre ministre des finances. Seront annexés à la demande, les titres de propriété et une déclaration authentique des charges, servitudes, hypothèques dont serait grevé l'immeuble offert en échange.

Art. 2. — Si notre ministre des finances juge qu'il y a lieu de donner suite, il communiquera la demande et les pièces au préfet du département de la situation des biens à échanger. — Le préfet, après avoir consulté les agents de l'administration des domaines, et en outre, dans le cas où il s'agirait de bois, les agents de l'administration des forêts, donnera son avis sur la convenance et l'utilité de l'échange.

Si l'immeuble offert en échange et celui demandé en contre-échange sont situés dans des départements différents, notre ministre des finances consultera les préfets des départements de la situation des biens, afin qu'après avoir pris l'avis des agents ci-dessus indiqués, ils fassent connaître la valeur approximative, la contenance et l'état de conservation de l'immeuble situé dans leur département respectif; le préfet du département de la situation de l'immeuble appartenant à l'État donnera, en outre, des renseignements sur les avantages ou les inconvénients de son aliénation. — Ces réponses et pièces seront communiquées, avec les titres de propriété du demandeur, à l'administration des forêts. Les avis des Conseils d'administration seront transmis, avec telles observations que de droit, par les directeurs généraux à notre ministre des finances.

Art. 3. — Lorsque notre ministre des finances, d'après le résultat des renseignements qui lui auront été transmis, aura reconnu que l'échange est utile à l'État, il prescrira au préfet de faire procéder à l'estimation des biens de la manière suivante :

Trois experts seront nommés : un par le préfet du département, sur la proposition qui lui en sera faite par le directeur des domaines ; un par le propriétaire du bien offert en échange ; un par le président du tribunal de la situation des biens, à qui la requête sera présentée, à cet effet, par le directeur des domaines ; et, dans le cas où les immeubles à échanger seraient situés dans le ressort de deux ou plusieurs tribunaux différents, par le président du tribunal du lieu où l'immeuble appartenant au domaine ou sa plus forte partie sera située.

Lorsqu'il s'agira de bois, de forêts ou de terrains enclavés dans les bois ou forêts, le conservateur de l'arrondissement indiquera au directeur des domaines trois préposés de l'administration des forêts, parmi lesquels ce directeur choisira l'expert, dont il devra soumettre la nomination à l'approbation du préfet.

Art. 4. — Les experts, après avoir prêté serment en la forme accoutumée devant le tribunal civil ou devant un juge délégué, visiteront et estimeront les immeubles dont l'échange est proposé, et en constateront la valeur, en ayant égard aux charges réelles et servitudes dont ils seraient grevés.

Lorsqu'il s'agira d'échange de bois, les experts feront mention : 1° de la contenance des bois ; 2° de l'évaluation du fonds ; 3° de l'évaluation de la superficie, en distinguant les taillis de la vieille écorce, et mentionnant les claires-voies, s'il y en a; 4° de l'indication des rivières flottables ou navigables qui servent aux débouchés des villes et des usines à la consommation desquelles les bois sont employés. — Les experts constateront les résultats de leurs opérations par un procès-verbal, qui sera par eux affirmé devant le juge de paix du canton de la situation des biens ou de leur plus forte partie.

Art. 5. — Les procès-verbaux d'expertise seront remis au préfet et par lui communiqués au directeur des domaines, et au conservateur des forêts de la localité, s'il s'agit de bois ou de terrains enclavés dans les bois et forêts de l'État; il les adressera ensuite, avec les observations de ces fonctionnaires et son propre avis, à notre ministre des finances.

Art. 6. — Les procès-verbaux, observations et avis dont il vient d'être parlé, seront examinés : 1° en Conseil d'administration des domaines, et, en outre, si la nature des immeubles le demande, en Conseil d'administration des forêts; 2° par le Comité des finances de notre Conseil d'État.

Nous nous réservons, sur le compte qui nous sera rendu de ses délibérations par notre ministre secrétaire d'État des finances, de l'autoriser, s'il y a lieu, à passer acte avec l'échangiste, lequel, dans tous les cas, n'entrera en jouissance que lorsque la loi aura été rendue.

Art. 7. — Le contrat d'échange déterminera la soulte à payer en cas d'inégalité dans la valeur des immeubles échangés; il contiendra la désignation de la nature, de la consistance et de la situation de ces immeubles, avec énonciation des charges et servitudes dont ils seraient grevés; il relatera les titres de propriété, les actes qui constateront la libération du prix, enfin les procès-verbaux d'estimation, lesquels y demeurent annexés.

Il pourra être stipulé, si la partie intéressée le requiert, que l'acte d'échange demeurera comme non avenu, si la loi approbative de l'échange n'intervient pas dans un délai convenu.

Art. 8. — Le contrat d'échange sera enregistré et transcrit; l'enregistrement sera fait gratis, conformément à l'article 70 de la loi du 22 frimaire an VII (12 décembre 1799); il ne sera payé, pour la transcription, que le salaire du conservateur. — La soulte sera régie, quant au droit proportionnel d'enregistrement dont elle est passible, par les lois relatives aux aliénations ordinaires des biens de l'État.

Art. 9. — Les formalités établies par l'article 2194 du Code civil, par les avis du Conseil d'État des 7 mai 1807 et 5 mai 1812, et par l'article 854 du Code de procédure civile, pour mettre tout créancier ayant sur les immeubles offerts en échange hypothèque non inscrite, en demeure de prendre inscription, seront remplies à la diligence de l'administration des domaines.

Art. 10. — S'il existe des inscriptions sur l'échangiste, il sera tenu d'en rapporter mainlevée et radiation dans quatre mois du jour de la notification qui lui en aura été faite par l'administration des domaines, s'il ne lui a pas été accordé un plus long délai par l'acte d'échange; faute par lui de rapporter ces mainlevée et radiation pleines et entières, le contrat d'échange sera résilié de plein droit.

Art. 11. — Le projet de loi relatif à l'échange ne sera présenté aux Chambres qu'autant que les mainlevée et radiation des inscriptions existant au jour du contrat auront été rapportées, et qu'il ne sera point survenu d'inscription dans l'intervalle.

Art. 12. — La loi approbative de l'échange proposé ne fera point obstacle à ce que des tiers revendiquant tout ou partie de la propriété des immeubles échangés, puissent se pourvoir par les voies de droit devant les tribunaux ordinaires.

Art. 13. — La loi sera transcrite sur la minute et sur les expéditions du contrat d'échange, qui, ainsi que toutes les pièces et titres de propriété à l'appui, demeurera déposé aux archives de la préfecture.

Art. 14. — Tous les frais auxquels l'échange aura donné lieu seront supportés par l'échangiste, s'il a été résilié de plein droit dans les cas prévus par les articles 7, 10 et 12 de la présente ordonnance.

Dans le cas où l'échange sera sanctionné par la loi, comme dans le cas où il sera rejeté, les frais seront supportés moitié par l'échangiste et moitié par l'État. — Le droit d'enregistrement des soultes payables à l'État sera toujours à la charge de l'échangiste.

Art. 15. — L'instruction des demandes d'échange qui auraient été présentées à notre ministre secrétaire d'État des finances antérieurement à la présente ordonnance, sera reprise d'après les règles ci-dessus établies.

TITRE VII.

DES BOIS DES PARTICULIERS.

Art. 150. — Les gardes des bois des particuliers ne seront admis à prêter serment qu'après que leurs commissions auront été visées par le sous-préfet de l'arrondissement.

Si le sous-préfet croit devoir refuser son visa, il en rendra compte au préfet, en lui indiquant les motifs de son refus.

Ces commissions seront inscrites dans les sous-préfectures, sur un registre où seront relatés les noms et demeures des propriétaires et des gardes, ainsi que la désignation et la situation des bois. (F. 117.)

DÉCISION DU MINISTRE DES FINANCES DU 2 SEPTEMBRE 1830.— Il n'est dû qu'un seul droit pour la prestation du serment d'un garde particulier, quand même le garde qui prête serment serait commissionné par plusieurs propriétaires. (Ins. enreg. n° 1347.)

LOI DU 28 FÉVRIER 1872. — Art. 4. — Les actes de prestation de serment des gardes des particuliers..... dont le traitement et ses accessoires n'excèdent pas 1500 francs, ne seront soumis qu'à un droit de 3 francs (élevé à 4 fr. 50 c. et les décimes en sus).

Art. 151. — Lorsque les propriétaires ou les usagers seront dans le cas de requérir l'intervention d'un agent forestier pour visiter les bois des particuliers, à l'effet d'en constater l'état et la possibilité ou de déclarer s'ils sont défensables, ils en adresseront la demande au conservateur, qui désignera un agent forestier pour procéder à cette visite.

L'agent forestier ainsi désigné dressera procès-verbal de ses opérations, en énonçant toutes les circonstances sur lesquelles sa déclaration sera fondée.

Il déposera ce procès-verbal à la sous-préfecture, où les parties pourront en réclamer des expéditions. (F. 119.)

Décision ministérielle du 5 février 1868. Les agents forestiers ne doivent pas intervenir pour constater l'état de défensabilité des bois de particuliers quand il s'agit d'introduire des moutons. (F. 78, 120.)

TITRE VIII.

DES AFFECTATIONS SPÉCIALES DE BOIS A DES SERVICES PUBLICS.

SECTION PREMIÈRE.

DES BOIS DESTINÉS AU SERVICE DE LA MARINE.

Art. 152. — Dans les bois dont la régie est confiée à l'administration forestière, aussitôt après la désignation et l'assiette des coupes ordinaires ou extraordinaires, le conservateur en adressera l'état au directeur ou au sous-directeur de la marine.

Dès que le balivage et le martelage des coupes auront été effectués, les agents forestiers chefs de service dans chaque inspection en donneront avis aux ingénieurs, maîtres ou contre-maîtres de la marine, qui procéderont immédiatement à la recherche et au martelage des bois propres au service de la marine royale.

Outre l'expédition des procès-verbaux de martelage que les agents de la marine doivent, aux termes de l'article 126 du Code forestier, faire viser par le maire et déposer à la mairie de la commune où le martelage aura eu lieu, ils en remettront immédiatement une seconde expédition aux agents forestiers chefs de service.

Le résultat des opérations des agents de la marine sera toujours porté sur les affiches des ventes, et tout martelage effectué ou signifié aux agents forestiers après l'apposition des affiches sera considéré comme nul. (F. 122.)

L'exercice du droit de martelage a été suspendu indéfiniment par une ordonnance royale du 14 décembre 1838.

Art. 153. — Quant aux arbres épars qui devront être abattus sur les propriétés des communes ou des établissements publics non soumises au régime forestier, les maires et administrateurs en feront la déclaration telle qu'elle est prescrite par les articles 124 et 125 du Code forestier.

Art. 154. — Les déclarations prescrites par l'article 125 du Code indiqueront l'arrondissement, le canton et la commune de la situation des bois, les noms et demeures des propriétaires, le nom du boi et la contenance, la situation et l'étendue du terrain sur lequel se trouveront les arbres, le nombre et les espèces d'arbres qu'on se proposera d'abattre, et leur grosseur approximative.

Elles seront faites et déposées à la sous-préfecture, en double minute, dont l'une, visée par le sous-préfet, sera remise au déclarant.

Les sous-préfets qui auront reçu les déclarations les feront enregistrer, les transmettront immédiatement au directeur du service forestier de la marine, et en donneront avis à l'agent forestier local.

Art. 155. — Dès que les déclarations leur seront parvenues, les agents de la marine procéderont à la reconnaissance et au martelage des arbres propres aux constructions navales, et se conformeront exactement aux dispositions de l'article 126 du Code forestier pour les procès-verbaux qu'ils doivent dresser de cette opération.

Art. 156. — Les arbres qui auront été marqués pour le service de la marine devront être abattus du 1er octobre au 1er avril.

La notification de l'abatage de ces arbres sera aite à la sous-préfecture et transmise aux agents de la marine de la manière qui est prescrite par l'article 154 ci-dessus pour les déclarations de volonté d'abattre.

Art. 157. — Dès que la notification de l'abatage leur sera parvenue, les agents de la marine feront la visite des arbres abattus, et en dresseront un procès-verbal dont ils déposeront une copie à la mairie de la commune où les bois sont situés.

Art. 158. — Les arbres qui auront été marqués pour le service de la marine dans les bois soumis au régime forestier, comme sur toute propriété privée, seront livrés en grume et en forêt; mais les adjudicataires ou les propriétaires pourront traiter de gré à gré avec les agents de la marine, relativement au mode de livraison des bois, à leur équarrissage et à leur transport sur les ports flottables ou autres lieux de dépôt.

Art. 159. — Dans les cas prévus par l'article 131 du Code forestier, le maire, sur la réquisition du propriétaire des arbres sujets à la déclaration pour le service de la marine, constatera par un procès-verbal le nombre d'arbres dont ce propriétaire aura réellement besoin pour constructions ou réparations, l'âge et les dimensions de ces arbres.

Ce procès-verbal sera déposé à la sous-préfecture et transmis aux agents de la marine de la manière qui est prescrite par l'article 154 de la présente ordonnance pour les déclarations de volonté d'abattre.

Art. 160. — Les procès-verbaux que les agents de la marine sont autorisés par l'article 134 du Code à dresser pour constater les délits et les contraventions concernant le service de la marine, seront remis par eux, dans le délai prescrit par les articles 15 et 18 du Code d'instruction criminelle, aux agents forestiers chargés de la poursuite devant les tribunaux. (F. 159.)

Art. 161. — Notre ministre de la marine présentera incessamment à notre approbation l'état des départements, arrondissements et cantons qui ne seront point soumis à l'exercice du droit de martelage pour les constructions navales : cet état, approuvé par nous, sera inséré au *Bulletin des lois*.

Les mêmes formalités seront observées lorsqu'il y aura lieu d'assujettir de nouveau à l'exercice du droit de martelage l'un des départements, arrondissements ou cantons qui en auront été ainsi affranchis. Nos ordonnances à ce sujet seront toujours publiées avant le 1er mars pour l'ordinaire suivant. (F. 124, 135.)

Il a été satisfait aux prescriptions de cet article par une ordonnance du 27 février 1833, dont la reproduction est aujourd'hui sans utilité.

DÉCRET DU 16 OCTOBRE 1858. — Art. 1er. — Notre ministre des finances est autorisé à faire réserver et livrer directement, chaque année, par l'administration des forêts, à la marine impériale les bois extraits des forêts dépendant du domaine de l'État et propres aux constructions navales, en se conformant aux prescriptions ci-après.

Art. 2. — Chaque année, avant le 1er février, la direction générale des forêts fera connaître au ministre de la marine, par départements et arrondissements, les forêts domaniales renfermant des arbres de marine et dans lesquelles des coupes devront avoir lieu.

Il sera accusé réception de ce document par le département de la marine, qui, dans le délai d'un mois, sera tenu d'indiquer à la direction générale des forêts, par départements et arrondissements, les coupes dans lesquelles la marine désirera que des arbres lui soient réservés. A cet état en sera joint un autre donnant le détail des espèces et signaux dont les constructions navales auraient plus spécialement besoin, et des espèces et signaux qu'il serait au contraire inutile de comprendre dans le martelage.

Art. 3. — Les arbres réservés pour la marine impériale porteront l'empreinte d'un marteau spécial et d'un numéro de série, appliquée par les agents de l'administration des forêts.

Cette administration fera dresser de ce martelage un procès-verbal, contenant toutes les indications propres à faire juger de l'importance approximative de chaque arbre. Copie de ce procès-verbal, dûment certifiée, sera transmise à notre ministre de la marine.

Art. 4. — Les arbres réservés pour la marine ne seront compris dans les ventes que pour les houpiers, et en général pour toutes les parties non réservées, dont le détail sera donné sur les affiches de ventes.

Les adjudicataires seront chargés de l'abatage, de l'écorçage et du transport des arbres martelés, à un point déterminé de la forêt, dont la distance au centre de chaque vente sera indiquée sur les affiches susdites.

Art. 5. — Aussitôt après que les arbres auront été réunis sur les lieux de concentration, l'administration des forêts en donnera avis aux ingénieurs de la marine préposés à la surveillance des fournitures de bois, qui prendront des mesures pour que l'examen des arbres commence dans un délai qui n'excédera pas un mois. Ils informeront l'administration forestière du jour fixé pour le début des opérations.

Art. 6. — En procédant à cette visite, et afin de ne faire choix que de pièces propres à la construction des navires, la marine pourra faire ébouter les arbres et en faire sonder les nœuds ou autres défauts à la hache ou à la tarière.

Dans le cas où les pièces rebutées auraient subi une dépréciation par suite des sondages, il en sera tenu compte au département des finances.

Art. 7. — Les pièces dont la marine aura fait choix seront marquées de son marteau ; elles seront ensuite découpées et équarries par ses soins et à ses frais. La marine ne devra au département des finances que le prix des pièces équarries, en raison de leur cube et de leur nature par espèce, ce cube étant calculé suivant les procédés de recette de la marine.

Les pièces rebutées, de même que les remanents de toute nature, resteront à la charge de l'administration des forêts, qui en opérera la vente suivant les formes ordinaires.

Art. 8. — Un procès-verbal, dressé contradictoirement par l'ingénieur de la marine et l'agent forestier, constatera :

1° Le nombre et les dimensions des pièces livrées à la marine, ainsi que l'essence des bois ;

2° La valeur de ces pièces, estimées isolément ;

3° Le montant de l'indemnité qui pourra être due par la marine pour la dépréciation causée par les sondages aux pièces rebutées.

Ce procès-verbal contiendra l'avis distinct de l'ingénieur de la marine et de l'agent forestier ; en cas de désaccord entre eux sur le montant des prix et des indemnités, il sera dressé en double minute, dont l'une sera adressée au département de la marine, et l'autre à la direction générale des forêts.

Les bois ne pourront être enlevés par les agents de la marine qu'après la rédaction du procès-verbal susénoncé.

Art. 9. — Une Commission nommée par le ministre des finances et le ministre de la marine sera chargée, chaque année, d'arrêter définitivement le compte des sommes dues par le départemem t de la marine.

Ces sommes seront payées au département des finances selon le mode indiqué par l'article 19 de l'ordonnance du 31 mai 1838 ; elles figureront en recette au budget de l'administration des forêts.

Art. 10. — Nos ministres secrétaires d'État aux départements des finances et de la marine sont chargés d l'exécution du présent décret.

SECTION II.

DES BOIS DESTINÉS AU SERVICE DES PONTS ET CHAUSSÉES POUR LES TRAVAUX DU RHIN.

Art. 162..........163..........

APPENDICE AU TITRE VIII.

Ordonnance du 24 décembre 1830, concernant le mode de délivrance des bois pour l'armement des places fortes.

Art. 1er. — Les bois destinés à la confection des palissades, liteaux, piquets, fascines, clayons, barrières, blindages, ponts, radeaux et autres ouvrages nécessaires pour la mise en défense des places fortes situées sur la frontière, depuis la Manche jusqu'à la Méditerranée, en suivant la ligne du nord et de l'est, et sur la frontière des Pyrénées, seront coupés dans les forêts de l'État, à moins qu'à raison des distances à parcourir jusqu'aux lieux de destination, et des frais de transport qui en résulteraient, il ne soit dans l'intérêt de l'État de se les procurer par la voie du commerce.

Art. 2. — Lorsque les fournitures devront être faites dans les forêts de l'État, les officiers du génie militaire feront connaître aux agents forestiers les besoins en bois de toute nature, c'est-à-dire les espèces, qualités, dimensions et quantités de bois applicables à chaque genre d'ouvrage.

Art. 3. — Les agents forestiers, de concert avec les officiers du génie, désigneront, dans les forêts les plus rapprochées des places fortes, les cantons où les coupes devront avoir lieu, et procéderont immédiatement aux opérations de martelage.

Les arbres à abattre seront pris de préférence dans les coupes usées des trois derniers ordinaires et dans celles des trois ordinaires suivants.

Pour ménager les bois de construction, les délivrances se feront, autant que possible, en bois qui auront seulement les dimensions reconnues suffisantes pour les travaux auxquels ils seront destinés.

Art. 4. — Les bois seront délivrés sur pied.

Si les délivrances se font pour le compte direct du ministre de la guerre, les officiers du génie concourront avec les agents forestiers à leur estimation ; et, dans le cas où les délivrances seraient faites à un fournisseur, il sera procédé à l'estimation par trois experts : un agent forestier, l'expert du fournisseur, et un troisième expert nommé par le président du tribunal de première instance de la situation des bois.

Art. 5. — L'abatage, le façonnage et le transport des bois seront à la charge du département de la guerre ou de son fournisseur.

Art. 6. — Les remanants et branchages provenant du façonnage des bois destinés à la défense des places seront vendus par adjudication publique, suivant les formes déterminées par les règlements forestiers pour les adjudications de coupes de bois, et le produit de ces ventes sera déduit, sur le budget des dépenses de la guerre, du montant des estimations des bois délivrés sur pied.

Art. 7. — Nos ministres secrétaires d'État des finances et de la guerre sont chargés de l'exécution de la présente ordonnance, qui sera insérée au *Bulletin des lois*.

DÉCRET DU 10 OCTOBRE 1874. — Le Président de la République, vu l'ordonnance du 24 décembre 1830, qui autorise des coupes de bois dans les forêts de l'État pour la défense des places fortes ; — vu le décret du 31 mai 1862, portant règlement général sur la comptabilité publique ; — considérant qu'il y a à faire fournir par l'État, aux écoles et aux directions d'artillerie, pour les besoins annuels et l'instruction des troupes de cette arme, les bois de fascinage autrefois demandés au commerce, décrète :

Art. 1er. — Les bois de fascinage, piquets, fascines, harts nécessaires pour les exercices annuels des écoles d'artillerie, des corps de troupes isolés de leurs écoles respectives, des directions d'artillerie de l'Algérie et des directions assimilées à des écoles d'artillerie, seront coupés dans les forêts de l'État, à moins qu'à raison des distances à parcourir jusqu'au lieu de destination, et des frais de transport qui en résulteraient, il ne soit dans l'intérêt de l'État de se les procurer par la voie du commerce.

Art. 2. — Lorsque les fournitures devront être faites dans les forêts de l'État, les directeurs des écoles et directions d'artillerie ou les chefs des corps destinataires feront connaître aux agents forestiers les besoins en bois de toute nature, espèces, qualités, dimensions et quantités.

Art. 3. — Sur la proposition des agents forestiers locaux, le conservateur autorisera les délivrances dans les forêts les plus voisines des lieux de destination ; et, dans le cas où l'état des peuplements, la possibilité des forêts, les dispositions des aménagements ne permettraient pas de délivrer tout ou partie du bois des essences, dimensions et qualités désignées, il en informera sans retard les directeurs ou chefs de corps militaires.

Art. 4. — Les coupes seront faites par les soins de l'administration forestière, à moins que la proximité du lieu ne permette d'employer des hommes de troupe sans les obliger à découcher.

L'administration des forêts ne pourra jamais réclamer le concours des hommes de troupe s'il est reconnu que le service ou l'instruction doive en souffrir.

Art. 5. — Les transports seront faits par les soins de l'artillerie, toutes les fois que la proximité du lieu permettra de ne pas faire découcher le détachement.

Art. 6. — Quand les coupes et les transports seront exécutés par les soins de l'administration forestière, le montant des frais sera remboursé par le département de la guerre.

Art. 7. — Les transports par chemins de fer seront exécutés par les soins de l'administration forestière et donneront lieu à remboursement.

Art. 8. — La valeur des bois cédés sera remboursée par l'administration de la guerre par voie de virement de comptes.

Art. 9. — Les dispositions qui précèdent seront également applicables aux bois de bourdaine à exploiter dans les forêts de l'État et dont la délivrance sera demandée par les directeurs des poudreries de la guerre.

DÉCIS. MIN. FIN. 14 FÉVRIER 1876 accorde aux gardes une indemnité de cinq centimes par botte de bourdaine à délivrer au service de la guerre dans les forêts domaniales et communales.

NOTA. Un arrêté du 25 fructidor an XI (12 septembre 1803) avait prescrit de réserver la bourdaine dans les forêts domaniales et communales pour le service des poudreries de guerre et avait imposé la recherche de ce bois dans les forêts de particuliers sur un rayon de 6 myriamètres des fabriques de poudre. Ce rayon fut porté à 15 myriamètres par un décret du 16 floréal an XIII. Ces dispositions sont abrogées par l'art. 218 F. Déclaration à la Chambre des pairs du 19 mai 1827.

Art. 10. — Les ministres de l'intérieur, de la guerre et des finances sont chargés, chacun en ce qui le concerne, de l'exécution du présent décret, qui sera inséré au *Bulletin des lois*.

TITRE IX.

POLICE ET CONSERVATION DES BOIS ET FORÊTS QUI SONT RÉGIS PAR L'ADMINISTRATION FORESTIÈRE.

Art. 169. — Dans les bois et forêts qui sont régis par l'administration forestière, l'extraction de productions quelconques du sol forestier ne pourra avoir lieu qu'en vertu d'une autorisation formelle délivrée par le directeur général des forêts, s'il s'agit des bois de l'État, et, s'il s'agit de ceux des communes et des établissements publics, par les maires ou administrateurs des communes ou établissements propriétaires, sauf l'approbation du directeur général des forêts, qui, dans tous les cas, réglera les conditions et le mode d'extraction.

Quant au prix, il sera fixé, pour les bois de l'État, par le directeur général des forêts, et pour les bois des communes et des établissements publics, par le préfet, sur les propositions des maires ou administrateurs.

Ordonnance du 4 décembre 1844. — Dans les bois et forêts qui sont régis par l'administration forestière, l'extraction de produits quelconques du sol forestier ne pourra avoir lieu qu'en vertu d'une autorisation formelle délivrée par le conservateur des forêts, s'il s'agit des bois de l'État ; et s'il s'agit de ceux des communes et des établissements publics, par les maires ou administrateurs des communes ou établissements propriétaires, sauf l'approbation du conservateur des forêts, qui, dans tous les cas, réglera les conditions et le mode d'extraction.

Quant au prix, il sera fixé, pour les bois de l'État, par le conservateur des forêts, et, pour les bois des communes et des établissements publics, par le préfet, sur les propositions des maires et administrateurs. (F. 144.)

LOI DES 19 AOUT — 12 SEPTEMBRE 1791. — Art. 4. — Les préposés de la régie de l'enregistrement sont tenus de poursuivre le paiement de tous les revenus des domaines nationaux ainsi que le prix des adjudications de bois (dont les agents forestiers leur remettront les expéditions en forme ; art. 3). En cas de retard de la part des débiteurs ou adjudicataires, le directeur de la régie décernera des contraintes qui seront visées par le président du tribunal de la situation des biens, sur la présentation du titre obligatoire du débiteur, et mises à exécution sans autres formalités.

LOI DU 27 VENTÔSE AN IX. — Art. 17. — ....L'instruction des instances que la régie aura à suivre pour toutes les perceptions qui lui sont confiées, se fera par simples mémoires respectivement signifiés et sans plaidoiries.

LOI DU 8 JUILLET 1865. — Le timbre des quittances de produits et revenus de toute nature délivrés par les comptables de deniers publics, est réduit à 20 centimes (actuellement 25 c.). La délivrance de ces quittances est obligatoire. Le prix du timbre, lorsqu'il est exigible, s'ajoute de plein droit au montant de la somme due et est soumis au même mode de recouvrement. Sont maintenues les dispositions de l'article 16 de la loi du

13 brumaire an VII. (Les quittances sont exemptes de timbre quand la somme à payer n'excède pas 10 fr.)

Art. 170. — Lorsque les extractions de matériaux auront pour objet des travaux publics, les ingénieurs des ponts et chaussées, avant de dresser le cahier des charges des travaux, désigneront à l'agent forestier supérieur de l'arrondissement les lieux où ces extractions devront être faites.

Les agents forestiers, de concert avec les ingénieurs ou conducteurs des ponts et chaussées, procéderont à la reconnaissance des lieux, détermineront les limites du terrain où l'extraction pourra être effectuée, le nombre, l'espèce et les dimensions des arbres dont elle pourra nécessiter l'abatage, et désigneront les chemins à suivre pour le transport des matériaux. En cas de contestation sur ces divers objets, il sera statué par le préfet. (F. 145.)

Ordonnance du 8 août 1845, rendue sur l'avis du Conseil d'État.

Art. 1er. — Les extractions de matériaux ayant pour objet les travaux des chemins vicinaux, lorsqu'elles devront avoir lieu dans les bois régis par l'administration des forêts, seront soumises à l'observation des formalités indiquées ci-après.

Art. 2. — Les lieux d'extraction devront être désignés préalablement à l'agent forestier supérieur de l'arrondissement.

Les agents forestiers, de concert avec les agents chargés du service vicinal, ou à défaut de ceux-ci avec le maire, procéderont à la reconnaissance du terrain et en détermineront les limites.

Ils indiqueront également le nombre, l'espèce et les dimensions des arbres dont l'abatage sera reconnu nécessaire, ainsi que les chemins à suivre pour le transport des matériaux.

En cas de contestation sur ces divers objets, il sera statué par le préfet.

Art. 3. — Les clauses et conditions qui devront, en conséquence des dispositions de l'article précédent, être imposées tant pour le mode d'extraction que pour le rétablissement des lieux en l'état, seront rédigées par les agents forestiers et remises par eux au préfet, qui les fera insérer au cahier des charges des travaux.

Un arrêté spécial réglera les conditions, lorsque les travaux s'exécuteront par économie.

Dans tous les cas, les communes demeureront responsables du paiement de tous dommages et indemnités.

Art. 4. — L'évaluation des indemnités dues à raison de l'occupation ou de la fouille des terrains et des dégâts causés par l'extraction, sera faite conformément au deuxième paragraphe de l'article 17 de la loi du 21 mai 1836.

L'agent forestier supérieur de l'arrondissement remplira les fonctions d'expert, dans l'intérêt de l'État.

Art. 5. — Les agents forestiers, les agents du service vicinal et les maires sont expressément chargés de veiller à ce que les matériaux provenant des extractions ne soient pas employés à des travaux autres que ceux pour lesquels les extractions auront été autorisées.

Les agents forestiers exerceront contre les contrevenants toutes poursuites de droit.

Art. 6. — Les arbres abattus seront vendus comme menus marchés, sur l'autorisation du conservateur.

Art. 7. — Les contestations qui pourront s'élever relativement à l'exécution des travaux d'extraction et à l'évaluation des indemnités seront soumises au Conseil de préfecture, conformément à l'article 4 de la loi du 28 pluviôse an VII et à l'article 17 de la loi du 21 mai 1836. (O. 175.)

Art. 8. — Nos ministres secrétaires d'État aux départements de l'intérieur et des finances sont chargés de l'exécution de la présente ordonnance.

Art. 171. — Les diverses clauses et conditions qui devront, en conséquence des dispositions de l'article précédent, être imposées aux entrepreneurs, tant pour le mode d'extraction que pour le rétablissement des lieux en bon état, seront rédigées par les agents forestiers et remises par eux au préfet, qui les fera insérer au cahier des charges des travaux.

DÉCRET DU 6 MARS 1868. — Art. 1er. — Lorsqu'il y a lieu d'occuper temporairement un terrain soit pour y extraire des terres ou des matériaux, soit pour tout autre objet relatif à l'exécution des travaux publics, cette occupation est autorisée par un arrêté du préfet indiquant le nom de la commune où le terrain est situé, les numéros que les parcelles dont il se compose portent sur le plan cadastral et le nom du propriétaire. Cet arrêté vise le devis qui désigne le terrain à occuper ou le rapport par lequel l'ingénieur en chef chargé de la direction des travaux propose l'occupation. Un exemplaire du présent règlement est annexé à l'arrêté.

Art. 2. — Le préfet envoie ampliation de son arrêté à l'ingénieur en chef et au maire de la commune. L'ingénieur en chef en remet une copie certifiée à l'entrepreneur. Le maire notifie l'arrêté au propriétaire des terrains ou à son représentant.

Art. 3. — En cas d'arrangement à l'amiable entre le propriétaire et l'entrepreneur, celui-ci est tenu de présenter aux ingénieurs, toutes les fois qu'il en sera requis, le consentement écrit du propriétaire ou le traité qu'il a fait avec lui.

Art. 4. — A défaut de convention amiable, l'entrepreneur, préalablement à toute occupation des terrains désignés, fait au propriétaire ou, s'il ne demeure pas dans la commune, à son fermier, locataire ou gérant, une notification par lettre chargée indiquant le jour où il compte se rendre sur les lieux ou s'y faire représenter. Il l'invite à désigner un expert pour procéder contradictoirement avec celui qu'il aura lui-même choisi à la constatation de l'état des lieux. En même temps, l'entrepreneur informe par écrit le maire de la commune de la notification faite par lui au propriétaire. Entre cette notification et la visite des lieux, il doit y avoir un intervalle de dix jours au moins.

Art. 5. — Au jour fixé, les deux experts procèdent ensemble à leurs opérations contradictoires ; ils s'attachent à constater l'état des lieux de manière qu'en rapprochant plus tard cette constatation de celle qui sera faite après l'exécution des travaux, on ait les éléments nécessaires pour évaluer la dépréciation du terrrain et l'estimation des dommages. Ils font eux-mêmes cette estimation si l'entrepreneur et le propriétaire y consentent. Ils dresseront leur procès-verbal en trois expéditions, dont l'une est remise au propriétaire du terrain, une autre à l'entrepreneur et la troisième au maire de la commune.

Art. 6. — Si, dans le délai fixé par l'article 4, le propriétaire refuse ou néglige de nommer son expert, le maire en désigne un d'office pour opérer contradictoirement avec l'expert de l'entrepreneur.

Art. 7. — Immédiatement après les constatations prescrites par les articles précédents, l'entrepreneur peut occuper le terrain et y commencer les travaux autorisés par l'arrêté du préfet, tous les droits du propriétaire étant réservés en ce qui concerne le règlement de l'indemnité.

Toutefois, s'il existe sur ce terrain des arbres fruitiers ou de haute futaie qu'il soit nécessaire d'abattre, l'entrepreneur est tenu de les laisser subsister jusqu'à ce que l'estimation en ait été faite dans les formes voulues par la loi. En cas d'opposition de la part du propriétaire, l'occupation a lieu avec l'assistance du maire ou de son délégué.

Art. 8. — Après l'achèvement des travaux, et s'ils doivent durer plusieurs années, à la fin de chaque campagne, il est fait une nouvelle constatation de l'état des lieux. A défaut d'accord entre l'entrepreneur et le propriétaire pour l'évaluation partielle ou totale de l'indemnité, il est procédé conformément à l'article 56 de la loi du 16 septembre 1807.

Art. 9. — Lorsque les travaux sont exécutés directement par l'administration sans l'intermédiaire d'un entrepreneur, il est procédé comme il a été dit ci-dessus ; mais alors la notification prescrite par l'article 4 est faite par les soins de l'ingénieur, et l'expert chargé de constater l'état des lieux contradictoirement avec celui du propriétaire, est nommé par le préfet.

Art. 172. — L'évaluation des indemnités dues à raison de l'occupation ou de la fouille des terrains et des dégâts causés par l'extraction sera faite conformément aux articles 55 et 56 de la loi du 16 septembre 1807.

L'agent forestier supérieur de l'arrondissement remplira les fonctions d'expert dans l'intérêt de l'État ; et les experts dans l'intérêt des communes ou des établissements publics seront nommés par les maires ou les administrateurs. (F. 144, 145.)

Voir ces articles à la suite de l'article 145 du Code forestier.

Art. 173. — Les agents forestiers et les ingénieurs et conducteurs des ponts et chaussées sont expressément chargés de veiller à ce que les entrepreneurs n'emploient pas les matériaux provenant des extractions à d'autres travaux que ceux pour lesquels elles auront été autorisées.

Les agents forestiers exerceront contre les contrevenants toutes poursuites de droit. (F. 144, 145.)

Art. 174. — Les arbres et portions de bois qu'il serait indispensable d'abattre pour effectuer les extractions, seront vendus comme menus marchés, sur l'autorisation du conservateur. (O. 102 s., 170.)

Décision ministérielle du 15 mai 1862. — Les décisions régulières qui autorisent des travaux d'améliorations dans les bois soumis au régime forestier autorisent implicitement les abatages d'arbres que ces travaux occasionnent.

Art. 175. — Les réclamations qui pourront s'élever relativement à l'exécution des travaux d'extraction et à l'évaluation des indemnités, seront soumises aux Conseils de préfecture, conformément à l'article 4 de la loi du 17 février 1800 (28 pluviôse an VIII).

Voir cet article à la suite de l'article 145 du Code forestier.

Décret du 13 avril 1861. — Art. 1er. — Les préfets statueront désormais sur les affaires départementales et communales qui exigeaient jusqu'à ce jour la décision du ministre de l'intérieur et dont la nomenclature suit par addition au tableau A du décret du 25 mars 1852... ; 3° règlement des indemnités pour dommages résultat de l'extraction de matériaux destinés à la construction des chemins vicinaux de grande communication ; 4° règlement des frais d'expertise mis à la charge de l'administration, notamment en matière de subventions spéciales pour dégradations extraordinaires causées aux chemins vicinaux de grande communication.

Décision ministérielle du 14 juillet 1841. — Les écobuages de terrains situés à moins de 200 mètres des forêts soumises au régime forestier, sont autorisés par le préfet sur la proposition du conservateur et aux conditions arrêtées d'après l'avis des agents locaux. En cas de dissentiment entre le préfet et le conservateur soit sur la convenance de l'autorisation, soit sur les conditions à imposer, il est statué par le ministre sur la proposition de l'administration des forêts. (Voy. F. 148.)

Art. 176. — Quand les arbres de lisière qui ont actuellement plus de trente ans auront été abattus, les arbres qui les remplaceront devront être élagués, conformément à l'article 672 du Code civil, lorsque l'élagage en sera requis par les riverains. (F. 150.)

Les plantations ou réserves destinées à remplacer les arbres actuels de lisière seront effectuées en arrière de la ligne de délimitation des forêts, à la distance prescrite par l'article 671 du Code civil.

Voir ces articles à la suite de l'article 150 du Code forestier.

Art. 177. — Les établissements et constructions mentionnés dans les articles 151, 152, 153, 154 et 155 du Code forestier ne pourront être autorisés que par nos ordonnances spéciales.

Lorsqu'il s'agira des fours à chaux ou à plâtre, des briqueteries et des tuileries dont il est fait mention en l'article 151 de ce Code, il sera d'abord statué par nous sur la demande d'autorisation, sans préjudice des droits des tiers et des oppositions qui pourraient s'élever. Il sera ensuite procédé suivant les formes prescrites par le décret du 15 octobre 1810 et par nos ordonnances des 14 janvier 1815 et 29 juillet 1818.

Décret du 15 octobre 1810. — Divise les manufactures et établissements insalubres et incommodes en trois classes, dont la première est autorisée par le gouvernement, la deuxième par le préfet, la troisième par le sous-préfet, et organise les formalités et recours en cette matière. La liste et le classement des établissements résulte d'un grand nombre d'ordonnances et de décrets ultérieurs

Ordonnance du 15 janvier 1815. — Indépendamment des formalités prescrites par le décret du 15 octobre 1810, la formation des établissements insalubres de 1re classe dont le fer est l'agent principal, ne pourra avoir lieu qu'après que les agents forestiers en résidence sur les lieux auront donné leur avis sur la question de savoir si la reproduction des bois dans le canton et les besoins des communes environnantes permettent d'accorder la permission.

Ordonnance du 29 juillet 1818. — Les fours à plâtre et fours à chaux permanents cessent d'être compris dans la 1re classe des manufactures et ateliers insalubres ou incommodes et sont rangés dans la 2e classe.

Décret du 25 mars 1852. — Les préfets autorisent les établissements insalubres de 1re classe dans les formes déterminées pour cette nature d'établissements et avec les recours existant aujourd'hui pour les établissements de 2e classe. (*Tableau* B, no 8.)

Art. 178. — Les demandes à fin d'autorisation pour construction de maisons ou fermes, en exécution des §§ Ier et 2 de l'article 153 du Code, seront remises à l'agent forestier supérieur de l'arrondissement, en double minute, dont l'une, revêtue du visa de cet agent, sera rendue au déclarant.

DÉCISION MINISTÉRIELLE DU 23 DÉCEMBRE 1834. — Réglant la formule des conditions à imposer pour l'autorisation des constructions à distance prohibée des forêts. (Cir. nº 359.)

DÉCISION MINISTÉRIELLE DU 28 JUIN 1871. — Réglant celle relative aux constructions prévues par l'article 152 du Code forestier. (Cir. nº 155.)

Art. 179. — Dans le délai de six mois, à dater de la publication de la présente ordonnance, les propriétaires des usines et constructions mentionnnées dans les articles 151, 152 et 155 du Code forestier, et non comprises dans les dispositions exceptionnelles de l'article 156 du même Code, seront tenus de remettre aux conservateurs les titres en vertu desquels ces usines ou constructions ont été établies.

Les conservateurs adresseront ces titres, avec leurs observations, à la direction générale des forêts, qui les soumettra à notre ministre des finances.

Si les propriétaires ne font pas le dépôt de leurs titres dans le délai ci-dessus fixé, ou si les titres ne justifient pas suffisamment de leurs droits, l'administration forestière poursuivra la démolition de leurs usines et constructions, en vertu des lois et règlements antérieures à la publication du Code forestier, ainsi qu'il est prescrit par le § 2 de l'article 210 de ce Code.

Art. 180. — Les possesseurs des scieries dont il est fait mention en l'article 155 du Code forestier, seront tenus, chaque fois qu'ils voudront faire transporter dans ces scieries, ou dans les bâtiments et enclos qui en dépendent, des arbres, billes ou troncs, d'en remettre à l'agent forestier local une déclaration détaillée, en indiquant de quelles propriétés ces bois proviennent.

Ces déclarations énonceront le nombre et le lieu de dépôt des bois : elles seront faites en double minute, dont une sera visée et remise au déclarant par l'agent forestier, qui en tiendra un registre spécial.

Les arbres, billes ou tronces seront marqués, sans frais, par le garde forestier du canton ou par un des agents forestiers locaux, dans le délai de cinq jours après la déclaration. (F. 158.)

TITRE X.

DES POURSUITES EXERCÉES AU NOM DE L'ADMINISTRATION FORESTIÈRE.

Art. 181. — Les agents et les gardes dresseront, jour par jour, des procès-verbaux des délits et contraventions qu'ils auront reconnus.

Ils se conformeront, pour la rédaction et la remise de ces procès-verbaux, aux articles 16 et 18 du Code d'instruction criminelle. (F. 160, 165, 166; O. 24.)

INSTRUCTION CRIMINELLE. — Art. 18. — Les gardes forestiers de l'administration, des communes et des établissements publics remettront leurs procès-verbaux au conservateur, inspecteur ou sous-inspecteur forestier, dans le délai fixé par l'article 15 (c'est-à-dire dans les *trois jours* au plus tard, y compris celui où ils ont reconnu le fait).

Art. 182. — Dans le cas où les officiers de police judiciaire désignés dans l'article 161 du Code forestier refuseraient, après avoir été légalement requis, d'accompagner les gardes dans leurs visites et perquisitions, les gardes rédigeront procès-verbal du refus, et adresseront sur-le-champ ce procès-verbal à l'agent forestier, qui en rendra compte à notre procureur près le tribunal de première instance.

Il en sera de même dans le cas où l'un des fonctionnaires dénommés dans l'article 165 du même Code aurait négligé ou refusé de recevoir l'affirmation des procès-verbaux dans le délai prescrit par la loi. (F. 161, 162, 165.)

Art. 183. — Lorsque les procès-verbaux porteront saisie, l'expédition qui, aux termes de l'article 167 du Code forestier, doit en être déposée au greffe de la justice de paix dans les vingt-quatre heures après l'affirmation, sera signée et remise par l'agent ou le garde qui aura dressé le procès-verbal. (F. 168.)

Art. 184. — Lorsque le juge de paix aura accordé la main-levée provisoire des objets saisis, il en donnera avis à l'agent forestier local. (F. 168.)

Art. 185. — Aux audiences tenues dans nos cours et tribunaux pour le jugement des délits et contraventions poursuivis à la requête de la Direction générale des forêts, l'agent chargé de la poursuite aura une place particulière à la suite du parquet de nos procureurs et de leurs substituts. Il y assistera en uniforme et se tiendra découvert pendant l'audience. (F. 174.)

Art. 186. — Les agents forestiers dresseront, pour le ressort de chaque tribunal de police correctionnelle et au commencement de chaque trimestre, un mémoire, en triple expédition, des citations et significations faites par les gardes pendant le trimestre précédent; cet état sera rendu exécutoire, visé et ordonnancé conformément au règlement du 18 juin 1811.

Art. 187. — A la fin de chaque trimestre, les conservateurs adresseront au directeur général des forêts un état des jugements et arrêts rendus à la requête de l'administration forestière, avec une indication sommaire de la situation des poursuites intentées et sur lesquelles il n'aura pas encore été statué.

DÉCRET DU 21 DÉCEMBRE 1859, portant règlement d'administration publique pour les transactions sur la poursuite des délits et contraventions en matière forestière et pour les prestations en nature, autorisées par la loi du 18 juin 1859.

TITRE Ier. — DES TRANSACTIONS.

Articles 1 et 2 (abrogés).

DÉCRET DU 22 DÉCEMBRE 1879. — Les transactions sur la poursuite des délits et contraventions commis dans les bois soumis au régime forestier deviennent définitives :

1o Par l'approbation des conservateurs des forêts, lorsque les condamnations encourues ou prononcées, y compris les réparations civiles, ne s'élèvent pas au-dessus de 1000 francs ;

2o Par l'approbation du sous-secrétaire d'État, président du Conseil d'administration des forêts, quand les condamnations sont supérieures à 1000 francs, sans dépasser 2000 francs ;

3o Par l'approbation du ministre de l'agriculture et du commerce, quand les condamnations s'élèvent à une somme supérieure à 2000 francs.

TITRE II. — DES PRESTATIONS EN NATURE.

SECTION I. — *De la conversion en prestations des peines et réparations pécuniaires encourues ou prononcées pour délits commis dans les bois soumis au régime forestier.*

Art. 3. — Les conservateurs des forêts peuvent admettre les délinquants insolvables à se libérer, au moyen de prestations en nature, des amendes, réparations civiles et frais résultant soit des condamnations qui auront été prononcées pour délits ou contraventions commis dans les bois soumis au régime forestier, soit des transactions consenties conformément aux articles précédents.

Art. 4. — Nul ne peut être admis à se libérer au moyen de prestations en nature si son insolvabilité n'est constatée par le receveur de l'enregistrement et des domaines, sur l'avis des agents forestiers.

Art. 5. — Les délinquants admis à se libérer au moyen de prestations en nature reçoivent, à la diligence des agents forestiers, un avertissement indiquant :

1° Le nombre de journées de prestations ou la tâche à fournir ;

2° Le lieu où le travail doit être exécuté ;

3° Le délai dans lequel il doit être terminé.

Les conservateurs peuvent accorder aux délinquants remise d'une partie des journées de prestations, ou les décharger de l'exécution d'une partie de la tâche à fournir.

Art. 6. — Une allocation pour frais de nourriture est attribuée aux délinquants insolvables qui en font la demande.

Cette allocation ne peut être inférieure au tiers, ni supérieure à la moitié du prix de journée fixé par le Conseil général ; elle est déterminée par le préfet.

Il n'est tenu compte au délinquant de la valeur de la journée de travail que déduction faite des frais de nourriture.

Art. 7. — Si les prestations sont fournies en tâche, cette tâche est déterminée par les agents forestiers d'après le nombre des journées nécessaires à son achèvement, et en tenant compte, s'il y a lieu, de l'allocation due aux délinquants insolvables pour frais de nourriture.

Art. 8. — En cas d'inexactitude ou de désobéissance du délinquant, comme en cas de négligence ou de malfaçon dans l'exécution des travaux, les agents forestiers peuvent déclarer le délinquant déchu du bénéfice de la libération par le travail. En cas d'inexécution dans le délai fixé, il est passé outre aux poursuites. Il est tenu compte du travail utilement accompli.

Art. 9. — Si les délits et contraventions ont été commis dans les forêts domaniales, les prestations dues pour l'acquittement des amendes, réparations civiles et frais, sont appliquées à ces forêts ou aux chemins vicinaux qui servent à la vidange des coupes.

Art. 10. — Si les délits ou contraventions ont été commis dans les bois des communes et établissements publics, les prestations peuvent toujours être appliquées aux forêts domaniales et aux chemins vicinaux qui les desservent, en ce qui concerne l'amende et les frais avancés par l'État ; mais les prestations dues pour l'acquittement des réparations civiles doivent être appliquées aux bois des communes et établissements publics qui auront souffert desdits délits et contraventions, ou aux chemins vicinaux qui servent à la vidange de ces bois.

Les maires des communes et les administrateurs des établissements publics propriétaires de bois qui veulent profiter des prestations en nature dues par les délinquants insolvables font connaître à l'inspecteur des forêts le montant des sommes qui peuvent être affectées par la commune ou par l'établissement public au paiement des frais de nourriture des délinquants.

SECTION II. — *De la conversion en prestations des amendes et des condamnations aux frais prononcées pour délits commis dans les bois des particuliers.*

Art. 11. — Les délinquants dont l'insolvabilité est constatée par le receveur de l'enregistrement et des domaines, qui veulent se libérer, au moyen de prestations en nature, des condamnations à l'amende et aux frais prononcées contre eux au profit de l'État, pour délits et contraventions commis dans les bois des particuliers, adressent leur demande au maire de la commune sur le territoire de laquelle les délits ou contraventions ont été commis.

Le maire transmet cette demande, avec son avis, au sous-préfet de l'arrondissement, qui statue et fixe le nombre de journées de prestations dues par les délinquants.

Art. 12. — Les prestations des délinquants sont appliquées aux chemins vicinaux dépendant de la commune sur le territoire de laquelle le délit a été commis.

Les agents voyers peuvent convertir les prestations en tâche, et fixent le délai dans lequel les travaux doivent être exécutés.

Art. 13. — Les délinquants reçoivent, à titre de frais de nourriture, une allocation, conformément à l'article 6 du présent décret.

Cette allocation est prélevée sur les fonds affectés à la construction et à l'entretien des chemins vicinaux.

Art. 14. — En cas d'inexécution du travail, ou en cas de faute grave commise par le délinquant, l'agent voyer en donne avis au maire, et il est passé outre à l'exécution des poursuites.

Il est tenu compte du travail utilement accompli.

Art. 15. — Nos ministres secrétaires d'État aux départements des finances et de l'intérieur sont chargés, chacun en ce qui le concerne, de l'exécution du présent décret, qui sera inséré au *Bulletin des lois*.

TITRE XI.

DE L'EXÉCUTION DES JUGEMENTS RENDUS A LA REQUÊTE DE L'ADMINISTRATION FORESTIÈRE OU DU MINISTÈRE PUBLIC.

Art. 188. — Les extraits des jugements par défaut seront remis par les greffiers de nos cours et tribunaux aux agents forestiers, dans les *trois jours* après celui où les jugements auront été prononcés.

L'agent forestier supérieur de l'arrondissement les fera signifier immédiatement aux condamnés, et remettra en même temps au receveur des domaines un état indiquant les noms des condamnés, la date de la signification des jugements, et le montant des condamnations en amendes, dommages-intérêts et frais.

Quinze jours après la signification du jugement, l'agent forestier remettra les originaux des exploits de signification au receveur des domaines, qui procédera alors contre les condamnés conformément aux dispositions de l'article 211 du Code forestier.

Si, durant ce délai, le condamné interjette appel ou forme opposition, l'agent forestier en donnera avis au receveur. (F. 209 s.)

ORDONNANCE DU 19 OCTOBRE 1841. — Art. 1er. — Le délai de *trois jours* que l'article 188 de l'ordonnance du 1er août 1827 accorde aux greffiers de nos cours et tribunaux pour la remise des extraits des arrêts et jugements par défaut, sera désormais fixé à *dix jours*.

Art. 189. — Quant aux jugements contradictoires, lorsqu'il n'aura été fait par les condamnés aucune déclaration d'appel, les greffiers en remettront l'extrait directement aux receveurs des domaines, dix jours après celui où le jugement aura été prononcé, et les receveurs procéderont contre les condamnés conformément aux dispositions de l'article 211 du Code forestier.

L'extrait des arrêts ou jugements rendus sur appel sera remis directement aux receveurs des domaines par les greffiers de nos cours et tribunaux d'appel quatre jours après celui où le jugement aura été prononcé, si le condamné ne s'est point pourvu en cassation.

Art. 190. — A la fin de chaque trimestre, les directeurs des domaines remettront au directeur général de l'enregistrement et des domaines un état indiquant les recouvrements effectués en exécution de jugements correctionnels en matière forestière, et les condamnations pécuniaires tombées en non-valeur par suite de l'insolvabilité des condamnés.

Art. 191. — Les condamnés qui, en raison de leur insolvabilité, invoqueront l'application de l'article 213 du Code forestier, présenteront leur requête, accompagnée des pièces justificatives prescrites par l'article 420 du Code d'instruction criminelle, à nos procureurs, qui ordonneront, s'il y a lieu, que les condamnés soient mis en liberté à l'expiration des délais fixés par l'article 213 du Code forestier, et en donneront avis aux receveurs des domaines.

TITRE XII.

DISPOSITIONS SUR LE DÉFRICHEMENT DES BOIS.

(Décret du 22 novembre 1859.)

Art. 192. — Les déclarations prescrites par l'article 219 du Code forestier indiqueront la dénomination, la situation et l'étendue des bois que les particuliers se proposeront de défricher; elles contiendront, en outre, élection de domicile dans le canton de la situation de ces bois; elles seront faites en double minute et remises à la sous-préfecture, où il en sera tenu registre.

Elles seront visées par le sous-préfet, qui rendra l'une des minutes au déclarant et transmettra l'autre immédiatement à l'agent forestier supérieur de l'arrondissement.

DÉCISION MINISTÉRIELLE DU 19 NOVEMBRE 1866. — La déclaration doit être faite sur papier timbré. (Loi 13 brum. an VII, art. 12, § 1er.)

Art. 193. — Avant de procéder à la reconnaissance de l'état et de la situation des bois, et huit jours au moins à l'avance, l'un des agents désignés en l'article 219 du Code forestier adressera à la partie intéressée, au domicile élu par elle, un avertissement indiquant le jour où il sera procédé à ladite reconnaissance et contenant invitation d'assister à l'opération ou de s'y faire représenter.

DÉCISION MINISTÉRIELLE DU 28 DÉCEMBRE 1859. — L'avertissement est exempt de timbre et d'enregistrement. (Loi 15 mai 1818, art. 80.)

Art. 194. — Le procès-verbal dressé par l'agent forestier contiendra toutes les constatations et renseignements de nature à faire apprécier, s'il y a lieu de s'opposer au défrichement par l'un des motifs énumérés dans l'article 220 du Code forestier; en outre, s'il s'agit d'un bois compris dans la partie de la zone frontière où le défrichement ne peut avoir lieu sans autorisation, ce fait sera simplement énoncé au procès-verbal.

Art. 195. — Le procès-verbal sera transmis avec les pièces au conservateur, qui, avant de former opposition, en fera notifier copie à la partie intéressée, avec invitation de présenter des observations.

Décision ministérielle du 28 décembre 1859. — La notification de la copie du procès-verbal de reconnaissance est visée pour timbre et enregistrée gratis. (Voy. circ. nº 270.)

Instruction ministérielle du 7 mars 1834. — Les brigadiers et gardes reçoivent pour frais de notification et signification des actes une rétribution de 30 centimes pour chaque notification.

Art. 196. — Si le conservateur estime que le bois ne doit pas être défriché, il fera signifier au propriétaire une opposition au défrichement, et il en référera immédiatement au préfet, en lui transmettant les pièces avec ses observations.

Dans le cas contraire, le conservateur en référera sans délai au directeur général des forêts, qui en rendra compte à notre ministre des finances.

DÉCISION MINISTÉRIELLE DU 28 DÉCEMBRE 1859. — Les actes concernant les oppositions aux défrichements sont visés pour timbre et enregistrés gratis.

Art. 197. — Dans le délai d'un mois, le préfet, en Conseil de préfecture, donnera son avis motivé sur l'opposition.

Dans les huit jours qui suivront cet avis, le préfet le fera notifier au propriétaire des bois, ainsi qu'au conservateur, et, à défaut de conservateur dans le département, à l'agent forestier supérieur dans la circonscription duquel les bois se trouvent situés.

Dans le même délai, le préfet transmettra son avis, avec les pièces à l'appui, à notre ministre des finances, qui prononcera, la section des finances du Conseil d'État préalablement entendue.

La décision ministérielle sera signifiée au propriétaire dans les six mois à dater du jour de la signification de l'opposition.

Art. 198. — Lorsque des maires et adjoints auront dressé des procès-verbaux pour constater des défrichements effectués en contravention au titre XV du Code forestier, ils seront tenus, indépendamment de la remise qu'ils en doivent faire à nos procureurs, d'en adresser une copie certifiée à l'agent forestier local.

DÉCISION DU MINISTRE DES FINANCES DU 7 MAI 1823. — Les préfets font surveiller les bois des particuliers par les autorités municipales, dans les communes où il n'existe pas d'agents forestiers.

Art. 199. — Le conservateur rendra compte au directeur général des forêts des condamnations prononcées dans le cas prévu par le § 1er de l'article 221 du Code forestier, et donnera son avis sur la nécessité de rétablir les lieux en nature de bois.

La décision ministérielle qui ordonnera le reboisement sera signifiée à la partie intéressée par la voie administrative.

CHASSE ET LOUVETERIE

LOI DU 3 MAI 1844

SUR LA POLICE DE LA CHASSE

SECTION PREMIÈRE.

DE L'EXERCICE DU DROIT DE CHASSE.

Art. 1er. — Nul ne pourra chasser, sauf les exceptions ci-après, si la chasse n'est pas ouverte, et s'il ne lui a pas été délivré un permis de chasse par l'autorité compétente. (Ch. 2, 3, 5 à 8.)

Nul n'aura la faculté de chasser sur la propriété d'autrui sans le consentement du propriétaire ou de ses ayants-droit.

DÉCRET DU 4 AOÛT 1789. — Art. 3. — Le droit exclusif de la chasse et des garennes ouvertes est aboli, et tout propriétaire a le droit de détruire et de faire détruire, seulement sur ses possessions, toute espèce de gibier, sauf à se conformer aux lois de police.

Dispositions concernant la mise en ferme de la chasse dans les bois domaniaux et communaux :

DÉCRET DU 8 FRUCTIDOR AN XII (26 août 1804). — Art. 1er. — La surveillance et la police des chasses dans toutes les forêts impériales est dans les attributions du grand-veneur.

ORDONNANCE DES 20 AOÛT 1814 — 16 OCTOBRE 1830. — Art. 5. — Les permissions de chasse ne sont accordées que par le grand-veneur; elles sont signées de lui et visées par le conservateur dans l'arrondissement duquel ces permissions auront été accordées....; elles ne seront accordées que pour la saison des chasses et renouvelées chaque année.

Art. 6. — Il sera accordé deux espèces de permissions de chasse, celle de chasse à tir et celle de chasse à courre.

ORDONNANCE DU 14 SEPTEMBRE 1830. — Art. 1er. — Provisoirement et jusqu'à ce que des mesures définitives aient pu être adoptées, la surveillance et la police de la chasse sont confiées à l'administration des forêts, laquelle remplira à cet égard les fonctions attribuées au grand-veneur.

Art. 2. — Les dispositions du règlement du 20 août 1814 relatif aux chasses dans les forêts et bois du domaine de l'État, continueront à être exécutées en tout ce qui n'est pas contraire à la présente ordonnance.

LOI DU 21 AVRIL 1832. — Art. 5. — A partir du 1er septembre 1832, le droit de chasse dans les forêts de l'État sera affermé et mis en adjudication.

ORDONNANCE DES 24 JUILLET — 18 AOÛT 1832. — Art. 1er. — Le droit de chasse dans les forêts de l'État sera loué au profit de l'État par adjudication publique aux enchères.

Art. 2. — A défaut d'offres suffisantes, l'administration pourra délivrer des permissions à prix d'argent sur soumissions cachetées, avec publicité et concurrence, d'après le mode qui sera ultérieurement fixé par notre ministre des finances.

Art. 4. — Un cahier des charges, approuvé par notre ministre des finances, réglera toutes les conditions auxquelles les fermiers et les porteurs de permissions devront être assujettis.

LOI DU 24 AVRIL 1833. — Art. 5. — A partir du 1er septembre 1833, le droit de chasse dans les forêts de l'État pourra être affermé et mis en adjudication.

Le gouvernement est chargé de faire tous les règlements nécessaires pour assurer l'exécution de cette disposition.

ORDONNANCE DU 20 JUIN 1845. — Art. 1er. — A l'avenir, le droit de chasse dans les forêts domaniales sera affermé, soit par adjudication aux enchères et à l'extinction des feux, soit par adjudication au rabais, soit enfin sur soumissions cachetées, suivant que les circonstances l'exigeront.

Art. 2. — Les baux pourront être consentis pour une durée de neuf années.

Art. 3. — Un cahier des charges, approuvé par notre ministre des finances, réglera les conditions auxquelles les fermiers seront assujettis.

Il devra contenir les dispositions nécessaires à l'effet d'assurer la destruction des animaux nuisibles, tant dans l'intérêt de la conservation des forêts qu'en vue de préserver de tous dommages les propriétés particulières.

Art. 4. — Les fermiers de la chasse, ainsi que leurs associés, seront tenus de concourir aux chasses et battues qui seront ordonnées par les préfets pour la destruction des animaux nuisibles.

DÉCISION MINISTÉRIELLE DU 28 NOVEMBRE 1863. — Autorise le directeur général des forêts, quand l'adjudication du droit de chasse est impossible, à délivrer, moyennant redevance, des permissions individuelles, appelées *licences*, valables pour un an.

Décret du 25 prairial an XIII (14 juin 1805). — Art. 1er. — Les maires des communes sont autorisés à affermer le droit de chasse dans les bois communaux, à la charge de faire approuver la mise en ferme par les préfets et le ministre de l'intérieur.

Loi du 18 juillet 1837. — Art. 17. — Les Conseils municipaux règlent par leurs délibérations les objets suivants : 1° le mode d'administration des biens communaux ; 2° les conditions des baux à ferme ou à loyer dont la durée ne dépasse pas dix-huit ans pour les biens ruraux, et neuf ans pour les autres biens.

Art. 2. — Le propriétaire ou possesseur peut chasser ou faire chasser en tout temps, sans permis de chasse, dans ses possessions attenant à une habitation et entourées d'une clôture continue faisant obstacle à toute communication avec les héritages voisins.

Art. 3. — (Loi du 7 février 1874.) Les préfets détermineront, par des arrêtés publiés au moins dix jours à l'avance, les époques des ouvertures et celles des clôtures des chasses, soit à tir, soit à courre, à cor et à cris, dans chaque département.

Art. 4. — Dans chaque département il est interdit de mettre en vente, de vendre, d'acheter, de transporter et de colporter du gibier pendant le temps où la chasse n'y est pas permise. (Ch. 3, 12.)

En cas d'infraction à cette disposition, le gibier sera saisi, et immédiatement livré à l'établissement de bienfaisance le plus voisin, en vertu soit d'une ordonnance du juge de paix, si la saisie a eu lieu au chef-lieu de canton, soit d'une autorisation du maire, si le juge de paix est absent, ou si la saisie a été faite dans une commune autre que celle du chef-lieu. Cette ordonnance ou cette autorisation sera délivrée sur la requête des agents ou gardes qui auront opéré la saisie, et sur la présentation du procès-verbal régulièrement dressé.

La recherche du gibier ne pourra être faite à domicile que chez les aubergistes, chez les marchands de comestibles et dans les lieux ouverts au public. (Ch. 23.)

Il est interdit de prendre ou de détruire, sur le terrain d'autrui, des œufs et des couvées de faisans, de perdrix et de cailles. (Ch. 11, 14.)

Circulaire du ministre de l'intérieur du 25 avril 1862. — Décidant que le colportage et la vente des lapins de garenne pourront être exceptionnellement autorisés sur la proposition du préfet, après avis du Conseil général.

Circulaire du ministre de l'intérieur des 20 novembre 1860 — 22 février 1868. — Autorisant la vente et le colportage en tout temps des grouses d'Écosse et des espèces de gibier de provenance russe connues sous le nom de grand coq de bruyère, de gélinotte noire ou coq de bruyère à queue fourchue, et de gélinotte blanche ou lagopède des saules.

Art. 5. — Les permis de chasse seront délivrés, sur l'avis du maire et du sous-préfet, par le préfet du département dans lequel celui qui en fera la demande aura sa résidence ou son domicile.

La délivrance des permis de chasse donnera lieu au paiement d'un droit de quinze francs (15 fr.) au profit de l'État, et de dix francs (10 fr.) au profit de la commune dont le maire aura donné l'avis énoncé au paragraphe précédent.

Les permis de chasse seront personnels; ils seront valables pour toute la France, et pour un an seulement.

Décret du 13 avril 1861. — Art. 6. — Les sous-préfets statueront désormais, soit directement, soit par délégation des préfets, sur les affaires qui, jusqu'à ce jour, exigeaient la décision préfectorale, et dont la nomenclature suit :.... 3° délivrance des permis de chasse.

Loi du 20 décembre 1872. — Art. 21 (abrogeant la loi du 23 août 1871, art. 1er). — A l'avenir, le prix du permis de chasse sera fixé comme autrefois à 25 francs.

Les permis de chasse seront personnels; ils seront valables pour toute la France et pour un an seulement.

Loi du 2 juin 1875. — Art. 6. — Seront soumis aux décimes établis par la législation actuelle : les droits de douane, de contributions indirectes et de timbre existant avant 1870, et qui, depuis cette époque, n'ont pas été augmentés en principal ou en décimes.

CIRCULAIRE DU DIRECTEUR DE LA COMPTABILITÉ PUBLIQUE DU 26 JUILLET 1875. — Le permis de chasse est par suite augmenté de 2 décimes, qui ne portent que sur la part de l'État. Le prix est donc de 28 francs, dont 18 pour l'État et 10 pour la commune.

Art. 6. — Le préfet pourra refuser le permis de chasse :

1° A tout individu majeur qui ne sera point personnellement inscrit, ou dont le père ou la mère ne serait pas inscrit au rôle des contributions;

2° A tout individu qui, par une condamnation judiciaire, a été privé de l'un ou de plusieurs des droits énumérés dans l'article 42 du Code pénal, autres que le droit de port d'armes;

3° A tout condamné à un emprisonnement de plus de six mois pour rébellion ou violence envers les agents de l'autorité publique;

4° A tout condamné pour délit d'association illicite, de fabrication, débit, distribution de poudre, armes ou autres munitions de guerre; de menaces écrites ou de menaces verbales avec ordre ou sous condition; d'entraves à la circulation des grains; de dévastations d'arbres ou de récoltes sur pied, de plants venus naturellement ou faits de main d'homme. (F. 195.)

5° A ceux qui auront été condamnés pour vagabondage, mendicité, vol, escroquerie ou abus de confiance.

La faculté de refuser le permis de chasse aux condamnés dont il est question dans les §§ 3, 4 et 5 cessera cinq ans après l'expiration de la peine.

Art. 7. — Le permis de chasse ne sera pas délivré :

1° Aux mineurs qui n'auront pas seize ans accomplis ;

2° Aux mineurs de seize à vingt et un ans, à moins que le permis ne soit demandé pour eux par leurs père, mère, tuteur ou curateur, porté au rôle des contributions ;

3° Aux interdits ;

4° Aux gardes champêtres ou forestiers des communes et établissements publics, ainsi qu'aux gardes forestiers de l'État et aux gardes-pêche. (Ch. 12.)

Art. 8. — Le permis de chasse ne sera pas accordé :

1° A ceux qui, par suite de condamnations, sont privés du droit de port d'armes ; (Ch. 18 ; Pén. 42.)

2° A ceux qui n'auront pas exécuté les condamnations prononcées contre eux pour l'un des délits prévus par la présente loi ;

3° A tout condamné placé sous la surveillance de la haute police. (Pén. 44.)

Art. 9. — (Loi du 22 janvier 1874.) Dans le temps où la chasse est ouverte, le permis donne à celui qui l'a obtenu le droit de chasser de jour, soit à tir, soit à courre, à cor et à cris, suivant les distinctions établies par les arrêtés préfectoraux, sur ses propres terres et sur celles d'autrui, avec le consentement de celui à qui le droit de chasse appartient.

Tous les autres moyens de chasse, à l'exception des furets et des bourses destinés à prendre les lapins, sont formellement prohibés.

Néanmoins, les préfets des départements, sur l'avis des Conseils généraux, prendront des arrêtés pour déterminer :

1° L'époque de la chasse des oiseaux de passage autres que la caille, la nomenclature des oiseaux, et les modes de procéder de chaque chasse pour les diverses espèces ;

2° Le temps pendant lequel il sera permis de chasser le gibier d'eau dans les marais, sur les étangs, fleuves et rivières ;

3° Les espèces d'animaux malfaisants ou nuisibles que le propriétaire, possesseur ou fermier, pourra en tout temps détruire sur ses terres, et les conditions de l'exercice de ce droit, sans préjudice du droit appartenant au propriétaire ou fermier de repousser et de détruire, même avec les armes à feu, les bêtes fauves qui porteraient dommage à ses propriétés.

Ils pourront prendre également des arrêtés :

1° Pour prévenir la destruction des oiseaux ou pour favoriser leur repeuplement ;

2° Pour autoriser l'emploi des chiens lévriers pour la destruction des animaux malfaisants ou nuisibles ;

3° Pour interdire la chasse pendant les temps de neige.

AVIS DU CONSEIL D'ÉTAT DU 11 PRAIRIAL AN VIII, sur le jour à compter duquel les décrets sont obligatoires. — Le Conseil d'État.... considérant que les décrets n'ont pas été compris dans la disposition de l'article 1er du Code civil.... est d'avis, pour ceux qui ne sont pas insérés au *Bulletin des lois*, qu'ils sont obligatoires du jour où il en est donné connaissance par publication, affiche, notification ou signification....

DÉCRET DU 4 AOÛT 1789. — Art. 2. — Le droit exclusif des fuies et colombiers est aboli ; les pigeons seront enfermés aux époques fixées par les communautés ; durant ce temps, ils seront considérés comme gibier et chacun aura le droit de les tuer sur son terrain.

Art. 10. — Des ordonnances royales détermineront la gratification qui sera accordée aux gardes et gendarmes rédacteurs des procès-verbaux ayant pour objet de constater les délits. (Ch. 19.)

Ordonnance du 5 mai 1845. — Art. 1er. — La gratification accordée aux gendarmes, gardes forestiers, gardes champêtres, gardes-pêche et gardes assermentés des particuliers qui constateront les infractions à la loi du 3 mai 1844 sur la police de la chasse, est fixée ainsi qu'il suit :

8 francs pour les délits prévus par l'article 11 ;

15 francs pour les délits prévus par l'article 12 et l'article 13, § 1er ;

25 francs pour les délits prévus par l'article 13, § 2.

Art. 2. — La gratification est due pour chaque amende prononcée ; elle sera acquittée par les receveurs de l'enregistrement, suivant le mode actuel et les règles de la comptabilité ordinaire.

Déc. min. fin. 20 juin 1845. Les *brigadiers* et *gardes à cheval* sont compris sous la dénomination de *gardes forestiers* et de *gardes-pêche*.

Décret du 4 août 1852. — Art. 3. — Les receveurs de l'enregistrement tiendront un compte spécial, par commune, du recouvrement des amendes : ce compte sera réglé chaque année. Après prélèvement des gratifications et de 5 % pour frais de régie, le produit restant des amendes recouvrées sera compté à la commune sur le territoire de laquelle l'infraction aura été commise.

En cas d'excédant de dépense à l'époque du règlement, il ne sera exercé aucun recours contre la commune ; mais cet excédant sera reporté au compte ouvert pour l'année suivante, dans lequel il formera le premier article de la dépense.

Les frais de poursuites tombés en non-valeur seront remboursés conformément à l'article 6 de l'ordonnance du 30 décembre 1823.

C'est-à-dire qu'ils seront imputés sur le fonds commun formé par le produit des amendes versé à la caisse des receveurs des finances.

Art. 4. — Il ne pourra être alloué qu'une seule gratification, lors même que plusieurs agents auraient concouru à la rédaction du procès-verbal constatant le délit.

Art. 5. — La présente ordonnance est applicable aux amendes qui auront été déjà prononcées en vertu de la loi du 3 mai 1844.

DÉCRET DU 18 FÉVRIER 1863, sur l'administration et la comptabilité de la gendarmerie. — Art. 296. — La réclamation des primes pour constatation de délits de chasse doit être formée dans le délai de cinq ans, à partir du jour de la condamnation. (Loi 9 janvier 1831, art. 9.)

Les préfets sont substitués aux directeurs des domaines par suite de la loi du 29 décembre 1873. (F. 210) Circ. 153 et 171.

SECTION II.

DES PEINES.

Art. 11. — Seront punis d'une amende de seize à cent francs :

1° Ceux qui auront chassé sans permis de chasse ; (Ch. 1, 5 à 8, 14, 16.)

2° Ceux qui auront chassé sur le terrain d'autrui sans le consentement du propriétaire. (Ch. 1, 14.)

L'amende pourra être portée au double si le délit a été commis sur des terres non dépouillées de leurs fruits, ou s'il a été commis sur un terrain entouré d'une clôture continue faisant obstacle à toute communication avec les héritages voisins, mais non attenant à une habitation. (Ch. 2, 13.)

Pourra ne pas être considéré comme délit de chasse le fait du passage des chiens courants sur l'héritage d'autrui, lorsque ces chiens seront à la suite d'un gibier lancé sur la propriété de leur maître, sauf l'action civile, s'il y a lieu, en cas de dommage; (Civ. 1385.)

3° Ceux qui auront contrevenu aux arrêtés des préfets concernant les oiseaux de passage, le gibier d'eau, la chasse en temps de neige, l'emploi des chiens lévriers, ou aux arrêtés concernant la destruction des oiseaux et celle des animaux nuisibles ou malfaisants; (Ch. 4, 14.)

4° Ceux qui auront pris ou détruit, sur le terrain d'autrui, des œufs ou couvées de faisans, de perdrix ou de cailles; (Ch. 4, 14.)

5° Les fermiers de la chasse, soit dans les bois soumis au régime forestier, soit sur les propriétés dont la chasse est louée au profit des communes ou établissements publics, qui auront contrevenu aux clauses et conditions de leurs cahiers de charges relatives à la chasse. (Ch. 1, 14.)

Décision ministérielle du 2 mai 1826. — L'acte qui constate le consentement collectif des propriétaires à ce que la chasse soit louée au profit de la commune, ne contenant qu'une seule et même disposition, n'est sujet qu'à un seul droit fixe de 2 francs (actuellement 3 fr. 75 c.), quel que soit le nombre des propriétaires qui y concourent. (Inst. enreg. 30 mars 1844.)

Art. 12. — Seront punis d'une amende de 50 à 200 francs, et pourront, en outre, l'être d'un emprisonnement de six jours à deux mois (Ch. 14, 16) :

1° Ceux qui auront chassé en temps prohibé; (Ch. 3.)

2° Ceux qui auront chassé pendant la nuit ou à l'aide d'engins et instruments prohibés, ou par d'autres moyens que ceux qui sont autorisés par l'article 9; (F. 201.)

3° Ceux qui seront détenteurs ou ceux qui seront trouvés munis ou porteurs, hors de leur domicile, de filets, engins ou autres instruments de chasse prohibés; (Ch. 9.)

4° Ceux qui, en temps où la chasse est prohibée, auront mis en vente, vendu, acheté, transporté ou colporté du gibier; (Ch. 4.)

5° Ceux qui auront employé des drogues ou appâts qui sont de nature à enivrer le gibier ou à le détruire; (Ch. 9.)

6° Ceux qui auront chassé avec appeaux, appelants ou chanterelles. (Ch. 9.)

Les peines déterminées par le présent article pourront être portées au double contre ceux qui auront chassé pendant la nuit sur le terrain d'autrui et par l'un des moyens spécifiés au § 2, si les chasseurs étaient munis d'une arme apparente ou cachée. (Ch. 1, 11; F. 201.)

Les peines déterminées par l'article 11 et par le présent article seront toujours portées au maximum lorsque les délits auront été commis par les gardes champêtres ou forestiers des communes, ainsi que par les gardes forestiers de l'État et des établissements publics. (Ch. 7.)

CODE PÉNAL. — Art. 198. — ....Ceux qui auront participé aux délits qu'ils étaient chargés de réprimer ou de surveiller seront punis comme il suit : s'il s'agit d'un délit de police correctionnelle, ils subiront toujours le *maximum* de la peine attachée à l'espèce du délit.

Art. 13. — Celui qui aura chassé sur le terrain d'autrui sans son consentement, si ce terrain est attenant à une maison habitée ou servant à l'habitation, et s'il est entouré d'une clôture continue faisant obstacle à toute communication avec les héritages voisins, sera puni d'une amende de 50 à 300 francs, et pourra l'être d'un emprisonnement de six jours à trois mois. (Ch. 1, 2, 11, 12, 14, 16.)

Si le délit a été commis pendant la nuit, le délinquant sera puni d'une amende de cent francs à mille francs, et pourra l'être d'un emprisonnement de trois mois à deux ans, sans préjudice, dans l'un et l'autre cas, s'il y a lieu, de plus fortes peines prononcées par le Code pénal. (Ch. 1, 11, 12; Pén. 444 s.)

Art. 14. — Les peines déterminées par les trois articles qui précèdent pourront être portées au double si le délinquant était en état de récidive, et s'il était déguisé ou masqué, s'il a pris un faux nom, s'il a usé de violence envers les personnes, ou s'il a fait des menaces, sans préjudice, s'il y a lieu, de plus fortes peines prononcées par la loi. (Pén. 305 s.)

Lorsqu'il y aura récidive, dans les cas prévus en l'article 11, la peine de l'emprisonnement de six jours à trois mois pourra être appliquée, si le délinquant n'a pas satisfait aux condamnations précédentes. (F. 201.)

Art. 15. — Il y a récidive lorsque, dans les douze mois qui ont précédé l'infraction, le délinquant a été condamné en vertu de la présente loi. (F. 201.)

Art. 16. — Tout jugement de condamnation prononcera la confiscation des filets, engins et autres instruments de chasse. Il ordonnera, en outre, la destruction des instruments de chasse prohibés. (Pén. 11.)

Il prononcera également la confiscation des armes, excepté dans le cas où le délit aura été commis par un individu muni d'un permis de chasse, dans le temps où la chasse est autorisée.

Si les armes, filets, engins ou autres instruments de chasse n'ont pas été saisis, le délinquant sera condamné à les représenter ou à en payer la valeur, suivant la fixation qui en sera faite par le jugement, sans qu'elle puisse être au-dessous de 50 francs.

Les armes, engins ou autres instruments de chasse abandonnés par les délinquants restés inconnus, seront saisis et déposés au greffe du tribunal compétent. La confiscation et, s'il y a lieu, la destruction en seront ordonnées sur le vu du procès-verbal. (F. 198.)

Dans tous les cas, la quotité des dommages-intérêts est laissée à l'appréciation des tribunaux. (F. 202; Pén. 51.)

Art. 17. — En cas de conviction de plusieurs délits prévus par la présente loi, par le Code pénal ordinaire ou par les lois spéciales, la peine la plus forte sera seule prononcée. (I. Cr. 365.)

Les peines encourues pour des faits postérieurs à la déclaration du procès-verbal de contravention pourront être cumulées, s'il y a lieu, sans préjudice des peines de la récidive. (Ch. 14.)

Art. 18. — En cas de condamnation pour délits prévus par la présente loi, les tribunaux pourront priver le délinquant du droit d'obtenir un permis de chasse pour un temps qui n'excédera pas cinq ans. (Ch. 8.)

Art. 19. — La gratification mentionnée en l'article 10 sera prélevée sur le produit des amendes

Le surplus desdites amendes sera attribué aux communes sur le territoire desquelles les infractions auront été commises. (F. 204.)

Art. 20. — L'article 463 du Code pénal ne sera pas applicable aux délits prévus par la présente loi. (F. 203.)

SECTION III.

DE LA POURSUITE ET DU JUGEMENT.

Art. 21. — Les délits prévus par la présente loi seront prouvés soit par procès-verbaux ou rapports, soit par témoins, à défaut de rapports et procès-verbaux, ou à leur appui. (F. 175; O. 182; I. Cr. 16 s.)

Art. 22. — Les procès-verbaux des maires et adjoints, commissaires de police, officier, maréchal des logis ou brigadier de gendarmerie, gendarmes, gardes forestiers, gardes-pêche, gardes champêtres ou gardes assermentés des particuliers, feront foi jusqu'à preuve contraire. (F. 176 à 178.)

ARRÊTÉ DES CONSULS DU 19 VENTÔSE AN X. — Art. 1er. — Les bois appartenant aux communes sont soumis au même régime que les bois nationaux, et l'administration, garde et surveillance en sont confiées aux mêmes agents.

Art. 23. — Les procès-verbaux des employés des contributions indirectes et des octrois feront également foi jusqu'à preuve contraire, lorsque, dans la limite de leurs attributions respectives, ces agents rechercheront et constateront les délits prévus par le § 1er de l'article 4.

Art. 24. — Dans les vingt-quatre heures du délit, les procès-verbaux des gardes seront, à peine de nullité, affirmés par les rédacteurs devant le juge de paix ou l'un de ses suppléants, ou devant le maire ou l'adjoint, soit de la commune de leur résidence, soit de celle où le délit aura été commis. (F. 165.)

Art. 25. — Les délinquants ne pourront être saisis ni désarmés; néanmoins, s'ils sont déguisés ou masqués, s'ils refusent de faire connaître leurs noms, ou s'ils n'ont pas de domicile connu, ils seront conduits immédiatement devant le maire ou le juge de paix, lequel s'assurera de leur individualité. (Ch. 14, F. 163; I. Cr. 16.)

Art. 26. — Tous les délits prévus par la présente loi seront poursuivis d'office par le ministère public, sans préjudice du droit conféré aux parties lésées par l'article 182 du Code d'instruction criminelle.

Néanmoins, dans le cas de chasse sur le terrain d'autrui sans le consentement du propriétaire, la poursuite d'office ne pourra être exercée par le ministère public sans une plainte de la partie intéressée, qu'autant que le délit aura été commis dans un terrain clos, suivant les termes de l'article 2, et attenant à une habitation ou sur des terres non encore dépouillées de leurs fruits. (Ch. 11, 2°, 13.)

Arrêté du Directoire du 28 vendémiaire an V (19 octobre 1796). — Art. 1er. — La chasse dans les forêts nationales est interdite à tout particulier sans distinction.

Art. 2. — Les gardes sont tenus de dresser, contre les contrevenants, les procès-verbaux dans la forme prescrite pour les *autres délits forestiers*, et de les remettre à l'agent national près la ci-devant maîtrise de leur arrondissement.

Art. 3 — Les prévenus seront poursuivis en conformité de la loi du 3 brumaire an V, relative aux délits et aux peines.

Arrêté des consuls du 19 ventôse an X. (Voy. Ch., art. 22.)

I. crim. — Art. 182 (Voy. F., art. 159.)

Avis du Conseil d'État du 26 novembre 1800: (Extrait.)

Les sections réunies de législation, justice et affaires étrangères et des finances du Conseil d'État . . . .

— Considérant que les délits de chasse commis dans les bois soumis au régime forestier sont classés, par l'arrêté du 28 vendémiaire an V, comme *délits forestiers ;* que la loi du 3 mai 1844 sur la police de la chasse ne leur a pas enlevé ce caractère ; que, par conséquent, l'administration forestière qui exerce le droit de les poursuivre devant les tribunaux a toute attribution pour transiger sur les poursuites ; — Sont d'avis : 1° que le droit de transaction attribué à l'administration forestière par la loi du 18 juin 1859 s'applique, à l'exclusion des délits de pêche, à tous les délits et contraventions en matière forestière et de *chasse*, dont la poursuite appartient à cette administration, etc. (Cet avis a été approuvé par le ministre des finances, le 22 décembre 1860.)

Avis du Conseil d'État du 4 janvier 1806. — Le Conseil d'État . . . Est d'avis que les contraventions et délits pour faits de chasse intéressant les règles de la police générale et de la conservation des forêts, la répression n'en peut appartenir aux tribunaux militaires, même à l'égard des militaires . . . (Voy. Loi du 2 juin 1857 au C. for., art. 187.)

Art. 27. — Ceux qui auront commis conjointement les délits de chasse seront condamnés solidairement aux amendes, dommages-intérêts et frais. (Pén. 55.)

Art. 28. — Le père, la mère, le tuteur, les maîtres et commettants sont civilement responsables des délits de chasse commis par leurs enfants mineurs non mariés, pupilles demeurant avec eux, domestiques ou préposés, sauf tout recours de droit.

Cette responsabilité sera réglée conformément à l'article 1384 du Code civil, et ne s'appliquera qu'aux dommages-intérêts et frais, sans pouvoir toutefois donner lieu à la contrainte par corps. (F. 206.)

Loi du 22 juillet 1867. — Art. 9. — La durée de la contrainte par corps est réglée ainsi qu'il suit : — de deux à vingt jours, lorsque l'amende et les autres condamnations n'excèdent pas 50 francs ; — de vingt jours à quarante jours, lorsqu'elles sont supérieures à 50 francs et qu'elles n'excèdent pas 100 francs ; — de quarante jours à soixante jours, lorsqu'elles sont supérieures à 100 francs et qu'elles n'excèdent pas 200 francs ; — de deux mois à quatre mois lorsqu'elles sont supérieures à 200 francs et qu'elles n'excèdent pas 500 francs ; — de quatre mois à huit mois, lorsqu'elles sont supérieures à 500 francs et qu'elles n'excèdent pas 2000 francs ; — d'un an à deux ans, lorsqu'elles s'élèvent à plus de 2000 francs. — En matière de simple police, la durée de la contrainte par corps ne pourra excéder cinq jours.

Art. 29. — Toute action relative aux délits prévus par la présente loi sera prescrite par le laps de trois mois, à compter du jour du délit. (F. 185.)

SECTION IV.

DISPOSITIONS GÉNÉRALES.

Art. 30. — Les dispositions de la présente loi relatives à l'exercice du droit de chasse ne sont pas applicables aux propriétés de la Couronne. Ceux qui commettraient des délits de chasse dans ces propriétés seront poursuivis et punis conformément aux sections II et III.

Art. 31. — Le décret du 4 mai 1812 et la loi du 30 avril 1790 sont abrogés.

Sont et demeurent également abrogés les lois, arrêtés, décrets et ordonnances intervenus sur les matières réglées par la présente loi, en tout ce qui est contraire à ses dispositions.

LOI DES 16-24 AOÛT 1790. — Art. 3. — . . . . . Les objets de police confiés à la vigilance et à l'autorité des corps municipaux sont : 1° tout ce qui intéresse la sûreté et la commodité du passage. . . .; 3° le soin de prévenir, par des précautions convenables, les accidents . . . . .

LOI DES 19-22 JUILLET 1791. — Art. 46. — Le corps municipal pourra . . . . . et sauf la réformation, s'il y a lieu, par l'administration du département sur l'avis de celle du district, faire des arrêtés lorsqu'il s'agira d'ordonner les précautions locales sur les objets confiés à sa vigilance et à son autorité par les articles 3 et 4 du décret du 16 août sur l'organisation judiciaire. (Loi du 28 juillet 1837, art. 11 ; C. pén. 471, n° 15.)

ARRÊTÉ DU 19 PLUVIOSE AN V
(7 février 1797)

concernant la Chasse des Animaux nuisibles.

Le Directoire exécutif, sur le rapport du ministre des finances ; — Considérant que son arrêté du 28 vendémiaire dernier, portant défense de chasser dans les forêts nationales, ne doit mettre aucun obstacle à l'exécution des règlements qui concernent la destruction des loups et autres animaux voraces ;

Que l'ordonnance de janvier 1583, article 19, enjoint aux agents forestiers de rassembler un homme par feu de leur arrondissement, avec armes et chiens propres à la chasse aux loups, trois fois l'année, aux temps les plus commodes ;

Que celles de 1600 et de 1601, ainsi que les arrêts du ci-devant Conseil, des 26 février 1697 et 14 janvier 1698, leur enjoignent de contraindre les sergents louvetiers à chasser aux loups, renards et autres animaux nuisibles, et de veiller à ce que cette chasse soit faite de trois mois en trois mois, ou plus souvent, suivant qu'il en sera besoin, par ceux qui avaient le droit exclusif de chasse dans leurs terres :

Arrêté du 28 vendémiaire an v (19 octobre 1796). — (Voy. Ch., art. 26.)

Édit de Henri III de janvier 1583. — Art. 19. — . . . . . Enjoignons aux grands maîtres réformateurs et leurs lieutenants . . . . . faire assembler un homme par feu de chaque paroisse de leur ressort, avec armes et chiens propres pour la chasse des loups, trois fois l'année, en temps plus propre et commode qu'ils aviseront pour le mieux.

Édit de Henri IV du 18 janvier 1600. — Art. 6. — . . . . . Admonestons tous nos seigneurs hauts-justiciers et seigneurs de fiefs, de faire assembler de trois mois en trois mois, ou plus souvent encore, selon le besoin qu'il en sera, ... leurs paysans et rentiers, et chasser au dedans de leurs terres, bois et buissons, avec chiens, arquebuses et autres armes, aux loups et renards, blaireaux, *loutres* et autres bêtes nuisibles. . .

ÉDIT DE HENRI IV DE JUIN 1601. — Reproduisant textuellement le précédent.

Arrête ce qui suit :

Art. 1. — L'arrêté du 28 vendémiaire dernier, relatif à la prohibition de chasser dans les forêts nationales, continuera d'être exécuté.

Il a été dérogé à cette disposition par l'article 5 du règlement sur la chasse du 1er germinal an XIII, qui autorisait le grand-veneur à délivrer des permissions de chasse dans les forêts de l'État. Actuellement le droit de chasse est affermé dans ces forêts en vertu de la loi de finances du 24 avril 1833 et de l'ordonnance du 20 juin 1845. (Voy. ci-dessus, ch. 1.)

Art. 2. — Néanmoins, il sera fait dans les forêts nationales et dans les campagnes, tous les trois mois, et plus souvent s'il est nécessaire, des chasses et battues générales ou particulières aux loups, renards, blaireaux et autres animaux nuisibles.

Art. 3. — Les chasses et battues seront ordonnées par les administrations centrales des départements, de concert avec les agents forestiers de leur arrondissement, sur la demande de ces derniers et sur celle des administrations municipales de canton. (Règl. 20 août 1814, § 11.)

DÉCRET DU 13 AVRIL 1861. — Art. 6. — Les sous-préfets statueront désormais, soit directement, soit par délégation des préfets, sur les affaires qui, jusqu'à ce jour, exigeaient la décision préfectorale et dont la nomenclature suit : . . . . . 12° Autorisation des battues pour la destruction des animaux nuisibles dans les bois des communes et des établissements de bienfaisance.

Voyez une décision ministérielle du 12 septembre 1830, rapportée à la suite du § 11 du règlement du 20 août 1814.

CIRCULAIRE DU MINISTRE DE L'INTÉRIEUR DU 25 AVRIL 1862, conseillant aux préfets d'introduire dans les arrêtés pris pour ordonner des battues, une disposition relative à la manière dont pourront être utilisés les animaux détruits.

CIRCULAIRE DU MINISTRE DE L'INTÉRIEUR DU 7 MARS 1874, autorisant le transport, la vente et le colportage des sangliers tués en battues pendant la fermeture de la chasse, pourvu que chaque envoi soit accompagné d'un certificat de provenance, et d'une autorisation de transport délivrée par le sous-préfet.

Art. 4. — Les battues ordonnées seront exécutées sous la direction et la surveillance des agents forestiers, qui régleront, de concert avec les administrations municipales de canton, les jours où elles se feront, et le nombre d'hommes qui y seront appelés. (Règl. 20 août 1814, § 11 ; Ord. du 20 juin 1845, art. 4.)

Arrêt du Conseil du 26 février 1697. — Sa Majesté, en son Conseil, a ordonné qu'il sera incessamment fait des huées et chasses au loup, aux lieux et endroits de la province de Berry qui seront jugés nécessaires, par le grand-maître des eaux et forêts du département du Berry, ou par les officiers des maîtrises; et qu'à cet effet les habitants des villes et villages situés ès environs desdits lieux, seront tenus d'y assister et de se trouver aux jours, lieux et heures qui leur seront indiqués, à peine de 10 livres d'amende contre chacun des défaillants.

Arrêt du Conseil du 26 janvier 1698, ordonnant l'exécution du précédent. (Pén. 471, nº 15, et 474.)

Art. 5. — Les corps administratifs sont autorisés à permettre aux particuliers de leur arrondissement qui ont des équipages et autres moyens pour ces chasses, de s'y livrer sous l'inspection et la surveillance des agents forestiers. (Règl. 1er germ. an XIII et 20 août 1814, § 2.)

Ces permissions sont délivrées par les préfets (Circ. du min. de l'int. du 13 déc. 1860, 1er mars 1865 et 11 avril 1865.)

Art. 6. — Il sera dressé procès-verbal de chaque battue, du nombre et de l'espèce des animaux qui auront été détruits : un extrait en sera envoyé au ministre des finances.

Art. 7. — Il lui sera également envoyé un état des animaux détruits par les chasses particulières, mentionnées en l'article 5, et même par les pièges tendus dans les campagnes par les habitants; à l'effet d'être pourvu, s'il y a lieu, sur son rapport, au paiement des récompenses promises par l'article 20, section IV, du Code rural, et le décret du 11 ventôse an III. (L. 10 messidor an V.)

LOI DES 28 SEPTEMBRE - 6 OCTOBRE 1791. — Art. 20. — Les corps administratifs encourageront les habitants des campagnes par des récompenses et suivant les localités, à la destruction des animaux malfaisants qui peuvent ravager les troupeaux, et des insectes qui peuvent nuire aux récoltes.

Art. 8. — Le ministre des finances est chargé de l'exécution du présent arrêté, qui sera envoyé aux administrations centrales des départements.

LOI DU 10 MESSIDOR AN V

(20 juin 1797)

relative à la Destruction des Loups.

Art. 1. — Les fonds accordés provisoirement aux administrations départementales pour la destruction des loups, par ordre du ministre de l'intérieur, seront alloués à ce ministre, sauf par lui de justifier de l'emploi.

Art. 2. — La loi du 12 ventôse an III est abrogée; et à l'avenir par forme d'indemnité et d'encouragement, il sera accordé à tout citoyen une prime de cinquante livres par chaque tête de louve pleine, quarante livres par chaque tête de loup, et vingt livres par chaque tête de louveteau.

Art. 3. — Lorsqu'il sera constaté qu'un loup, enragé ou non, s'est jeté sur des hommes ou enfants, celui qui le tuera aura une prime de 150 livres.

Par décision du ministre de l'intérieur du 9 juillet 1818, les primes ont été réduites ainsi qu'il suit : 18 francs par louve pleine ; 15 francs par louve non pleine ; 12 francs par loup et 6 francs par louveteau. — Ces primes peuvent, suivant les circonstances, être augmentées par le ministre, sur la proposition du préfet.

Art. 4. — Celui qui aura tué un de ces animaux et voudra toucher l'une des primes énoncées dans les deux articles précédents, sera tenu de se présenter à l'agent municipal de la commune la plus voisine de son domicile, et d'y faire constater la mort de l'animal, son âge et son sexe ; si s'est une louve, il sera dit si elle est pleine ou non.

Art. 5. — La tête de l'animal et le procès-verbal dressé par l'agent municipal seront envoyés à l'administration départementale, qui délivrera un mandat sur le receveur du département, sur les fonds qui seront, à cet effet, mis entre ses mains par ordre du ministre de l'intérieur.

Le contrôle peut varier, suivant les usages et les distances; mais, dans tous les cas, la patte droite antérieure de l'animal tué doit en faire partie. Il est pris des mesures pour que les mêmes contrôles ne puissent pas servir plusieurs fois (Instructions du ministre de l'intérieur des 25 septembre 1807 et 9 juillet 1818.)

Les primes d'encouragement fixées par le gouvernement sont payées dans la quinzaine qui suit la déclaration de la destruction de l'animal. (Instruction de l'Administration des domaines du 7 septembre 1818.)

Art. 6. — Le Directoire exécutif est autorisé à laisser subsister et même à former, s'il y a lieu, des établissements pour la destruction des loups. (Arr. 19 pluviôse an V.)

ORDONNANCE DU 15 AOÛT 1814. — Reproduction du décret du 8 fructidor an XII (26 août 1804). — **Art. 1er.** — La surveillance et la police des chasses dans les forêts de l'État sont dans les attributions du grand-veneur.

Art. 2. — La louveterie fait partie des mêmes attributions.

Art. 3. — Les conservateurs, les inspecteurs et gardes forestiers recevront les ordres du grand-veneur pour tout ce qui a rapport aux chasses et à la louveterie.

RÈGLEMENT DU 20 AOUT 1814
portant Organisation de la Louveterie[1].

Art. 1. — La louveterie est dans les attributions du grand-veneur. (Ord. 15 août 1814, art. 2.)

ORDONNANCE DU 14 SEPTEMBRE 1830. — Art. 1er. — Provisoirement, et jusqu'à ce que des mesures définitives aient été adoptées, la surveillance et la police de la chasse dans les forêts de l'État sont confiées à l'administration des forêts, laquelle remplira à cet égard les fonctions attribuées au grand-veneur.

Cette disposition a été confirmée par l'article 7 de l'ordonnance du 24 juillet 1832 et par l'article 5 de l'ordonnance du 20 juin 1845.

Art. 2. — Le grand-veneur donne des commissions honorifiques de lieutenant de louveterie, dont il détermine les fonctions et le nombre par conservation forestière et par département, dans la proportion des bois qui s'y trouvent et des loups qui les fréquentent.

ORDONNANCE DU 21 DÉCEMBRE 1844. — Art. 1er. — A l'avenir les lieutenants de louveterie seront nommés par nous sur la présentation de notre ministre des finances.

DÉCRET DU 25 MARS 1852. — Art. 5. — Ils (les préfets) nommeront directement, sans l'intervention du

[1] Ce règlement, qui est la reproduction presque littérale de celui du 1er germinal an XIII (22 mars 1805), a été inséré au *Bulletin des lois*, à la suite de l'ordonnance royale du 24 juillet 1832, le 18 août 1832, B. 4327.

gouvernement et sur la présentation des divers chefs de service, aux fonctions et emplois suivants : . . . 17° Les lieutenants de louveterie.

ARRÊTÉ DU MINISTRE DES FINANCES DU 3 MAI 1852. — Art. 1er. — La nomination des lieutenants de louveterie a lieu sur l'avis du conservateur des forêts.

Art. 2. — Le nombre des emplois de lieutenants de louveterie est fixé par le préfet sur la proposition du conservateur. Toutefois, ce nombre ne pourra excéder celui des arondissements de sous-préfecture, à moins de circonstances exceptionnelles, qui seront soumises à l'appréciation du directeur général des forêts.

Art. 7. — Les nominations des lieutenants de louveterie . . . . . sont portées immédiatement par les préfets à la connaissance du ministre des finances.

DÉCISION DU MINISTRE DE LA JUSTICE DU 27 AVRIL 1877. — Les fonctions de lieutenant de louveterie ne peuvent être confiées à un étranger.

Art. 3. — Ces commissions sont renouvelées tous les ans.

Art. 4. — Les dispositions qui peuvent être faites par suite de différents arrêtés concernant les animaux nuisibles, appartiennent à ses attributions.

Art. 5. — Les lieutenants de louveterie reçoivent les instructions et les ordres du grand-veneur pour tout ce qui concerne la chasse des loups. (Ord. du 14 septembre 1830.)

Art. 6. — Ils sont tenus d'entretenir à leurs frais un équipage de chasse composé au moins d'un piqueur, deux valets de limiers, un valet de chiens, dix chiens courants et quatre limiers.

Art. 7. — Ils seront tenus de se procurer les pièges nécessaires pour la destruction des loups, renards et autres animaux nuisibles, dans la proportion des besoins.

Art. 8. — Dans les endroits que fréquentent les loups, le travail principal de leur équipage doit être de les détourner, d'entourer les enceintes avec les gardes forestiers et de les faire tirer au lancé; on découple, si cela est jugé nécessaire (car on ne peut jamais penser à détruire les loups en les forçant). Au surplus, ils doivent présenter toutes leurs idées pour parvenir à la destruction de ces animaux.

Art. 9. — Dans le temps où la chasse à courre n'est plus permise, ils doivent particulièrement s'occuper à faire tendre les pièges avec les précautions d'usage, faire détourner les loups, et, après avoir entouré les enceintes de gardes, les attaquer à traits de limier sans se servir de l'équipage, qu'il est défendu de découpler; enfin, faire rechercher avec grand soin les portées de louves.

Art. 10. — Ils feront connaître ceux qui auront découvert des portées de louveteaux. Il sera accordé par chaque louveteau une gratification, qui sera double si l'on parvient à tuer la louve.

Voyez le tarif des primes rapporté à la suite de l'article 3 de la loi du 10 messidor an V.

Art. 11. — Quand les lieutenants de louveterie ou les conservateurs des forêts jugeront qu'il sera utile de faire des battues, ils en feront la demande au préfet, qui pourra lui-même provoquer cette mesure. Ces chasses seront alors ordonnées par le préfet, commandées et dirigées par les lieutenants de louveterie, qui, de concert avec lui et le conservateur, fixeront le jour, détermineront les lieux et le nombre d'hommes. Le préfet en préviendra le ministre de l'intérieur et le grand-veneur. (Arr. 19 pluv. an V, art. 2, 3, 4.)

Ordonnance du 24 juillet 1832. — Art. 4. — Le cahier des charges (*pour la location des chasses de l'État*) devra contenir toutes les dispositions nécessaires à l'effet d'assurer la destruction des animaux nuisibles, tant dans l'intérêt de la conservation des forêts que pour préserver de tout dommage les propriétés particulières.

Art. 5. — Les fermiers de la chasse, ainsi que leurs associés et les porteurs de permissions, seront tenus de concourir aux chasses et battues ordonnées par les préfets pour la destruction de ces animaux. (Dispositions reproduites par l'ord. du 20 juin 1845.)

1° DÉCISION DU MINISTRE DES FINANCES DU 12 SEPTEMBRE 1850. — Les préfets peuvent ordonner d'office des battues aux loups, même dans les bois soumis au régime forestier, sauf à en donner avis aux agents de l'administration des forêts et aux officiers de louveterie, qui doivent diriger ces chasses, et régler, de concert avec les maires, les mesures à prendre pour assurer l'exécution des arrêtés des préfets en cette matière. (Arr. 19 pluv. an V, art. 3.)

Art. 12. — Tous les habitants sont invités à tuer les loups sur leurs propriétés; ils en enverront les certificats aux lieutenants de louveterie de la conservation forestière, lesquels les feront passer au grand-veneur, qui fera un rapport au ministre de l'intérieur, à l'effet de faire accorder des récompenses. (Ord. 14 sept. 1830; Déc. min. 9 juillet 1818.)

Art. 13. — Les lieutenants de louveterie feront connaître journellement les loups tués dans leur arrondissement, et, tous les ans, enverront un état général des prises.

Art. 14. — Tous les trois mois, ils feront parvenir au grand-veneur un état des loups présumés fréquenter les forêts soumises à leur surveillance. (Ord. 14 sept. 1830.)

Art. 15. — Les préfets sont invités à envoyer les mêmes états, d'après les renseignements particuliers qu'ils pourraient avoir.

Art. 16. — Attendu que la chasse du loup, qui doit occuper principalement les lieutenants de louveterie, ne fournit pas toujours l'occasion de tenir les chiens en haleine, ils ont le droit de chasser à courre, deux fois par mois, dans les forêts de l'État faisant partie de leur arrondissement, le chevreuil-brocard, le sanglier ou le lièvre, suivant les localités. Sont exceptés les forêts ou les bois du domaine de l'État de leur arrondissement dont la chasse est particulièrement donnée par le roi aux princes ou à toute autre personne. (L. 21 avril 1832.)

1° Ordonnance du 24 juillet 1832. — Art. 6. — Notre ordonnance du 14 septembre 1830 sur la surveillance de la police des chasses dans les forêts de l'État continuera à recevoir son exécution.

Néanmoins le droit de chasse à courre attribué dans ces forêts aux lieutenants de louveterie, sera restreint à la chasse du sanglier. Ces officiers conserveront, du reste, tous les autres droits et attributions attachés à leur commission.

2° Ordonnance du 20 juin 1845 — Art. 5. — . . . . Le droit de chasse à courre attribué aux lieutenants de louveterie sera restreint à la chasse du sanglier et ne pourra être exercé que pendant le temps où la chasse est permise.

Art. 17. — Il leur est expressément défendu de tirer sur le chevreuil et le lièvre; le sanglier est excepté de cette disposition dans le cas seulement où *il tiendrait aux chiens.*

Art. 18. — Ils seront tenus de faire connaître chaque mois le nombre d'animaux qu'ils auront forcés.

Art. 19. — Les commissions de lieutenants de louveterie seront renouvelées tous les ans; elles seront retirées dans le cas où les lieutenants n'auraient pas justifié de la destruction des loups.

Art. 20. — Tous les ans, au 1er mai, il sera fait, sur le nombre des loups tués dans l'année, un rapport général qui sera mis sous les yeux du roi.

Art. 21. — L'uniforme est déterminé comme il suit :

Habit bleu, droit, à la française, avec collet et parements de velours bleu pareil, galonné sur le devant et au collet; poches à la française et en pointe, également galonnées; parements en pointe, avec deux chevrons pour les lieutenants. — Le galon sera en or et argent; — Boutons de métal jaune, sur lequel sera empreint un loup; — Veste et culotte chamois; — Chapeau retapé à la française avec ganse or et argent; — Couteau de chasse en argent, avec un ceinturon en buffle jaune galonné comme l'habit; — Bottes à l'écuyère; — Éperons plaqués en argent.

Art. 22. — *Uniforme des piqueurs.*

L'habit sera le même que celui des officiers, excepté que le bouton sera en métal blanc, et que le galon sera un tiers d'or sur deux tiers d'argent.

Art. 23. — *Harnachement du cheval.*

Bride à la française, avec bossette, sur laquelle sera un loup; — Bridon de cuir noir; — Selle à la française en volaque blanc ou en velours cramoisi; — Housse cramoisie, garnie en galons or et argent; — Croupière noire unie, et la boucle plaquée; — Étriers noirs vernis; — Martingale noire unie; — Sangles à la française.

Art. 24. — Cet uniforme est permis, mais non obligatoire.

DUNES

DÉCRET DU 29 AVRIL 1862

qui place le Service des Dunes dans les Attributions du Ministre des Finances.

Art. 1. — Les travaux de fixation, d'entretien, de conservation et d'exploitation des dunes sur le littoral maritime sont placés dans les attributions de notre ministre secrétaire d'État des finances et confiés à l'administration des forêts.

Art. 2. — Ces dispositions recevront leur exécution à partir du 1er juillet 1862.

Art. 3. — Nos ministres d'État, des finances et de l'agriculture, du commerce et des travaux publics sont chargés, chacun en ce qui le concerne, de l'exécution du présent décret, qui sera inséré au *Bulletin des lois*.

DÉCISION DU MINISTRE DES FINANCES DU 18 DÉCEMBRE 1865. — Il est alloué pour le service des dunes aux inspecteurs et chefs de cantonnement, à chacun une indemnité de 1000 francs par an; aux préposés non logés, 200 francs par an ; aux préposés logés en maison forestière, 100 francs par an.

DÉCRET DU 14 DÉCEMBRE 1810
relatif à la Plantation des Dunes.

Décret promulgué le 27 novembre 1847, B. 1434, nº 13959.

NAPOLÉON, etc.; — Sur le rapport de notre ministre de l'intérieur, — Notre Conseil d'État entendu, avons décrété et décrétons ce qui suit :

Le décret du 14 décembre 1810 a force légale d'exécution (Cass. ch. réun. 1er juillet 1836.)

CODE CIVIL, 538. — Le rivage de la mer est du domaine public. (Ord. mar. 1681 et Inst. lib. 2, tit. 1.)

DÉCRET DU 21 FÉVRIER 1852 sur la délimitation du rivage de la mer.

LOI DU 16 SEPTEMBRE 1807. — Art. 41. — Le gouvernement concèdera aux conditions qu'il aura réglées, les *lais*, *relais* de la mer, le droit d'endiguage, les accrues, attérissements et alluvions.... quant à ceux de ces terrains qui forment propriété domaniale. (Civ. 538.)

ORDONNANCE DU 23 SEPTEMBRE 1825. — Forme des concessions.

AVIS DU CONSEIL D'ÉTAT DU 17 JANVIER 1854. — Concessions amiables.

Art. 1er. — Dans les départements maritimes, il sera pris des mesures pour l'ensemencement, la plantation et la culture des végétaux reconnus les plus favorables à la fixation des dunes.

Civ. 2236, 768, 811, 539 et 770. (Circ. min. des fin. 16 juin 1809.)

Loi des 28 août — 14 septembre 1792. — Art. 9. — Les terres vaines et vagues ou gastes, landes, biens hermes ou vacants, garrigues, dont les communautés ne pourraient pas justifier avoir été anciennement en possession, sont censés leur appartenir et leur seront adjugés par les tribunaux si elles forment leur action dans le délai de cinq ans, à moins que les ci-devant seigneurs ne prouvent par titre ou par possession exclusive, continuée paisiblement et sans trouble depuis quarante ans, qu'ils en ont la propriété.

Loi des 10-11 juin 1793. — *Section IV*, art. 1er. — Tous les biens communaux en général connus dans toute la République sous les divers noms de terres vaines et vagues..... communs..... vacants..... montagnes, etc., sont et appartiennent de leur nature à la généralité des habitants ou membres des communes ou sections de communes dans le territoire desquelles ces communes sont situées ; et comme telles, lesdites communes ou sections de communes sont fondées et autorisées à les revendiquer, sous les restrictions et modifications portées par les articles suivants....

Civ. 544, 2219, 2127 s.

Art. 2. — A cet effet, les préfets de tous les départements dans lesquels se trouvent des dunes feront dresser, dans leurs départements respectifs, par les ingénieurs des ponts et chaussées, un plan des dunes qui sont susceptibles d'être fixées par des plantations appropriées à leur nature; ils feront distinguer, sur ce plan, les dunes qui appartiennent au domaine, celles qui appartiennent aux communes, et celles enfin qui sont la propriété des particuliers. (Décr. 29 avril 1862, art. 2.)

Art. 3. — Chaque préfet rédigera ou fera rédiger, à l'appui de ces plans, un mémoire sur la manière la plus avantageuse de procéder, suivant les localités, à l'ensemencement et à la plantation des dunes; il joindra à ce rapport un projet de règlement, lequel contiendra les mesures d'administration publique les plus appropriées à son département, et qui pourront être utilement employées pour arriver au but désiré.

Art. 4. — Les plans, mémoires et projets de règlements, levés et rédigés en exécution des articles précédents, seront envoyés par les préfets à notre ministre de l'intérieur, lequel pourra, sur le rapport de notre directeur général des ponts et chaussées, ordonner la plantation, si les dunes ne renferment aucune propriété privée, et, dans le cas contraire, nous en fera son rapport, pour être par nous statué en Conseil d'État, dans la forme adoptée pour les règlements d'administration publique.

Art. 5. — Dans les cas où les dunes seraient la propriété de particuliers ou de communes, les plans devront être publiés et affichés dans les formes prescrites par la loi du 8 mars 1810; et si lesdits particuliers ou communes se trouvaient hors d'état d'exécuter les travaux commandés, ou s'y refusaient, l'administration publique pourra être autorisée à pourvoir à la plantation à ses frais; alors elle conservera la jouissance des dunes, et recueillera les fruits des coupes qui pourront y être faites, jusqu'à l'entier recouvrement des dépenses qu'elle aura été dans le cas de faire et des intérêts; après quoi, lesdites dunes retourneront aux propriétaires, à charge d'entretenir convenablement les plantations.

LOI DU 3 SEPTEMBRE 1807. — Art. 2. — L'intérêt légal sera en matière civile de 5 % sans retenue.

La loi du 3 mai 1841 abroge celle du 8 mars 1810 (art. 77) et la remplace.

Art. 6. — A l'avenir, aucune coupe de plants d'oyats, roseaux de sable, épines maritimes, pins, sapins, mélèzes et autres plantes aréneuses conservatrices des dunes, ne pourra être faite que d'après une autorisation spéciale du directeur général des ponts et chaussées, et sur l'avis des préfets.

Actuellement : le directeur général des forêts (décret 29 avril 1862 ; circ. nº 43, art. 115), et depuis, le sous-secrétaire d'État du ministère de l'agriculture. (O. art. 2.)

LOI DES 22 DÉCEMBRE 1789 — 8 JANVIER 1790. — Police générale. (Voy. F. 148.) Crim. rej. 8 juillet 1837.

Lois des 16-24 août 1790 — 19-22 juillet 1791. — Police rurale et municipale. (Voy. Ch. art. 31.) Pén. 471, n° 15.

Art. 7. — Il pourra être établi des gardes pour la conservation des plantations existant actuellement sur les dunes, ou qui y seraient faites à l'avenir; leur nomination, leur nombre, leurs fonctions, leur traitement, leur uniforme seront réglés d'après le mode usité pour les gardes des bois communaux.

Les délits seront poursuivis par les tribunaux et punis conformément aux dispositions du Code pénal.

Bien que les dunes plantées ne cessent pas d'appartenir aux propriétaires du sol, elles sont soumises au régime forestier à raison du droit de jouissance exclusive au profit de l'État. (Cass. ch. réun. 1er juillet 1836 et 2 août 1867.)

Loi du 16 septembre 1807. — Art. 27. — La conservation des travaux de desséchement, celle des digues contre les torrents, rivières et fleuves et sur les bords des lacs et de la mer, est commise à l'administration publique ; toutes réparations et dommages seront poursuivis par voie administrative comme pour les objets de grande voirie. (Loi 29 floréal an X.) Les délits seront poursuivis par voies ordinaires, soit devant les tribunaux de police correctionnelle, soit devant les cours criminelles, en raison des cas.

Décret du 10 avril 1812. — Vu la loi du 29 floréal an X relative aux contraventions en matière de grande voirie ; vu le titre 9 de notre décret du 16 décembre 1811 prescrivant des mesures répressives des délits de grande voirie et complétant la loi du 29 floréal an X.

Art. 1er. — Le titre 9 de notre décret précité est applicable aux canaux, rivières navigables, ports maritimes de commerce et *travaux à la mer*, sans préjudice de tous les autres moyens de surveillance ordonnés par les lois et décrets, et des fonctions des agents qu'ils instituent.

L'administration a le droit d'occupation et d'extraction de broussailles et fascinages dans les propriétés privées. (Cons. d'État 8 juillet 1829.)

Art. 8. — N'entendons en rien innover, par le présent décret, à ce qui se pratique pour les plantations qui s'exécutent sur les dunes du département des Landes et du département de la Gironde.

Voy. ORDONNANCE DU 5 FÉVRIER 1817, ci-après.

Art. 9. — Nos ministres de l'intérieur et des finances sont chargés, chacun en ce qui le concerne, de l'exécution du présent décret.

Voy. CODE FOR., art. 226, exemption d'impôt.

ORDONNANCE DU 5 FÉVRIER 1817

relative à la Fixation et à l'Ensemencement des Dunes dans les Départements de la Gironde et des Landes.

LOUIS, etc. ; — Sur les rapports de nos ministres secrétaires d'État aux départements de l'intérieur et des finances, notre Conseil d'État entendu, nous avons ordonné et ordonnons ce qui suit :

Art. 1er. — Les travaux de fixation et d'ensemencement des dunes, dans les départements de la Gironde et des Landes, seront repris en 1817.

Ces travaux seront, à compter de cet exercice, dirigés par notre directeur général des ponts et chaussées, sous l'autorité de notre ministre de l'intérieur.

Art. 2. — Les fonds nécessaires pour cette opération seront imputés sur le budget des ponts et chaussées ; le crédit annuel ne pourra être au-dessous de 90,000 francs pour les deux départements.

Art. 3. — Les travaux seront exécutés, les dépenses faites et les comptes rendus d'après le mode adopté pour le service des ponts et chaussées.

Art. 4. — A mesure que les semis atteindront un âge qui sera ultérieurement fixé, ils cesseront d'être confiés à la direction des ponts et chaussées, qui en fera la remise à l'administration générale des forêts.

Art. 5. — L'administration générale des forêts fournira gratuitement à la direction des ponts et chaussées les graines, jeunes arbres et branchages provenant des forêts qu'elle administre, qui seront nécessaires pour la fixation et l'ensemencement des dunes.

Art. 6. — Les ingénieurs des ponts et chaussées sont autorisés à requérir l'assistance des agents et gardes forestiers dans les tournées qu'ils auront à faire sur toute l'étendue des dunes.

Art. 7. — Il sera ultérieurement statué sur les mesures spéciales à prendre pour prévenir et réprimer les délits qui tendraient à détruire ou à détériorer les travaux d'ensemencement des dunes.

Art. 8. — Un règlement de notre directeur général des ponts et chaussées, approuvé par notre ministre secrétaire d'État de l'intérieur, déterminera la marche des travaux, leur portée et leur surveillance.

Il a été satisfait à ces prescriptions par un règlement approuvé par le ministre de l'intérieur le 7 octobre 1817.

Art. 9. — Les arrêtés des 2 juillet et 20 septembre 1801 sont abrogés, ainsi que toutes autres dispositions contraires à la présente ordonnance.

Arrêté du 13 messidor an IX (2 juillet 1801). — Les consuls de la République ; sur le rapport du ministre de l'intérieur, le Conseil d'État entendu, arrêtent :

Art. 1er. — Il sera pris des mesures pour continuer de fixer et planter en bois les dunes des côtes de la Gascogne, en commençant par celles de La Teste, d'après les plans présentés par le citoyen Brémontier, ingénieur, et le préfet du département de la Gironde.

Art. 2. — Il sera, à cet effet, établi une Commission composée de l'ingénieur en chef du département, qui la présidera, d'un administrateur forestier et de trois membres pris dans la Société des sciences, arts et belles-lettres de Bordeaux, section de l'agriculture, lesquels seront nommés par le préfet et sur la présentation de la Société.

Ladite Commission dirigera et surveillera l'exécution des travaux, ainsi que l'emploi des fonds qui y seront affectés, le tout sous l'autorité et sauf l'approbation du préfet.

Arrêté du 3e jour complémentaire an IX (20 septembre 1801). — Art. 1er. — Les mesures prescrites par l'article 1er de l'arrêté du 13 messidor an IX pour la fixation et la plantation des dunes des côtes de la Gascogne seront, en ce qui concerne les clayonnages et autres ouvrages d'art qu'elles exigeront, délibérées sur les plans du citoyen Brémontier, ingénieur en chef, et approuvées par le préfet du département de la Gironde, et en ce qui aura rapport aux semis et plantations, ces mesures seront concertées avec l'administration des forêts.

Art. 2. — Les dépenses pour les clayonnages et autres ouvrages d'art seront faites sur les fonds du département de l'intérieur, et celles pour les plantations et traitements des agents forestiers sur les fonds affectés aux forêts.

Art. 3. — Les agents forestiers seront nommés par l'administration des forêts, et ceux pour la confection des clayonnages et ouvrages d'art par le préfet du département de la Gironde.

Art. 4. — Le préfet présidera la commission établie par l'article 2 de l'arrêté, et à son défaut elle sera présidée par l'ingénieur en chef des ponts et chaussées lorsque la délibération aura pour objet des ouvrages d'art, ou par le conservateur lorsqu'il s'agira de semis et de plantations.

Art 10. — Notre ministre secrétaire d'État de l'intérieur est chargé de l'exécution de la présente ordonnance.

DÉCRET DU 12 JUILLET 1808. — Application au département des Landes des mesures adoptées pour la fixation et l'ensemencement des dunes dans le département de la Gironde.

ART. 22. — Il sera établi dans le département des Landes une Commission pour la plantation des dunes.

Cette Commission sera organisée de la même manière que celle qui a été établie à Bordeaux, en exécution de notre décret du 13 messidor IX.

....ART. 24. — L'état des dépenses sera dressé par la Commission et acquitté sur les ordonnances du préfet.

ART. 25. — Chaque année, au mois de décembre, la Commission des Landes se réunira à celle de Bordeaux, sous la présidence du préfet de la Gironde.

ART. 26. — Toutes demandes en concession de dunes qui viendraient à être faites par des communes ou des particuliers seront adressées à l'une ou à l'autre Commission, lesquelles donneront leur avis, qui sera remis au préfet et transmis à notre ministre des finances.

ORDONNANCE DU 31 JANVIER 1839

concernant l'Aménagement et l'Exploitation des pins maritimes dont les Dunes de Gascogne ont été peuplées aux Frais de l'État.

Vu la délibération du Conseil d'administration des forêts sur le système d'aménagement et d'exploitation qu'il convient d'appliquer aux pins maritimes dont les dunes de Gascogne ont été peuplées aux frais de l'État.

Art. 1er. — L'administration forestière est autorisée à mettre en adjudication la résine à extraire des 7540 hectares de dunes boisées, déjà soumises au régime forestier et des autres portions des mêmes dunes qui lui seront ultérieurement remises par l'administration des ponts et chaussées.

Art. 2. — Cette extraction sera effectuée dans tous les cantons où l'âge et la grosseur des pins maritimes le permettront, au moyen de baux à ferme dont l'administration fixera la durée et les conditions.

Art. 3. — Les éclaircies tendant à favoriser l'accroissement des bois et à hâter leur mise en rapport seront opérées par les soins de l'administration des forêts aux époques les plus convenables.

Art. 4. — La coupe des pins maritimes sera faite dès qu'il y aura épuisement des sucs résineux, et l'administration des forêts prendra alors les mesures propres à assurer le repeuplement du terrain par le semis naturel.

ORDONNANCE DU 15 JUILLET 1818-8 MAI 1819,

contenant Règlement sur les Digues et Dunes dans le Département du Pas-de-Calais.

Ce règlement, qui contient 46 articles, divise les digues destinées à la protection des Wattringues et Polders en 2 classes, pourvoit à leur entretien et à leur police : il contient relativement aux dunes les dispositions suivantes.

Art. 40. — Aucune fouille ne pourra être faite dans les dunes de mer et jusqu'à la distance de 200 toises de la laisse de haute mer. Les fouilles et enlèvements de sable seront punis d'une amende de 3 à 15 francs.

Art. 41. — Il est défendu, sauf aux propriétaires ou leurs ayants-droit, de couper ou arracher aucune herbe, plante, broussaille sur les digues et dunes sous peine d'une amende de 3 à 15 francs, outre les frais de réparation.

Art. 42. — Nul ne pourra faire paître des bestiaux dans les dunes sans l'autorisation de la Commission syndicale. Il est interdit aux propriétaires d'y entretenir des lapins.

Art. 43. — Les contrevenants seront punis d'une amende de 3 francs par cheval, 2 francs par vache, 1 franc par génisse ou veau, 50 centimes par mouton. Les lapins seront détruits par les gardes cantonniers.

Art. 44. — Les délits prévus par le présent règlement seront constatés par les gardes cantonniers, les gardes champêtres, ainsi que par les officiers de police judiciaire. Celui qui aura constaté un délit aura droit à la moitié de l'amende. Les contraventions seront portées devant les tribunaux ordinaires.

REBOISEMENT

LOI DU 28 JUILLET 1860

sur le Reboisement des Montagnes.

Art. 1er. — Des subventions peuvent être accordées aux communes, aux établissements publics et aux particuliers pour le reboisement des terrains situés sur le sommet ou sur la pente des montagnes (L. G. 2.)

Art. 2. — Ces subventions consistent, soit en délivrances de graines ou de plants, soit en primes d'argent.

Elles sont accordées en raison de l'utilité des travaux au point de vue de l'intérêt général et en ayant égard, pour les communes et les établissements publics, à leurs ressources, à leurs sacrifices et à leurs besoins, ainsi qu'aux sommes allouées par les Conseils généraux pour le reboisement. (L. G. 2.)

Loi du 28 pluviôse an viii (17 février 1800), sur les contestations à l'occasion des travaux publics. (Voy. C. for., art. 145.)

Loi du 10 aout 1871. — Art. 68. — ....Les subventions aux comices et associations agricoles ne pourront être allouées par le ministre compétent que sur la proposition du Conseil général du département.

A cet effet, le Conseil général dressera un tableau collectif des propositions en les classant par ordre d'urgence.

Art. 3. — Les primes en argent accordées à des particuliers ne peuvent être délivrées qu'après l'exécution des travaux.

Art. 4. — Dans le cas où l'intérêt public exige que les travaux de reboisement soient rendus obligatoires, par suite de l'état du sol et des dangers qui en résultent pour les terrains inférieurs, il est procédé dans les formes suivantes. (L. G. 1, 2.)

Art. 5. — Un décret impérial, rendu en Conseil d'État, déclare l'utilité publique des travaux, fixe le périmètre des terrains dans lequel il est nécessaire d'exécuter le reboisement et règle les délais d'exécution.

Ce décret est précédé : 1° d'une enquête ouverte dans chacune des communes intéressées ; 2° d'une délibération des Conseils municipaux de ces communes, prise avec l'adjonction des plus imposés ; 3° de l'avis d'une Commission spéciale composée du préfet du département ou de son délégué, d'un membre du Conseil général, d'un membre du Conseil d'arrondissement, d'un ingénieur des ponts et chaussées ou des mines, d'un agent forestier et de deux propriétaires appartenant aux communes intéressées; 4° de l'avis du Conseil d'arrondissement et de celui du conseil général. (D. R. 10.)

Le procès-verbal de reconnaissance des terrains, le plan des lieux et l'avant-projet des travaux, préparés par l'administration forestière avec le concours d'un ingénieur des ponts et chaussées ou des mines, restent déposés à la mairie pendant l'enquête, dont la durée est fixée à un mois. Ce délai court à partir de la publication de l'arrêté préfectoral qui prescrit l'ouverture de l'enquête et la convocation du Conseil municipal. (L. G. 2.)

Art. 6. — Le décret impérial est publié et affiché dans les communes intéressées.

Le préfet fait, en outre, notifier aux communes, aux établissements publics et aux particuliers un extrait du décret impérial contenant les indications relatives aux terrains qui lui appartiennent.

L'acte de notification fait connaître le délai dans lequel les travaux de reboisement doivent être exécutés, et, s'il y a lieu, les offres de subvention de l'administration ou les avances qu'elle est disposée à consentir. (L. G. 2; D. R. 12.)

Art. 7. — Si les terrains compris dans le périmètre déterminé par le décret impérial appartiennent à des particuliers, ceux-ci doivent déclarer s'ils entendent effectuer eux-mêmes le reboisement, et, dans ce cas, ils sont tenus d'exécuter les travaux dans les délais fixés par le décret.

En cas de refus ou d'inexécution de l'engagement pris, il peut être procédé à l'expropriation pour cause d'utilité publique, en remplissant les formalités prescrites par les titres II et suivants de la loi du 3 mai 1841.

Le propriétaire exproprié en exécution du présent article a le droit d'obtenir sa réintégration dans sa propriété après le reboisement, à la charge de restituer l'indemnité d'expropriation et le prix des travaux, en principal et intérêts.

Il peut s'exonérer du remboursement du prix des travaux en abandonnant la moitié de sa propriété. (L. R. 9.)

Si le propriétaire veut obtenir sa réintégration, il doit en faire la déclaration à la sous-préfecture, dans les cinq années qui suivront la notification à lui faite de l'achèvement des travaux de reboisement, à peine de déchéance. (L. G. 2, 5; D. R. 13. 17 à 19.)

Civ. — Articles 1659 à 1673 sur la faculté de retrait.

Civ. — Article 1907 et loi du 3 septembre 1807 sur l'intérêt légal.

Civ. — Article 1154 sur les intérêts des intérêts.

Art. 8. — Si les communes ou établissements publics refusent d'exécuter les travaux sur les terrains qui leur appartiennent, ou s'ils sont dans l'impossibilité de les exécuter en tout ou en partie, l'État peut, soit acquérir à l'amiable la partie des terrains qu'ils ne voudront pas ou ne pourront pas reboiser, soit prendre tous les travaux à sa charge. Dans ce dernier cas, il conserve l'administration et la jouissance des terrains reboisés jusqu'au remboursement de ses avances en principal et intérêts. Néanmoins, la commune jouira du droit de pâturage sur les terrains reboisés, dès que ces bois auront été reconnus défensables. (L. G. 2; D. R. 4, 20, 23.)

Avis du Conseil d'État du 18 mars 1862. — L'administration forestière ne peut régulièrement imputer sur le fonds spécial créé par la loi du reboisement le prix d'acquisition amiable de terrains communaux avant que la déclaration d'utilité publique soit intervenue.

Art. 9. — Les communes et établissements publics peuvent, dans tous les cas, s'exonérer de toute répétition de l'État, en abandonnant la propriété de la moitié des terrains reboisés. (L. R. 7.)

Cet abandon doit être fait, à peine de déchéance, dans un délai de dix ans, à partir de la notification de l'achèvement des travaux. (L. G. 3; D. R. 30 s.)

Art. 10. — Les ensemencements ou plantations ne peuvent être faits annuellement, dans chaque commune, que sur le vingtième au plus en superficie de ses terrains, à moins qu'une délibération du Conseil municipal n'autorise les travaux sur une étendue plus considérable. (L. G. 4; D. R. 9.)

Art. 11. — Des gardes forestiers de l'État peuvent être préposés à la surveillance des semis et plantations dans les périmètres fixés par les décrets impériaux. Les délits constatés par ces gardes, dans l'étendue de ces périmètres, sont poursuivis comme délits commis dans les bois soumis au régime forestier. L'exécution des jugements est poursuivie conformément aux articles 209, 211, 212 et aux §§ 1 et 2 de l'article 210 du Code forestier. (F. 159; L. G. 2.)

Art. 12. — Le § 1er de l'article 224 du Code forestier n'est pas applicable aux reboisements effectués avec subvention ou prime accordée par l'État en exécution de la présente loi.

Les propriétaires de terrains reboisés avec prime ou subvention de l'État ne peuvent y faire paître leurs bestiaux sans une autorisation spéciale de l'administration des forêts, jusqu'à l'époque où les bois auront été reconnus défensables par ladite administration. (F. 199.)

Art. 13. — Un règlement d'administration publique déterminera :

1° Les mesures à prendre pour la fixation du périmètre indiqué dans l'article 5 de la présente loi;

2° Les règles à observer pour l'exécution et la conservation des travaux de reboisement; (D. R. 13 s.)

3° Le mode de constatation des avances faites par l'État, les mesures propres à en assurer le remboursement, en principal et intérêts, et les règles à suivre pour l'abandon des terrains que l'article 9 autorise les communes à faire à l'État. (L. G. 6; D. R. 24 s.)

Art. 14. — Une somme de 10 millions est affectée au paiement des dépenses autorisées par la présente loi, jusqu'à concurrence d'un million par année.

Le ministre des finances est autorisé à aliéner, avec faculté de défrichement, s'il y a lieu, des bois de l'État, jusqu'à concurrence de cinq millions de francs.

Ces bois ne pourront être pris que parmi ceux portés au tableau B annexé à la présente loi. Les aliénations auront lieu successivement, dans un délai qui ne pourra excéder dix années, à partir du 1er janvier 1861.

Le ministre des finances est également autorisé à vendre à des communes, sur estimation contradictoire et aux conditions déterminées par un règlement d'administration publique, les bois ci-dessus mentionnés.

Il sera pourvu aux cinq millions de francs nécessaires pour compléter les dépenses autorisées par la présente loi, au moyen de coupes extraordinaires et, au besoin, des ressources ordinaires du budget. (L. G. 7.)

Décret du 10 aout 1861, réglant les formes de l'acquisition par les communes des bois à aliéner en vertu de cet article. (Circ. n° 810.)

LOI DU 8 JUIN 1864

sur le Gazonnement des Montagnes.

Art. 1er. — Les terrains situés en montagne et dont la consolidation est, aux termes de la loi du 28 juillet 1860, reconnue nécessaire par suite de l'état du sol et des dangers qui en résultent pour les terrains inférieurs, peuvent être, suivant les besoins de l'intérêt public : — ou gazonnés sur toute leur étendue, — ou en partie gazonnés et en partie reboisés, — ou reboisés en totalité. (L. R. 4.)

Art. 2. — Sont applicables aux travaux de gazonnement, en ce qu'ils n'ont pas de contraire à la présente loi, les articles 1 à 8 et l'article 11 de la loi du 28 juillet 1860, sur le reboisement des montagnes. (D. R. 10, 12, 20, 23.)

Toutefois, à l'égard des terrains compris dans des périmètres de reboisement obligatoire antérieurement à la promulgation de la présente loi, l'admiministration des forêts est autorisée, après avis conforme du Conseil municipal des communes intéressées, à substituer des travaux de gazonnement aux travaux de reboisement, dans la mesure qu'elle jugera convenable.

Les communes, les établissements publics et les particuliers peuvent provoquer cette substitution. En cas de refus de la part de l'administration des forêts, il sera statué par le préfet, en conseil de préfecture, après l'accomplissement des formalités ordonnées par les n°s 3 et 4 du 2e paragraphe de l'article 5 de la loi du 28 juillet 1860.

La décision du préfet peut être déférée au ministre des finances, qui statuera après avoir pris l'avis de la section des finances du Conseil d'État. (D. R. 23.)

Art. 3. — Les communes et les établissements publics peuvent, dans tous les cas, s'exonérer de toute répétition de l'État, en abandonnant la jouissance de moitié au plus des terrains gazonnés, pendant tout le temps nécessaire pour couvrir l'État, en principal et en intérêts, des avances qu'il aura faites pour travaux utiles, ou, à leur choix, par l'abandon de la propriété d'une partie de ces terrains, laquelle ne pourra jamais en excéder le quart; le tout à dire d'experts. (L. R. 9; D. R. 30 s.)

Art. 4. — Les travaux et mises en défends ne

peuvent avoir lieu simultanément, dans chaque commune, que sur le tiers au plus, en superficie, des terrains à gazonner qui lui appartiennent, à moins qu'une délibération du Conseil municipal n'autorise les travaux sur une étendue plus considérable. (L. R. 10; D. R. 9.)

Art. 5. — Le propriétaire exproprié en exécution de la présente loi a le droit d'obtenir sa réintégration dans sa propriété, après le gazonnement, à la charge de restituer l'indemnité d'expropriation et le prix des travaux en principal et intérêts. Il peut s'exonérer du remboursement du prix des travaux en abandonnant le quart de sa propriété. (L. R. 7; D. R. 13 à 19.)

Art. 6. — Un règlement d'administration publique déterminera :

1° Les mesures à prendre pour la désignation des terrains indiqués dans l'article 1er de la présente loi; (D. R. 6 s.).

2° Les règles à observer pour l'exécution et la conservation des travaux de gazonnement; (D. R. 13 s.)

3° Le mode de constatation des avances faites par l'État, les mesures propres à en assurer le remboursement, en principal et intérêts, et les règles à suivre pour la cession ou l'abandon de jouissance ou de propriété de terrains qui pourront être faits à l'État; (L. R. 13; D. R. 24 s.)

4° Le mode de fixation et d'allocation des indemnités qui, suivant les circonstances, pourront être allouées aux communes en cas de privation temporaire du pâturage sur les terrains communaux qui seront l'objet de travaux de reboisement ou de gazonnement. (D. R. 34, 35 s.)

Art. 7. — Une somme de 5 millions est affectée au paiement des dépenses autorisées par la présente loi, jusqu'à concurrence de 500,000 francs par année.

Il y sera pourvu au moyen de coupes extraordinaires dans les bois de l'État et, au besoin, à l'aide des ressources ordinaires du budget. (L. R. 14.)

DÉCRET DU 10 NOVEMBRE 1864

portant réglement d'Administration publique pour l'exécution des deux Lois du 28 juillet 1860 et du 8 juin 1864, sur le Reboisement et le Gazonnement des Montagnes.

NAPOLÉON, etc. ; — Sur le rapport de notre ministre secrétaire d'État au département des finances ; — Vu la loi du 28 juillet 1860, sur le reboisement des montagnes, notamment l'article 13 de ladite loi ; — Vu la loi du 8 juin 1864, qui complète, en ce qui concerne le gazonnement, la loi sur le reboisement des montagnes, notamment l'article 6 de cette loi ; — Vu le Code forestier et l'ordonnance réglementaire de ce Code, en date du 1er août 1827 ; — Vu la loi du 18 juillet 1837, sur l'administration municipale ; — Vu le décret du 25 mars 1852, sur la décentralisation administrative ; — Notre Conseil d'État entendu, — Avons décrété et décrétons ce qui suit :

TITRE PREMIER.

REBOISEMENTS ET GAZONNEMENTS FACULTATIFS.

Art. 1er. — Les propriétaires de terrains situés sur le sommet ou la pente des montagnes, qui désirent prendre part aux subventions à accorder par l'État, aux termes des articles 1 et 2 de la loi du 28 juillet 1860 et du § 1er de l'article 2 de la loi du 8 juin 1864, doivent en adresser la demande au conservateur des forêts.

S'il s'agit d'une commune ou d'un établissement public, la demande doit être adressée au préfet, qui la transmet au conservateur avec son avis motivé.

Art. 2. — Les terrains appartenant aux communes ou établissements publics, sur lesquels des travaux de reboisement ou de gazonnement sont entrepris à l'aide de subventions allouées par l'État, sont de plein droit soumis, savoir : les parties reboisées, au régime forestier, et les parties gazonnées, à la réglementation du pâturage prescrite par l'article 21 du présent décret. (F. 1, 67 s. ; O. 117 s. ; L. R. 11 ; L. G. 2.)

Ces travaux, ainsi que ceux de conservation et d'entretien, sont exécutés sous le contrôle et la surveillance des agents forestiers.

Art. 3. — Si les terrains appartiennent à plusieurs communes, et que le succès des reboisements ou des gazonnements exige des travaux d'ensemble, il est créé, conformément aux articles 70, 71 et 72 de la loi du 18 juillet 1837, une Commission syndicale à l'effet de poursuivre l'exécution des travaux. (D. R. 23.)

En cas soit d'inexécution des travaux, soit de mauvaise exécution constatée par les agents forestiers, ou faute par les communes et par les établissements publics de se conformer aux décisions portant réglementation du parcours, le préfet prend un arrêté qui ordonne la restitution à l'État des subventions qui auraient été allouées.

Art. 4. — Les primes en argent obtenues par des particuliers sont payées après l'exécution des travaux, sur le vu d'un procès-verbal de réception des travaux, dressé par l'agent forestier local, dans la forme des procès-verbaux de réception définitive des travaux d'amélioration dans les forêts domaniales, et sur les avis de l'inspecteur et du conservateur.

Les subventions en graines ou plants, délivrées aux particuliers avant l'exécution des travaux, sont estimées en argent. L'estimation est notifiée au propriétaire et acceptée par lui. Le montant peut en être répété par l'État, en cas d'inexécution des travaux, de détournement d'une partie des graines ou plants et de mauvaise exécution constatée. (L. R. 8; L. G. 5; Loi du 28 pluviôse an VIII, art. 4.)

Art. 5. — Il est statué par notre ministre des finances sur l'allocation des subventions dépassant une valeur de 500 francs, et par le directeur général des forêts sur l'allocation de celles d'une valeur de 500 francs et au-dessous. (O. 7, 8.)

TITRE II.

REBOISEMENTS ET GAZONNEMENTS OBLIGATOIRES. — FIXATION DU PÉRIMÈTRE DES TERRAINS DANS LESQUELS IL EST NÉCESSAIRE D'EXÉCUTER LE REBOISEMENT OU LE REGAZONNEMENT.

Art. 6. — Lorsque l'administration des forêts estime qu'il y a lieu de procéder à la fixation du périmètre des terrains dans lesquels il est nécessaire d'exécuter des travaux de reboisement ou de gazonnement, le directeur général des forêts fait connaître au préfet les agents forestiers désignés pour préparer le procès-verbal de reconnaissance des terrains, le plan des lieux et l'avant-projet des travaux.

Le préfet désigne l'ingénieur des ponts et chaussées ou des mines chargé de concourir à l'opération.

Art. 7. — Le procès-verbal de reconnaissance est accompagné d'un mémoire descriptif indiquant le but de l'entreprise et les avantages que l'on doit en attendre.

Le plan des lieux est dressé d'après le cadastre. Il indique, pour chaque parcelle, le numéro de la matrice cadastrale, la contenance, le nom du propriétaire, et, s'il s'agit d'une commune ou d'un établissement public, la contenance totale des terrains appartenant à la commune ou à l'établissement.

Le périmètre est tracé à l'aide d'un liséré continu de couleur uniforme. Les terrains à regazonner et les terrains à reboiser sont représentés par des teintes plates, de couleur différente pour chacune de ces deux catégories.

L'avant-projet des travaux indique les terrains destinés à être reboisés et ceux destinés à être regazonnés.

Il fixe les délais dans lesquels les travaux doivent être effectués, et contient :

1° L'évaluation approximative de la dépense et un projet de répartition de cette dépense entre les divers propriétaires ;

2° L'indication de la subvention qui pourra être offerte à chaque propriétaire ;

3° L'estimation du revenu actuel de chaque parcelle et sa valeur en fonds et superficie ;

4° L'indication, s'il y a lieu, de l'indemnité qui pourra être allouée à chaque commune en cas de privation temporaire du pâturage sur les terrains appartenant à cette commune compris dans le périmètre ;

5° Et tous autres renseignements statistiques qu'il pourra être utile de connaître.

Art. 8. — Les pièces énoncées en l'article précédent sont adressées par l'administration des forêts au préfet, qui procède, dans chaque commune, à l'ouverture de l'enquête prescrite par l'article 5 de la loi du 28 juillet 1860 et le § 1er de l'article 2 de la loi du 8 juin 1864.

Le projet reste déposé à la mairie pendant un mois ; à l'expiration de ce délai, un commissaire désigné par le préfet reçoit à la mairie, pendant trois jours consécutifs, les déclarations des habitants sur l'utilité publique des travaux projetés.

Ce délai court à partir de l'avertissement donné par voie de publications et d'affiches.

Il est justifié de l'accomplissement de cette formalité, ainsi que de la publication de l'arrêté du préfet qui prescrit l'ouverture de l'enquête, par un certificat du maire.

Après avoir clos et signé le registre des déclarations,

le commissaire le transmet immédiatement au préfet, avec son avis motivé et les autres pièces de l'instruction qui ont servi de base à l'enquête.

Circ. min. int. 20 août 1825 (Bull. off. V, p. 412) : indique le détail des formalités relatives aux enquêtes administratives de *commodo* et *incommodo*.

Art. 9. — Le Conseil municipal de chaque commune intéressée, convoqué à cet effet par arrêté préfectoral, examine les pièces de l'enquête, et, dans le délai d'un mois, émet son avis par une délibération prise avec l'adjonction des plus imposés, en nombre égal à celui des conseillers municipaux en exercice. Cette délibération fait connaître, s'il y a lieu, si le Conseil municipal autorise les travaux de reboisement sur une étendue plus considérable que celle déterminée par l'article 10 de la loi du 28 juillet 1860, et les travaux de gazonnement et mises en défends sur une étendue plus considérable que celle fixée par l'article 4 de la loi du 8 juin 1864.

Le procès-verbal de cette délibération est joint aux pièces de l'enquête.

Art. 10. — La Commission instituée par le § 2 de l'article 5 de la loi du 28 juillet 1860 et le § 1er de l'article 2 de la loi du 8 juin 1864 est formée par le préfet dans chacun des départements que la ligne des travaux doit traverser.

Cette Commission se réunit au lieu indiqué par l'arrêté préfectoral et dans la quinzaine de la date de cet arrêté. Elle examine les pièces de l'instruction, les déclarations consignées au registre de l'enquête ; et, après avoir recueilli auprès de toutes les personnes qu'elle juge utile de consulter les renseignements dont elle croit avoir besoin, elle donne son avis motivé, tant sur l'utilité de l'entreprise que sur les diverses questions qui auraient été posées par l'administration.

Ces diverses opérations, dont il est dressé procès-verbal, doivent être terminées dans un nouveau délai d'un mois.

Art. 11. — Le préfet, après avoir pris l'avis du Conseil d'arrondissement et du Conseil général, adresse toutes les pièces de l'instruction, avec son avis motivé, à notre ministre des finances, qui, après avoir consulté préalablement notre ministre de l'agriculture, du commerce et des travaux publics, et notre ministre de l'intérieur, s'il y a lieu, nous soumet son rapport.

Il est ensuite statué par nous sur la question d'utilité publique des travaux, notre Conseil d'État entendu.

Art. 12. — Ampliation du décret qui déclare l'utilité publique des travaux est transmise par le directeur général des forêts au préfet, qui reste chargé de l'accomplissement des formalités prescrites par l'article 6 de la loi du 28 juillet 1860 et le § 1er de l'article 2 de la loi du 8 juin 1864.

En même temps, l'administration des forêts fait connaitre au préfet, pour chaque parcelle cadastrale, les travaux à effectuer, les conditions et délais fixés pour leur exécution, les offres de subvention de l'administration ou les avances qu'elle est disposée à consentir, et enfin, s'il y a lieu, les indemnités allouées pour privation temporaire de pâturage.

TITRE III.

DE L'EXÉCUTION ET DE LA CONSERVATION DES TRAVAUX.

CHAPITRE PREMIER.

TERRAINS COMPRIS DANS LES PÉRIMÈTRES DÉTERMINÉS PAR LES DÉCRETS DÉCLARATIFS DE L'UTILITÉ PUBLIQUE ET APPARTENANT A DES PARTICULIERS.

Art. 13. — Dans le délai d'un mois, à compter de la notification qui lui est faite du décret déclaratif de l'utilité publique, le particulier propriétaire de terrains compris dans le périmètre déclare s'il entend effectuer lui-même les travaux ou en abandonner l'exécution à l'administration forestière.

Cette déclaration est faite en double minute et remise à la sous-préfecture de la situation des lieux, où il en est tenu registre.

Ces minutes sont visées par le sous-préfet, qui rend l'une au déclarant et transmet l'autre immédiatement au préfet.

Si le particulier veut exécuter lui-même les travaux, sa déclaration contient, en outre, la justification des moyens d'exécution.

Art. 14. — A défaut de déclaration dans le délai ci-dessus, le particulier est réputé avoir refusé de prendre les travaux à sa charge.

Art. 15. — Les travaux effectués par le particulier, avec ou sans subvention, sont soumis à la surveillance de l'administration des forêts. (L. R. 6.)

DÉCIS. 3 MARS 1862. Les préposés attachés au service du reboisement reçoivent une indemnité annuelle de cent francs pour tenir lieu du droit de chauffage attribué aux préposés du service ordinaire.

Art. 16. — L'administration des forêts procède à l'exécution des travaux à effectuer sur les terrains des propriétaires expropriés.

L'achèvement des travaux est notifié par l'administration des forêts au propriétaire exproprié ; cette notification contient en outre :

1° Le compte détaillé, en principal et intérêts, du montant des travaux exécutés depuis l'époque de l'expropriation ;

2° L'évaluation de la dépense annuelle présumée nécessaire pour leur conservation et leur entretien.

Art. 17. — Lorsqu'en exécution des articles 7 de la loi du 28 juillet 1860 et 5 de la loi du 8 juin 1864, le propriétaire exproprié veut user du droit d'obtenir sa réintégration, il en fait la déclaration à la sous-préfecture dans les cinq ans qui suivent la notification à lui faite, aux termes de l'article précédent, et fait connaître, par cet acte, s'il entend obtenir sa réintégration en remboursant l'État de ses avances ou en lui abandonnant la moitié de sa propriété, s'il s'agit de reboisement, ou le quart, s'il s'agit de gazonnement.

Il est tenu registre de ces déclarations et il en est donné acte.

Art. 18. — Si le propriétaire opte pour le remboursement des avances faites par l'État, il produit, à l'appui de ses déclarations, les justifications nécessaires pour établir qu'il est en mesure de rembourser l'indemnité d'expropriation et le prix des travaux, tant de premier établissement que d'entretien, en principal et intérêts.

La déclaration et les justifications à l'appui sont adressées, dans le délai d'un mois, à notre ministre des finances, qui statue et détermine les formes et les délais dans lesquels le propriétaire sera réintégré.

Arrêté du 18 ventôse an XIII. —Art. 1. Le ministre des finances, comme spécialement chargé de l'administration du trésor public, est autorisé à prendre tous arrêtés nécessaires et exécutoires par provision, contre les comptables, entrepreneurs, fournisseurs, soumissionnaires, et agents quelconques en débit, dans les cas et aux termes prévus par les lois des 12 vendémiaire et 13 frimaire derniers; le tout ainsi que les ci-devant commissaires de la trésorerie nationale y étaient autorisés par les dites lois.

Avis du Conseil d'État du 28 ventôse an XII: reconnait que le ministre des finances est investi par les lois du 12 vendémiaire et 13 frimaire an VIII de prendre des arrêtés exécutoires contre tout rétentionnaire de deniers publics.

Art. 19. — Si le propriétaire offre d'abandonner la moitié ou le quart de sa propriété, selon que les terrains ont été reboisés ou regazonnés, il est procédé, par un agent forestier et par le propriétaire ou son délégué, à la division du terrain, savoir: s'il a été reboisé, en deux lots d'égale valeur, et s'il a été gazonné, en deux lots équivalant, l'un aux trois quarts et l'autre au quart de la valeur totale.

En cas de contestation sur la formation des lots, il est procédé par un tiers expert, nommé par le président du tribunal.

Si une partie des travaux a été exécutée par le propriétaire, il lui en est tenu compte dans le partage par une déduction proportionnelle sur le lot échu à l'État.

Pour les terrains reboisés, l'attribution des lots a lieu par voie de tirage au sort, si les parties n'ont pu s'entendre à l'amiable.

CHAPITRE II.

TERRAINS COMPRIS DANS LES PÉRIMÈTRES DÉTERMINÉS PAR LES DÉCRETS DÉCLARATIFS DE L'UTILITÉ PUBLIQUE ET APPARTENANT A DES COMMUNES OU A DES ÉTABLISSEMENTS PUBLICS.

SECTION PREMIÈRE.

Exécution des travaux à effectuer sur les terrains des communes ou établissements publics.

Art. 20. — Dans le délai d'un mois, à compter du décret déclaratif de l'utilité publique, les communes et établissements publics propriétaires de terrains compris dans les périmètres font connaître aux préfets, par une délibération motivée, si leur intention est :

D'exécuter, avec leurs propres ressources, tout ou partie des travaux aux conditions prescrites,

Ou de laisser à l'État le soin de se charger des travaux à ses frais, sauf remboursement,

Ou, enfin, de céder à l'amiable à l'État tout ou partie de leurs terrains compris dans le périmètre.

Faute par les communes ou les établissements publics d'avoir fait connaître leurs intentions dans le délai susénoncé, l'État prend les travaux à sa charge, conformément aux dispositions de l'article 8 de la loi du 28 juillet 1860 et du § 1er de l'article 2 de la loi du 8 juin 1864.

Art. 21. — Les terrains reboisés ou à reboiser appartenant aux communes ou aux établissements publics compris dans les périmètres fixés par les décrets déclaratifs de l'utilité publique sont de plein droit soumis au régime forestier. (F. 1, 90.)

Les terrains gazonnés ou à gazonner compris dans les

mêmes périmètres tombent sous l'application de celles des dispositions de la huitième section du titre III du Code forestier et de la neuvième section du titre II de l'ordonnance du 1er août 1827 qui sont relatives à la réglementation des pâturages. (F. 67 s.; O. 117 s.; D. R. 2.)

Art. 22. — Lorsque la commune ou l'établissement public aura fait connaître son intention d'exécuter les travaux, le Conseil municipal ou la Commission administrative allouera, chaque année, les fonds jugés nécessaires tant pour l'exécution des travaux neufs que pour l'entretien des travaux effectués.

Art. 23. — L'exécution des travaux a lieu sous la surveillance des agents forestiers.

En cas d'inexécution ou de mauvaise exécution constatée par le conservateur, une décision de notre ministre des finances ordonne, s'il y a lieu, que l'État prendra les travaux à sa charge, aux termes de l'article 8 de la loi du 28 juillet 1860 et du § 1er de l'article 2 de la loi du 8 juin 1864.

Lorsque les terrains appartiennent à plusieurs communes et que le succès des reboisements ou des gazonnements exige des travaux d'ensemble, il est créé, si tous les Conseils municipaux déclarent se charger de l'opération, une Commission syndicale à l'effet de poursuivre l'exécution de ces travaux, conformément aux articles 70, 71 et 72 de la loi du 18 juillet 1837. (D. R. 3, 25.)

SECTION II.

Constatation des avances faites par l'État aux communes et aux établissements publics, et mesures propres à en assurer le remboursement.

Art. 24. — Lorsque les communes ou établissements publics déclarent laisser les travaux à la charge de l'État, l'administration des forêts les fait exécuter, en suivant les formes usitées en matière de travaux d'amélioration dans les forêts domaniales.

Les états des dépenses sont dressés conformément aux règles de la comptabilité de l'administration des forêts.

Il en est de même des états annuels des dépenses d'entretien.

Art. 25. — Si les travaux intéressent plusieurs communes, la répartition de la dépense est faite dans la forme réglée par l'article 72 de la loi du 18 juillet 1837. (D. R. 3, 23.)

Chaque année, il est délivré à chacune des parties intéressées un état des dépenses faites pour son compte par l'administration.

Après l'achèvement des travaux, le compte général de la dépense est arrêté par le ministre des finances ; il en est délivré copie aux parties intéressées.

Les sommes principales formant le montant de ce compte portent de plein droit intérêt simple à 5 %, à partir de l'achèvement des travaux.

Art. 26. — Les travaux effectués par l'État sont entretenus par les soins de l'administration des forêts.

Les avances de l'État pour cet objet, arrêtées chaque année par notre ministre des finances, portent également de plein droit, intérêt simple à 5 % par an.

Copie de ce compte est délivré aux parties intéressées avec l'état des dépenses antérieures.

Art. 27. — Les demandes en révision ou rectification des comptes annuels des dépenses d'établissement ou d'entretien des travaux doivent, à peine de déchéance, être portées devant les Conseils de préfecture dans le délai de six mois, à partir de la notification desdits comptes. (L. 28 pluv. an VIII.)

Passé ce délai, ces comptes deviennent définitifs.

Art. 28. — Le compte des produits et celui des dépenses sont faits et arrêtés chaque année par le ministre des finances; copie en est notifiée aux parties intéressées.

Dans les six mois de cette notification, les parties intéressées peuvent, comme pour le compte des travaux, exercer le recours indiqué dans l'article précédent.

La valeur de ces produits est imputée sur les intérêts dus à l'État, et subsidiairement sur les dépenses principales faites tant pour travaux de premier établissement que pour travaux d'entretien.

Art. 29. — Lorsque l'État est entièrement remboursé de ses avances au moyen, soit des produits qu'il a perçus, soit des paiements faits par les parties intéressées, celles-ci sont immédiatement remises en possession des terrains administrés pour elles par l'État, sous les réserves résultant de la soumission au régime forestier, en ce qui concerne les parties reboisées, et de l'application des dispositions rappelées dans l'article 21 du présent règlement, en ce qui touche les parties gazonnées. (D. R. 2, 21.)

Si les communes et les établissements publics déclarent vouloir rembourser à l'État le montant de ses avances, ils doivent justifier de leurs ressources et faire à l'État telles délégations que de droit.

SECTION III.

Règles à suivre pour l'abandon de jouissance ou de propriété de terrains que les art. 9 de la loi du 28 juillet 1860 et 3 de la loi du 8 juin 1864 autorisent les communes et les établissements publics à faire à l'État.

Art. 30. — Si la commune ou l'établissement public veut s'exonérer de toute répétition de l'État, en abandonnant, soit la propriété de la moitié des terrains reboisés, soit la jouissance de moitié au plus, ou la propriété du quart au plus des terrains gazonnés, le Conseil municipal ou la Commission administrative prend une délibération motivée, qui est notifiée au préfet.

Art. 31. — En ce qui concerne les terrains reboisés, il est procédé par un expert nommé par le préfet, et un agent forestier désigné par l'administration des forêts, à la division en deux lots d'égale valeur.

L'attribution des lots a lieu par voie de tirage au sort, si les parties intéressées n'ont pu s'entendre à l'amiable à ce sujet. Il est procédé à cette opération devant le sous-préfet de l'arrondissement.

Si une partie des travaux a été exécutée par la commune ou l'établissement public, il lui en est tenu compte dans le partage par une réduction proportionnelle sur le lot échu à l'État.

Art. 32. — En ce qui concerne les terrains gazonnés, il est procédé, par un expert nommé par le préfet, et un agent désigné par l'administration des forêts, à l'évaluation des travaux utiles effectués par l'État, ainsi qu'à la détermination des portions de terrains à lui abandonner en jouissance ou en propriété.

En cas de contestation, il est procédé par un expert nommé par le président du tribunal.

Art. 33. — Il est tenu, par les soins de l'administration des forêts, un compte annuel, par commune, du produit des terrains dont la jouissance aura été abandonnée à l'État.

Les dispositions de la section 2e, chapitre 2, titre III, du présent règlement, sont applicables à ce compte.

SECTION IV.

Mode de fixation et d'allocation des indemnités qui pourront être accordées aux communes, en cas de privation temporaire du pâturage sur les terrains communaux qui seront l'objet de travaux de reboisement ou de gazonnement.

Art. 34. — Les indemnités en cas de privation temporaire du pâturage sur les terrains communaux qui seront l'objet de travaux de reboisement ou de gazonnement sont accordées en ayant égard aux ressources et aux sacrifices des communes, aux besoins des habitants nécessiteux, ainsi qu'aux sommes allouées par les Conseils généraux pour le reboisement ou le gazonnement. (L. G. 6, § 4.)

Il est tenu compte de l'engagement que peuvent prendre les communes de supprimer, en tout ou en partie, le pâturage des chèvres.

Art. 35. — Ces indemnités sont fixées par les décrets déclaratifs de l'utilité publique.

Elles courent à dater du jour de la suppression du pâturage, et sont versées dans la caisse communale à l'expiration de chaque année.

Elles figurent parmi les recettes extraordinaires, à titre de recette accidentelle, et l'emploi en est réglé par le Conseil municipal, dans la forme des dépenses facultatives.

LOI DU 24 JUILLET 1867. — Art. 2. Lorsque le budget communal pourvoit à toutes les dépenses obligatoires et qu'il n'applique aucune recette extraordinaire aux dépenses soit obligatoires soit facultatives, les allocations portées au dit budget par le conseil municipal pour des dépenses facultatives ne peuvent être ni changées ni modifiées par l'arrêté du préfet ou par le décret qui règle le budget.

CHAPITRE III.

DISPOSITIONS GÉNÉRALES.

Art. 36. — Avant de commencer les travaux dans l'étendue des périmètres fixés par les décrets impériaux, il est procédé, aux frais de l'État, à la délimitation et, au besoin, au bornage desdits périmètres.

LOI DU 22 DÉCEMBRE 1789 — 3 JANVIER 1790. Sect. III, art. 2, sur les mesures administratives relatives à la conservation des propriétés publiques. (Voir F. art. 13.)

Art. 37. — Est rapporté notre décret du 27 avril 1861, portant règlement d'administration publique pour l'exécution de la loi du 28 juillet 1860, sur le reboisement des montagnes.

Art. 38. — Nos ministres secrétaires d'État au département des finances, au département de l'intérieur et au département de l'agriculture, du commerce et des travaux publics, sont chargés, chacun en ce qui le concerne, de l'exécution du présent décret.

DÉCRET DU 4 THERMIDOR AN XIII

(23 juillet 1805)

relatif aux Torrents du Département des Hautes-Alpes.

Art. 1er. — Dans les communes du département des Hautes-Alpes qui se trouvent exposées aux irruptions et débordements des rivières ou torrents, les maires, après avoir fait délibérer les Conseils municipaux, se pourvoiront en la forme ordinaire par devant le préfet du département, pour être autorisés à faire les réparations nécessaires. En cas d'urgence, ils pourront convoquer les Conseils municipaux pour cet objet, sous une permission particulière.

Art. 2. — Le préfet commettra un ingénieur des ponts et chaussées pour reconnaître les endroits exposés, lever le plan des lieux et proposer les projets et devis, qui seront communiqués aux Conseils municipaux et, d'après leurs observations, le préfet prononcera l'autorisation, s'il y a lieu.

Art. 3. — Si les ouvrages à exécuter n'intéressent que des particuliers, le préfet nommera une Commission de cinq individus parmi les principaux propriétaires intéressés, lesquels choisiront entre eux un syndic et délibéreront sur l'utilité ou les inconvénients des travaux demandés.

Art. 4. — Le préfet commettra ensuite un ingénieur pour dresser les projets et devis qui seront communiqués à la Commission, ainsi qu'il est prescrit pour les Conseils municipaux dans l'article 2.

Art. 5. — Dans les cas où les ouvrages à faire intéresseraient plusieurs communes qui n'agiraient pas de concert, la demande du Conseil municipal de la commune poursuivante sera communiquée aux Conseils municipaux des autres communes, et il sera ensuite procédé par le préfet, à l'égard de toutes les communes, conformément à l'article 2.

Art. 6. — Lorsque la négligence, soit d'un ou de plusieurs particuliers, soit d'une ou de plusieurs communes, à faire des digues, curages et ouvrages d'art le long d'un torrent ou d'une rivière non navigable, exposera le territoire aboutissant d'une manière préjudiciable au bien public, le préfet, sur les plaintes qui lui seront portées, ordonnera le rapport d'un ingénieur des ponts et chaussées. Ce rapport sera communiqué aux parties intéressées pour donner leurs réponses par écrit dans le délai de huit jours, et le Conseil de préfecture statuera sur les contestations qui pourraient en résulter.

Art. 7. — Si une digue intéresse une commune en général et que quelques particuliers s'opposent à sa construction, le Conseil municipal sera consulté, et les oppositions seront soumises au Conseil de préfecture.

Art. 8. — Dans tous les cas ci-dessus énoncés et lorsque les délais seront expirés, si tous les intéressés ont donné leur consentement ou qu'il n'y ait pas eu de réclamations, l'adjudication des ouvrages, tels qu'ils auront été déterminés et arrêtés, sera faite dans les formes ordinaires devant tel fonctionnaire que le préfet aura commis, et en présence des intéressés ou ceux-ci dûment appelés par des affiches et publications ordinaires.

Art. 9. — Le montant de l'adjudication sera reparti entre les intéressés à raison du degré d'intérêt de leurs propriétés, par un rôle que le préfet rendra exécutoire, suivant la loi du 14 floréal an XI, et le Conseil de préfecture statuera sur les réclamations relatives à cette répartition.

Art. 10. — Les adjudicataires seront payés du montant de leur adjudication en vertu des ordonnances expédiées par le préfet sur le certificat de réception des travaux, délivré par l'ingénieur chargé de la conduite des ouvrages. Les débiteurs seront contraints au paiement dans la forme prescrite par la loi du 14 floréal an XI.

Art. 11. — Nul propriétaire ne pourra être taxé, pour ses contributions aux travaux dans le cours d'une année, au delà du quart de son revenu net, distinction faite de toutes les autres impositions.

DÉCRET DU 16 SEPTEMBRE 1806, rend le décret du 4 thermidor an XIII applicable aux départements des Basses-Alpes et de la Drôme.

LOI DU 28 JUILLET-4 AOUT 1860

relative à la Mise en valeur des Marais et des Terres incultes appartenant aux Communes.

1. Seront desséchés, assainis, rendus propres à la culture ou plantés en bois, les marais et les terres incultes appartenant aux communes et sections de communes dont la mise en valeur aura été reconnue utile.

2. Lorsque le préfet estime qu'il y a lieu d'appliquer aux marais ou terres incultes d'une commune

les dispositions de l'article 1er, il invite le Conseil municipal à délibérer :

1° Sur la partie des biens à laisser à l'état de jouissance commune;

2° Sur le mode de mise en valeur du surplus;

3° Sur la question de savoir si la commune entend pourvoir par elle même à cette mise en valeur.

S'il s'agit de biens appartenant à une section de commune, une Commission syndicale, nommée conformément à l'article 3 de la loi du 18 juillet 1837, est préalablement consultée.

3. En cas de refus ou d'abstention par le Conseil municipal comme en cas d'inexécution de la délibération par lui prise, un décret impérial rendu en Conseil d'État, après avis du Conseil général, déclare l'utilité des travaux et en règle le mode d'exécution. Ce décret est précédé d'une enquête et d'une délibération du Conseil municipal, prise avec l'adjonction des plus imposés.

4. Les travaux sont exécutés aux frais de la commune ou des sections propriétaires.

Si les sommes nécessaires à ces dépenses ne sont pas fournies par les communes, elles sont avancées par l'État, qui se rembourse de ses avances, en principal et intérêts, au moyen de la vente publique d'une partie des terrains améliorés, opérée par lots, s'il y a lieu.

5. Les communes peuvent s'exonérer de toute répétition de la part de l'État en faisant l'abandon de la moitié du terrain mis en valeur.

Cet abandon est fait, sous peine de déchéance, dans l'année qui suit l'achèvement des travaux.

Dans le cas d'abandon, l'État vend les terrains à lui délaissés, dans la forme déterminée par l'article précédent.

6. Le découvert provenant des avances faites par l'État pour l'exécution des travaux prescrits par la présente loi ne pourra dépasser en principal la somme de dix millions.

7. Dans le cas prévu par l'article 3 ci-dessus, l'État peut ordonner que les marais et autres terrains communaux soient affermés.

Cette location sera faite aux enchères, à la charge par l'adjudicataire d'opérer la mise en valeur des marais ou terrains affermés.

La durée du bail ne peut excéder 27 ans.

8. La loi du 10 juin 1854 relative au libre écoulement des eaux provenant du drainage est applicable aux travaux qui seront exécutés en vertu de la présente loi.

9. Un règlement d'administration publique déterminera :

1° Les règles à observer pour l'exécution et la conservation des travaux ;

2° Le mode de constatation des avances faites par l'État, les mesures propres à assurer le remboursement en principal et intérêts, et les règles à suivre pour l'abandon des terrains que le § 1er de l'article 5 autorise les communes à faire à l'État;

3° Les formalités préalables à la mise en vente des portions de terrains aliénées en vertu des articles qui précèdent;

4° Toutes les autres dispositions nécessaires à l'exécution de la présente loi. (Décr. 6 févr. 1861; D. P. 61, 4, 3, et Circ. n° 37.)

LOI DU 4 AVRIL 1882

relative à la Restauration et à la Conservation des Terrains en Montagnes

(Voir p. 454, Décret réglementaire du 11 juillet 1882.)

Art. 1er. — Il est pourvu à la restauration et à la conservation des terrains en montagnes, soit au moyen de travaux exécutés par l'État ou par les propriétaires, avec subvention de l'État, soit au moyen de mesures de protection, conformément aux dispositions de la présente loi.

TITRE PREMIER.

DE LA RESTAURATION DES TERRAINS EN MONTAGNES.

Art. 2. — L'utilité publique des travaux de restauration rendus nécessaires par la dégradation du sol, et des dangers nés et actuels, ne peut être déclarée que par une loi.

La loi fixe le périmètre des terrains sur lesquels ces travaux doivent être exécutés.

Elle est précédée :

1° D'une enquête ouverte dans chacune des communes intéressées ;

2° D'une délibération des conseils municipaux de ces communes ;

3° De l'avis du conseil d'arrondissement et de celui du conseil général ;

4° De l'avis d'une commission spéciale composée : du préfet ou de son délégué, président, avec voix prépondérante ; d'un membre du conseil général et d'un membre du conseil d'arrondissement, autres que ceux du canton où se trouve le périmètre, délégués par leurs conseils respectifs et toujours rééligibles, et dans l'intervalle des sessions par la commission départementale ; de deux délégués de la commune intéressée, désignés dans les mêmes conditions par le conseil municipal ; d'un ingénieur des ponts et chaussées ou des mines, d'un agent forestier, ces deux derniers membres nommés par le préfet.

Le procès-verbal de reconnaissance des terrains, le plan des lieux et l'avant-projet des travaux proposés par l'administration des forêts restent déposés à la mairie pendant l'enquête, dont la durée est fixée à trente jours.

Ce délai court du jour de la signification de l'arrêté préfectoral, qui prescrit l'ouverture de l'enquête et la convocation du conseil municipal.

Art. 3. — La loi est publiée et affichée dans les communes intéressées ; un *duplicata* du plan du périmètre est déposé à la mairie de chacune d'elles.

Le préfet fait, en outre, notifier aux communes, aux

établissements publics et aux particuliers un extrait du projet et du plan contenant les indications relatives aux terrains qui leur appartiennent.

Art. 4. — Dans le périmètre fixé par la loi, les travaux de restauration seront exécutés par les soins de l'administration et aux frais de l'État, qui, à cet effet, devra acquérir, soit à l'amiable, soit par expropriation, les terrains reconnus nécessaires. Dans ce dernier cas, il sera procédé, dans les formes prescrites par la loi du 3 mai 1841, à l'exception de celles qu'indiquent les articles 4, 5, 6, 7, 8, 9 et 10 du titre II. et qui sont remplacées par celles des articles 2 et 3 de la présente loi.

Toutefois les propriétaires, les communes et les établissements publics pourront conserver la propriété de leurs terrains, s'ils parviennent à s'entendre avec l'État, avant le jugement d'expropriation, et s'engagent à faire exécuter dans le délai à eux imparti, avec ou sans indemnité, aux clauses et conditions stipulées entre eux, les travaux de restauration qui leur seront indiqués et à pourvoir à leur entretien sous le contrôle et la surveillance de l'administration forestière.

Ils pourront, à cet effet, constituer des associations syndicales, conformément aux dispositions de la loi du 21 juin 1865.

Art. 5. — Dans les pays de montagnes, en dehors même des périmètres établis, conformément aux dispositions qui précèdent, des subventions continueront à être accordées aux communes, aux associations pastorales, aux fruitières, aux établissements publics et aux particuliers, à raison des travaux entrepris par eux pour l'amélioration, la consolidation du sol et la mise en valeur des pâturages.

Ces subventions consisteront soit en délivrance de graines ou de plants, soit en argent, soit en travaux.

Art. 6. — Le paragraphe 1er de l'article 224 du Code forestier, qui autorise le défrichement des jeunes bois pendant les vingt premières années après leur semis ou plantation, n'est applicable, dans aucun cas, aux reboisements effectués en exécution de la présente loi.

Mais les bois ainsi créés bénéficient sans exception de l'exemption d'impôts établie, pendant trente ans, par l'article 226 du Code forestier.

TITRE II.

CONSERVATION DES TERRAINS EN MONTAGNES.

CHAPITRE PREMIER.

DE LA MISE EN DÉFENS.

Art. 7. — L'administration des forêts pourra requérir la mise en défens des terrains et pâturages en montagnes appartenant aux communes, aux établissements publics et aux particuliers, toutes les fois que l'état de dégradation du sol ne paraîtra pas encore assez avancé pour nécessiter des travaux de restauration.

Cette mise en défens est prononcée par un décret rendu en conseil d'État.

Art. 8. — Ce décret est précédé des enquêtes, délibérations et avis prescrits par le troisième paragraphe de l'article 2 de la présente loi.

Il détermine la nature, la situation et les limites des terrains à interdire. Il fixe, en outre, la durée de la mise en défens, sans qu'elle puisse excéder dix ans, et le délai pendant lequel les parties intéressées pourront procéder au règlement amiable de l'indemnité à accorder aux propriétaires pour privation de jouissance.

En cas de désaccord sur le chiffre de l'indemnité, il sera statué par le conseil de préfecture, après expertise contradictoire, s'il y a lieu, sauf recours au conseil d'État, devant lequel il sera procédé sans frais, dans les mêmes formes et délais qu'en matière de contributions publiques.

Il pourra n'être nommé qu'un seul expert.

Dans le cas où l'État voudrait, à l'expiration du délai de dix ans, maintenir la mise en défens, il sera tenu d'acquérir les terrains à l'amiable ou par voie d'expropriation publique, s'il en est requis par les propriétaires.

Art. 9. — L'indemnité annuelle sera versée à la Caisse municipale.

La somme représentant la perte éprouvée par les communes, à raison de la suspension de l'exercice de leur droit d'amodier les pâturages ou de les soumettre à des taxes locales, sera affectée aux besoins communaux ; et le surplus ou même le tout, s'il y a lieu, sera distribué aux habitants par les soins du conseil municipal.

Art. 10. — Pendant la durée de la mise en défens, l'État pourra exécuter sur les terrains interdits tels travaux accessoires que bon lui semblera pour parvenir plus rapidement à la consolidation du sol, pourvu que ces travaux n'en changent pas la nature, et sans qu'une indemnité quelconque puisse être exigée du propriétaire, à raison des améliorations que ces travaux auraient procurées à sa propriété.

Art. 11. — Les délits commis sur les terrains mis en défens seront constatés et poursuivis comme ceux commis dans les bois soumis au régime forestier. Il sera procédé à l'exécution des jugements conformément aux articles 209, 211, 212 et aux §§ 1er et 2 de l'article 210 du Code forestier.

CHAPITRE II.

DE LA RÉGLEMENTATION DES PATURAGES COMMUNAUX.

Art. 12. — Dans l'année qui suivra la promulgation de la présente loi, et, à l'avenir, avant le 1er janvier de chaque année, les communes, dont les noms seront inscrits au tableau annexé au règlement d'administration publique prévu par l'article 23, devront transmettre au préfet du département un règlement indiquant la nature et les limites des terrains communaux soumis au pacage, les diverses espèces de bestiaux et le nombre des têtes à y introduire, l'époque du commencement et de la fin du pâturage, ainsi que les autres conditions relatives à son exercice.

Art. 13. — Si, à l'expiration du délai fixé par l'article précédent, les communes n'ont pas soumis à l'approbation du préfet le projet de règlement prescrit par le même article, il y sera pourvu d'office par le préfet, après avis d'une commission spéciale, composée du secrétaire général ou du sous-préfet, président, d'un conseiller général et du plus âgé des conseillers d'arrondissement du canton, d'un délégué du conseil municipal de la commune et de l'agent forestier.

Il en sera de même dans le cas où les communes n'auraient pas consenti à modifier le règlement proposé par elles, conformément aux observations de l'administration.

Art. 14. — Les règlements mentionnés à l'article 13 ci-dessus seront rendus exécutoires par le préfet, si, dans le mois qui suivra l'accusé de réception de la délibération du conseil municipal, ils n'ont donné lieu à aucune contestation.

Art. 15. — Les contraventions aux règlements de pâturage intervenus dans les conditions fixées par les articles ci-dessus seront constatées et poursuivies dans les formes prescrites par les articles 137 et suivants du Code d'instruction criminelle, et, au besoin, par tous les officiers de police judiciaire.

Les contrevenants seront passibles des peines portées par les articles 471 du Code pénal et 474 en cas de récidive, modifiées, s'il y a lieu, par l'application de l'article 463.

TITRE III.

DISPOSITIONS TRANSITOIRES.

Art. 16. — Les lois du 28 juillet 1860 et du 8 juin 1864 sont abrogées.

Toutefois, les périmètres décrétés jusqu'à ce jour sont provisoirement maintenus.

Ils seront révisés dans les trois ans, à partir de la promulgation de la présente loi.

Pendant ce délai, l'administration des forêts devra notifier aux propriétaires la liste des parcelles qu'elle se propose d'acquérir, pour en former de nouveaux périmètres.

Les sommes représentant, dans les règlements à intervenir, le prix desdites parcelles, porteront intérêt, au taux légal, au profit des propriétaires, à partir du délai de trois ans ci-dessus mentionné.

Art. 17. — A l'expiration de ce délai, les communes, les établissements publics et les particuliers rentreront dans la pleine propriété et jouissance des parcelles qui ne figureront pas sur cette liste. Ils ne pourront en être dépossédés de nouveau qu'après l'accomplissement des formalités prescrites par la présente loi.

Art. 18. — Dans les cinq ans, à partir de la promulgation de la présente loi, l'administration devra traiter avec les communes, les établissements publics et les particuliers pour l'acquisition des parcelles maintenues dans les périmètres de gazonnement et de reboisement.

Art. 19. — Si les propriétaires des parcelles que l'État se propose d'acquérir n'acceptent pas les prix qui leur seront offerts, il sera procédé ainsi qu'il est prescrit par l'article 4 de la présente loi.

Art. 20. — L'État fait abandon des créances qu'il aurait à faire valoir contre les communes et les établissements publics, en vertu des lois du 28 juillet 1860 et du 8 juin 1864.

Toutefois, la plus-value résultant des travaux effectués en vertu de ces mêmes lois sera distraite par le jury du prix des terrains à exproprier.

Art. 21. — L'État aura la faculté de payer le montant des indemnités par annuités, dont chacune ne pourra être inférieure au dixième de la valeur totale attribuée aux terrains acquis.

Les annuités non payées porteront intérêt à 5 p. 100. L'État pourra se libérer en tout ou en partie par anticipation.

Art. 22. — Dans les communes assujetties à l'application de la présente loi, les gardes domaniaux appelés à veiller à l'exécution et à la conservation des travaux dans les périmètres de reboisement et de gazonnement seront chargés en même temps de la constatation des infractions sur les pâturages, et de la surveillance des bois communaux, de manière que, pour le tout, il n'y ait désormais qu'un seul service commandé et soldé par l'État.

Art. 23. — Un règlement d'administration publique déterminera les dispositions à prendre pour l'application de la présente loi.

ADDITIONS.

C. For., art. 155, *ajoutez,* p. 87 :

Décret du 26 février 1881. — La nomenclature des établissements insalubres, dangereux et incommodes, contenus dans les tableaux annexés aux décrets des 31 décembre 1866, 31 janvier 1872, 7 mai 1878 et 21 avril 1879, est complétée conformément au tableau suivant :

.... **Scieries mécaniques et établissements où l'on travaille le bois à l'aide de machines à vapeur ou à feu. — Danger d'incendie ; — 3e classe.**

Organ. militaire : *ajoutez,* p. 169 et p. 171.

Loi du 27 juillet 1872, art. 19 : p. 169, lig. 3. *Après les mots* : sous les drapeaux, *ajoutez :* dans l'armée active.

Décret du 20 mars 1881. — Art. 1er, p. 171. Sont placés hors cadres, dans les conditions déterminées par le décret du 31 août 1878, art. 11, § 1er :

1° Les anciens élèves de l'École polytechnique et de l'École forestière investis d'un grade d'assimilation (*Réserve, armée territoriale*), par application du décret du 20 mars 1876, et qui ne seraient pas pourvus d'un emploi militaire.

2° Les anciens élèves de ces mêmes écoles qui, investis d'un grade d'assimilation et pourvus d'un emploi militaire, ne seraient pas maintenus dans cet emploi.

DÉCRET DU 31 AOUT 1878. — Art 11, § 1er. Sont placés hors cadres les officiers de réserve ou ceux de l'armée territoriale auxquels cette situation est conférée en raison des emplois ou fonctions qu'ils remplissent dans l'ordre civil et dont la nomenclature est déterminée par décret du Président de la République inséré au *Bulletin des lois*. — Ces officiers rentrent dans les cadres aussitôt qu'ils cessent d'exercer les fonctions qui avaient motivé leur mise hors cadres.

Ord. régl., art. 50, *ajoutez*, p. 231 :

DÉCRET DU 14 AOUT 1879. — Les élèves, sortis de l'école forestière, ayant au moins 20 ans et au plus 25 ans, sont admissibles au concours pour l'auditorat de 2e classe au Conseil d'État. (Loi 10 août 1876.)

DÉCRET DU 10 JUILLET 1880. — *Idem* pour le concours annuel à l'entrée du surnumérariat au Ministère des affaires étrangères.

Bois de particuliers, *ajoutez*, p. 302:

LOI DU 22 PLUVIOSE AN VII. — Art 1er. A compter du jour de la publication de la présente, les meubles, ... bois, fruits, récoltes et tous autres objets mobiliers ne pourront être vendus publiquement et par enchères qu'en présence et par le ministère d'officiers publics ayant qualité pour y procéder.

.... Art. 7. .... L'amende qu'aura encourue tout citoyen pour contravention à l'art 1er, en vendant ou faisant vendre publiquement et par enchères sans le ministère d'un officier public, sera déterminée en raison de l'importance de la contravention; elle ne pourra, cependant, être au-dessous de 50 fr., ni excéder 1000 fr. pour chaque vente, outre la restitution des droits qui se trouveront dus. (Art. 61, *loi 22 frim.* an VII.)

Loi du 5 juin 1851. — Art. 1er. Les ventes publiques volontaires, soit à terme, soit au comptant, de fruits et de récoltes, pendants par racines, et des coupes de bois taillis, seront faites en concurrence et au choix des parties, par les notaires, commissaires priseurs, huissiers et greffiers de justice de paix même dans les lieux de la résidence des commissaires priseurs.

Décret du 8 novembre 1851. — Il *(leur)* est alloué pour tous droits d'honoraires, non compris les déboursés, une remise sur le produit de la vente, qui est fixée à 2 pour cent jusqu'à 10,000 fr. et $^1/_4$ pour cent sur l'excédent, sans distinction entre les ventes faites au comptant et celles faites à terme. La remise ne peut, dans aucun cas, être inférieure à 6 francs. — Lorsque l'officier public, qui a procédé à une vente à terme est chargé d'opérer le recouvrement du prix, il a droit à une remise de 1 pour cent sur le montant des sommes par lui recouvrées.

C. For., art. 150, *ajoutez*, p. 83 :

Code civil, art. 671. (Loi du 20 août 1881.) — Il n'est permis d'avoir des arbres, arbrisseaux et arbustes près de la limite de la propriété voisine qu'à la distance prescrite par les règlements particuliers actuellement existants ou par des usages constants et reconnus, et, à défaut de règlements et usages, qu'à la distance de deux mètres de la ligne séparative des deux héritages pour les plantations dont la hauteur dépasse deux mètres, et à la distance d'un demi-mètre pour les autres plantations.

Les arbres, arbustes ou arbrisseaux de toute espèce peuvent être plantés en espaliers, de chaque côté du mur séparatif, sans que l'on soit tenu d'observer aucune distance, mais ils ne pourront dépasser la crête du mur.

Si le mur n'est pas mitoyen, le propriétaire seul a le droit d'y appuyer ses espaliers.

Art. 672. (Loi du 20 août 1881.) — Le voisin peut exiger que les arbres, arbrisseaux et arbustes, plantés à une distance moindre que la distance légale, soient arrachés ou réduits à la hauteur déterminée dans l'article précédent, à moins qu'il n'y ait titre, destination du père de famille ou prescription trentenaire.

Si les arbres meurent, ou s'ils sont coupés ou arrachés, le voisin ne peut les remplacer qu'en observant les distances légales.

Art. 673. (Même loi.) — Celui sur la propriété duquel avancent les branches des arbres du voisin peut contraindre celui-ci à les couper. Les fruits tombés naturellement de ces branches lui appartiennent.

Si ce sont les racines qui avancent sur son héritage, il a le droit de les y couper lui-même.

Le droit de couper les racines ou de faire couper les branches est imprescriptible.

C. For., art. 14, *ajoutez*, p. 12 :

Code civil, art. 666 (Loi du 20 août 1881). — Toute clôture qui sépare des héritages est réputée mitoyenne, à moins qu'il n'y ait qu'un seul des héritages en état de clôture, ou s'il y a titre, prescription ou marque contraire.

Pour les fossés, il y a marque de non-mitoyenneté, lorsque la levée ou le rejet de la terre se trouve d'un côté seulement du fossé.

Le fossé est censé appartenir exclusivement à celui du côté duquel le rejet se trouve.

Art. 667. — La clôture mitoyenne doit être entretenue à frais communs; mais le voisin peut se soustraire à cette obligation en renonçant à la mitoyenneté.

Cette faculté cesse, si le fossé sert habituellement à l'écoulement des eaux.

Art. 668. — Le voisin dont l'héritage joint un fossé ou une haie non mitoyens ne peut contraindre le propriétaire de ce fossé ou de cette haie à lui céder la mitoyenneté.

Le copropriétaire d'une haie mitoyenne peut la détruire jusqu'à la limite de sa propriété, à la charge de construire un mur sur cette limite.

La même règle est applicable au copropriétaire d'un fossé mitoyen qui ne sert qu'à la clôture.

Art. 669. — Tant que dure la mitoyenneté de la haie, les produits en appartiennent aux propriétaires par moitié.

Art. 670. — Les arbres qui se trouvent dans la haie mitoyenne sont mitoyens comme la haie. Les arbres plantés sur la ligne séparative de deux héritages sont aussi réputés mitoyens. Lorsqu'ils meurent, ou lorsqu'ils sont coupés ou arrachés, ces arbres sont partagés par moitié. Les fruits sont recueillis à frais communs et partagés aussi par moitié, soit qu'ils tombent naturellement, soit que la chute en ait été provoquée, soit qu'ils aient été cueillis.

Chaque propriétaire a le droit d'exiger que les arbres mitoyens soient arrachés.

Lois forestières coloniales, *ajoutez*, p. 168.

Décret du 26 aout 1881. Art. 1er. — Les services civils de l'Algérie ci-après dénommés (..... forêts) sont placés sous l'autorité directe des ministres compétents.

Art. 2. — Les lois, décrets, arrêtés, règlements et instructions ministérielles qui régissent en France ces divers services s'appliquent, en Algérie, dans toutes celles de leurs dispositions auxquelles il n'a pas été dérogé par la législation spéciale de ce pays.

Art. 3. — Les communications entre les préfets ou les généraux de division chargés de l'administration des territoires de commandement et les ministres ont lieu par l'intermédiaire du gouverneur général, sauf, dans les cas qui seront déterminés par arrêtés ministériels, après avis du gouverneur général.

Art. 4. — Indépendamment des attributions qui lui ont été conférées par les lois spéciales, le gouverneur général statuera, par délégation des ministres, sur les objets qui seront déterminés par des décrets rendus sur la proposition des ministres compétents.

Art. 5. — Le gouverneur général rend compte de ses actes aux ministres compétents, qui peuvent, selon les cas, les annuler ou les réformer.

Art. 6. — Le gouverneur général donne préalablement son avis ou fait des propositions sur toutes mutations ou nominations dans le personnel des services dénommés à l'article 1er.

Art. 7. — Les propositions budgétaires concernant les services civils de l'Algérie dénommés à l'article 1er sont arrêtées par les ministres, chacun en ce qui le concerne, sur l'avis du gouverneur général et après examen du conseil supérieur.

Elles figurent dans un budget spécial formant une annexe du budget général de l'État. Les ministres, chacun en ce qui le concerne, disposent des crédits qui leur sont ouverts de ce chef, dans les mêmes formes et conditions et sous les mêmes responsabilités que pour le budget métropolitain.

DÉCRET DU 26 AOUT 1881. Art. 1er. — Le gouverneur général de l'Algérie statuera, par délégation du ministre de l'agriculture et du commerce, sur les objets ci-après :

Autorisations de congés jusqu'à concurrence de quinze jours, sur l'avis des chefs de service ;

Autorisations à donner pour le mariage des préposés, quand le conservateur est d'avis de s'y opposer ;

Coupes d'arbres endommagés, ébranchés, morts ou dépérissants, sauf en ce qui concerne les coupes d'éclaircie et de nettoiement dans les bois de plus de 20 ans ;

Vente des bois incendiés ou abroutis dans les bois domaniaux et communaux, quand la valeur des produits présumés est de 500 à 1000 francs, et exploitation des mêmes bois quand les frais présumés se montent de 200 à 1000 francs ;

Élagage sur les routes et lisières des bois domaniaux quand la dépense présumée de l'opération est de 200 à 1000 francs ;

Concessions de terrains vagues à charge de repeuplement, quand l'étendue est inférieure à 5 hectares et la durée de la concession supérieure à quatre ans sans dépasser six ans ;

Délivrance de bois à la marine et aux autres services publics ;

Exploitation de bois de bourdaine et de fascinage pour le compte du ministère de la guerre jusqu'à concurrence d'une somme de 2000 francs par forêt et dans les limites des crédits délégués à cet effet ;

Projet de travaux neufs ou d'entretien dans les bois

domaniaux jusqu'à concurrence du montant des crédits délégués à cet effet, quand le montant du devis excède 500 francs sans dépasser 1000 francs (sous réserve de certains travaux spéciaux dont la nomenclature sera dressée ultérieurement);

Toutes les transactions sur délits forestiers;

Délivrance des licences de chasse dans les bois domaniaux où la chasse n'est pas amodiée;

Prolongation des délais d'emploi des bois délivrés aux usagers dans les forêts domaniales.

Art. 2. — Le gouverneur général donne préalablement son avis ou fait des propositions sur toutes mutations ou nominations dans le personnel employé en Algérie, ainsi que sur les objets ci-après énumérés :

Changement dans les circonscriptions ;

Vœux des conseils généraux et renseignements à fournir aux chambres ;

Délimitations générales et partielles ;

Affectation de parcelles du sol forestier à un service public;

Soumission et distraction du régime forestier ;

Défrichement des bois des particuliers ; aliénation des bois des communes et des établissements publics;

Exercice de la dépaissance dans les bois des communes et des établissements publics et autres tolérances ;

Établissement de hauts-fourneaux ou autres usines employant du bois pour combustible ;

Importation et exportation de produits forestiers: régime douanier;

Construction de routes, chemins et ponts;

Cessions de terrains pour ouverture de voies ferrées, de routes départementales ou vicinales ;

Questions de propriété, de servitudes, d'usage et d'affectation ;

Cantonnements et rachat de droits d'usage ;

Échanges et partages dans les bois domaniaux, communaux et d'établissements publics ;

Concessions temporaires, tolérances, dépaissance de bêtes à laine dans les forêts domaniales.

Routes et voies de communication, *ajoutez*, p. 144.

LOI du 20 AOUT 1881 (*Chemins ruraux*).

Art. 1er. — Les chemins ruraux sont les chemins appartenant aux communes, affectés à l'usage du public, qui n'ont pas été classés comme chemins vicinaux.

Art. 2. — L'affectation à l'usage du public peut s'établir notamment par la destination du chemin, jointe soit au fait d'une circulation générale et continue, soit à des actes réitérés de surveillance et de voirie de l'autorité municipale.

Art. 3. — Tout chemin affecté à l'usage du public est présumé, jusqu'à preuve contraire, appartenir à la commune sur le territoire de laquelle il est situé.

Art. 4. — Le conseil municipal, sur la proposition du maire, déterminera ceux des chemins ruraux qui devront être l'objet d'arrêtés de reconnaissance, dans les formes et avec les conséquences énoncées par la présente loi.

Ces arrêtés seront pris par la commission départementale, sur la proposition du préfet, après enquête publique dans les formes prescrites par l'ordonnance des 23 août, 9 septembre 1835, et sur l'avis du conseil municipal.

Ils désigneront, d'après l'état des lieux, au moment de l'opération, la direction des chemins ruraux, leur longueur sur le territoire de la commune et leur largeur sur les différents points.

Ils devront être affichés dans la commune et notifiés par voie administrative à chaque riverain, en ce qui concerne sa propriété.

Un plan sera annexé à l'état de reconnaissance.

Les dispositions de l'article 88 de la loi du 10 août 1871, relatives aux droits d'appel devant le conseil général et de recours devant le conseil d'État, sont applicables aux arrêtés de reconnaissance.

Art. 5. — Ces arrêtés vaudront prise de possession, sans préjudice des droits antérieurement acquis à la commune, conformément à l'article 23 du Code de procédure. — Cette possession pourra être contestée dans l'année de la notification.

Art. 6. — Les chemins ruraux qui ont été l'objet d'un arrêté de reconnaissance deviennent imprescriptibles.

Art. 7. — Les contestations qui peuvent être élevées par toute partie intéressée sur la propriété ou sur la possession totale ou partielle des chemins ruraux sont jugées par les tribunaux ordinaires.

Art. 8. — Pour assurer l'exécution de la présente loi, le préfet de chaque département fera un règlement général sur les chemins ruraux reconnus.

Ce règlement sera communiqué au conseil général et transmis, avec ses observations, au ministre de l'intérieur pour être approuvé s'il y a lieu.

Art. 9. — L'autorité municipale est chargée de la police et de la conservation des chemins ruraux.

Art. 10. — Elle pourvoit à l'entretien des chemins ruraux reconnus, dans la mesure des ressources dont elle peut disposer.

En cas d'insuffisance des ressources ordinaires, les communes sont autorisées à pourvoir aux dépenses des chemins ruraux reconnus à l'aide, soit d'une journée de prestation, soit de centimes extraordinaires en addition au principal des quatre contributions directes.

Les dispositions des articles 5 et 7 de la loi du 24 juillet 1867 seront applicables lorsque l'imposition extraordinaire excédera 3 centimes.

Art. 11. — Toutes les fois qu'un chemin rural reconnu, entretenu à l'état de viabilité, sera habituellement ou temporairement dégradé par des exploitations de mines, de carrières, de forêts ou de toute autre entreprise industrielle appartenant à des particuliers, à des établissements publics ou à l'État, il pourra y avoir lieu à imposer aux entrepreneurs ou propriétaires, suivant que l'exploitation ou les transports auront lieu pour les uns ou les autres, des subventions spéciales, dont la quotité sera proportionnée à la dégradation extraordinaire qui devra être attribuée aux exploitations.

Ces subventions pourront, au choix des subventionnaires, être acquittées en argent ou en prestations en nature, et seront exclusivement affectées a ceux des chemins qui y auront donné lieu.

Elles seront réglées annuellement, sur la demande des communes, ou, à leur défaut, à la demande des syndicats, par les conseils de préfecture, après des expertises contradictoires, et recouvrées comme en matière de contributions directes.

Les experts seront nommés d'après l'article 17 de la loi du 21 mai 1836.

Ces subventions pourront aussi être déterminées par abonnement; les traités devront être approuvés par la commission départementale.

Art. 12. — Le maire accepte les souscriptions volontaires et en dresse l'état, qui est rendu exécutoire par le préfet.

Si les souscriptions ont été faites en journées de prestation, elles seront, après mise en demeure restée sans effet, converties en argent, conformément au tarif adopté pour la prestation de la commune.

Le conseil de préfecture statuera sur les réclamations des souscripteurs.

Art. 13. — L'ouverture, le redressement, la fixation de la largeur et de la limite des chemins ruraux sont prononcés par la commission départementale, conformément aux dispositions des cinq derniers paragraphes de l'article 4.

A défaut du consentement des propriétaires, l'occupation des terrains nécessaires pour l'exécution des travaux d'ouverture, de redressement ou d'élargissement, ne peut avoir lieu qu'après une expropriation poursuivie conformément aux dispositions des paragraphes 2 et suivants de l'article 16 de la loi du 21 mai 1836.

Quand il y a lieu à l'occupation, soit des maisons, soit de cours ou jardins y attenant, soit de terrains clos de murs ou de haies vives, la déclaration d'utilité publique devra être prononcée par un décret, le conseil d'État entendu, et l'expropriation sera poursuivie comme il est dit dans le paragraphe précédent.

La commune ne pourra prendre possession des terrains expropriés avant le paiement de l'indemnité.

Art. 14. — Lorsque des extractions de matériaux,

des dépôts ou enlèvements de terres ou des occupations temporaires de terrains sont nécessaires pour les travaux de réparation ou d'entretien des chemins ruraux, effectués par les communes, il est procédé à la désignation et à la délimitation des lieux et à la fixation de l'indemnité, conformément à l'article 17 de la loi du 21 mai 1836.

Art. 15. — L'action en indemnité, dans les cas prévus par les deux articles précédents, se prescrit par le laps de deux ans, conformément à l'article 18 de la même loi.

Art. 16. — Les arrêtés portant reconnaissance, ouverture ou redressement, peuvent être rapportés dans les formes prescrites par l'article 4 ci-dessus.

Lorsqu'un chemin rural cesse d'être affecté à l'usage du public, la vente peut en être autorisée par un arrêté du préfet, rendu conformément à la délibération du conseil municipal, et après une enquête précédée de trois publications faites à quinze jours d'intervalle.

L'aliénation n'est point autorisée, si, dans le délai de trois mois, les intéressés formés en syndicat, conformément aux articles 19 et suivants, consentent à se charger de l'entretien.

Art. 17. — Lorsque l'aliénation est ordonnée, les propriétaires riverains sont mis en demeure d'acquérir les terrains attenant à leurs propriétés, par un avertissement qui leur est notifié en la forme administrative. En ce cas, le prix est réglé à l'amiable ou fixé par deux experts, dont un sera nommé par la commune, l'autre par le riverain ; à défaut d'accord entre eux, un tiers expert sera nommé par ces deux experts. S'il n'y a pas entente pour cette désignation, le tiers expert sera nommé par le juge de paix.

Si, dans le délai d'un mois, à dater de l'avertissement, les propriétaires riverains n'ont pas fait leur soumission, il est procédé à l'aliénation des terrains selon les règles suivies pour la vente des propriétés communales.

Art. 18. — Les plans, procès-verbaux, certificats, significations, jugements, contrats, marchés, adjudications de travaux, quittances et autres actes ayant pour objet exclusif la construction, l'entretien et la réparation des chemins ruraux, seront enregistrés moyennant le droit de un franc cinquante centimes (1 fr. 50).

Les actions civiles intentées par les communes ou dirigées contre elles, relativement à leurs chemins, seront jugées comme affaires sommaires et urgentes, conformément à l'article 405 du Code de procédure civile.

Art. 19 (*Syndicats*). — Lorsque l'ouverture, le redressement ou l'élargissement a été régulièrement autorisé, conformément à l'article 13, et que les travaux ne sont pas exécutés, ou lorsqu'un chemin reconnu n'est pas entretenu par la commune, le maire peut d'office, ou doit, sur la demande qui lui est faite par trois intéressés au moins, convoquer individuellement tous les intéressés. Il les invite à délibérer sur la nécessité des travaux à faire et à se charger de leur exécution, tous les droits de la commune restant réservés.

Le maire recueille les suffrages, constate le vote des personnes présentes qui ne savent signer et mentionne les adhésions envoyées par écrit.

Art. 20. — Si la moitié plus un des intéressés, représentant au moins les deux tiers de la superficie des propriétés desservies par le chemin, ou si les deux tiers des intéressés représentant plus de la moitié de la superficie, consentent à se charger des travaux nécessaires pour mettre ou maintenir la voie en état de viabilité, l'association est constituée.

Elle existe même à l'égard des intéressés qui n'ont pas donné leur adhésion.

Pour les travaux d'amélioration et d'élargissement partiel, l'assentiment de la moitié plus un des intéressés, représentant au moins les trois quarts de la superficie des propriétés desservies ou des trois quarts des intéressés, représentant plus de la moitié de la superficie, sera exigé.

Pour les travaux d'ouverture, de redressement et d'élargissement d'ensemble, le consentement unanime des intéressés sera nécessaire.

Art. 21. — Le maire dresse un procès-verbal et constate la formation de l'association, en spécifie le but, fait connaître sa durée, le mode d'administration qui a été adopté, le nombre de syndics, l'étendue de leurs pouvoirs et enfin les voies et moyens qui ont été votés.

Art. 22. — Ce procès-verbal est transmis au préfet par le maire, avec son avis et l'avis du conseil municipal.

Le préfet, après avoir constaté l'observation des formalités exigées par la loi, autorise l'association, s'il y a lieu.

Si la commune a consenti à contribuer aux travaux, le préfet approuve, dans son arrêté, le mode et le montant de la subvention promise par le conseil municipal.

Art. 23. — Un extrait du procès-verbal constatant la constitution de l'association et l'arrêté du préfet en cas d'approbation, ou, en cas de refus, l'arrêté du préfet, sont affichés dans la commune où le chemin est situé et publiés dans le Recueil des actes de la préfecture.

Art. 24. — Les syndics de l'association sont élus en assemblée générale.

Si la commune a accordé une subvention, le maire nomme un nombre de syndics proportionné à la part que la subvention représente dans l'ensemble de l'entreprise.

Les autres syndics sont nommés par le préfet, dans le cas où l'assemblée générale, après deux convocations, ne se serait pas réunie ou n'aurait pas procédé à leur élection.

Art. 25. — Les associations ainsi constituées peuvent ester en justice par leurs syndics; elles peuvent emprunter. Elles peuvent aussi acquérir les parcelles de terrain nécessaires pour l'amélioration, l'élargissement, le redressement ou l'ouverture du chemin régulièrement entrepris; les terrains réunis à la voie publique deviennent la propriété de la commune.

Art. 26. — Le syndicat détermine le mode d'exécution des travaux, soit en nature, soit en taxe; il répartit les charges entre les associés proportionnellement à leur intérêt; il règle l'accomplissement des travaux en nature ou le recouvrement des taxes en un ou plusieurs exercices.

Art. 27. — Les rôles pour le recouvrement de la taxe due par chaque intéressé sont dressés par le syndicat, approuvés s'il y a lieu et rendus exécutoires par le préfet, qui peut ordonner préalablement la vérification des travaux.

Ces rôles sont recouvrés, dans la forme des contributions directes, par le receveur municipal.

Dans ces rôles seront compris les frais de perception, dont le montant sera déterminé par le préfet, sur l'avis du trésorier-payeur général.

Art. 28. — Dans le cas où l'exécution des travaux entrepris par l'association syndicale exige l'expropriation de terrains, il y est procédé conformément à l'article 13 ci-dessus.

Art. 29. — A défaut par une association d'entreprendre les travaux pour lesquels elle a été autorisée, le préfet rapportera, s'il y a lieu, et après mise en demeure, l'arrêté d'autorisation.

Dans le cas où l'interruption ou le défaut d'entretien des travaux entrepris par une association pourrait avoir des conséquences nuisibles à l'intérêt public, le préfet, après mise en demeure, pourra faire procéder d'office à l'exécution des travaux nécessaires pour obvier à ces conséquences.

Art. 30. — Les intéressés et les tiers peuvent déférer au ministre de l'intérieur, dans le délai d'un mois à partir de l'affiche, les arrêtés qui autorisent ou refusent d'autoriser les associations syndicales.

Le recours est déposé à la préfecture et transmis avec le dossier au ministre dans le délai de quinze jours.

Il est statué par un décret rendu en Conseil d'État.

Art. 31. — Toutes contestations relatives au défaut de convocation d'une partie intéressée, à l'absence ou au défaut d'intérêt des personnes appelées à l'association, ou au degré d'intérêt des associés, ainsi qu'à la répartition, à la perception et à l'accomplissement des taxes et prestations, à la nomination des syndics, à l'exécution des travaux et aux mesures ordonnées par le préfet en vertu du dernier paragraphe de l'article 29 ci-dessus, sont jugées par le Conseil de préfecture, sauf recours au conseil d'État.

Il est procédé à l'apurement des comptes de l'association selon les règles établies pour les comptes des receveurs municipaux.

Art. 32. — Nulle personne comprise dans l'association ne pourra contester sa qualité d'associé ou la validité de l'acte d'association, après le délai de trois mois à partir de la notification du premier rôle des taxes ou prestations.

Art. 33. — (*Chemins d'exploitation.*) — Les chemins et sentiers d'exploitation sont ceux qui servent exclusivement à la communication entre divers héritages ou à leur exploitation. Ils sont, en l'absence de titre, présumés appartenir aux propriétaires riverains, chacun en droit soi ; mais l'usage en est commun à tous les intéressés.

L'usage de ces chemins peut être interdit au public.

Art. 34. — Tous les propriétaires dont ils desservent les héritages sont tenus les uns envers les autres de contribuer, dans la proportion de leur intérêt, aux travaux nécessaires à leur entretien et à leur mise en état de viabilité.

Art. 35. — Les chemins et sentiers d'exploitation ne peuvent être supprimés que du consentement de tous les propriétaires qui ont le droit de s'en servir.

Art. 36. — Toutes les contestations relatives à la propriété et à la suppression de ces chemins et sentiers sont jugées par les tribunaux comme en matière sommaire.

Le juge de paix statue, sauf appel, s'il y a lieu, sur toutes les difficultés relatives aux travaux prévus par l'article 34.

Art. 37. — Dans les cas prévus par l'article 34, les

intéressés pourront toujours s'affranchir de toute contribution en renonçant à leurs droits, soit d'usage, soit de propriété sur le chemin d'exploitation.

Code civil (LOI DU 20 AOUT 1881).

Art. 682. — Le propriétaire dont les fonds sont enclavés et qui n'a sur la voie publique aucune issue, ou qu'une issue insuffisante pour l'exploitation, soit agricole, soit industrielle de sa propriété, peut réclamer un passage sur les fonds de ses voisins, à la charge d'une indemnité proportionnée au dommage qu'il peut occasionner.

Art. 683. — Le passage doit régulièrement être pris du côté où le trajet est le plus court du fonds enclavé à la voie publique.

Néanmoins il doit être fixé dans l'endroit le moins dommageable à celui sur le fonds duquel il est accordé.

Art. 684. — Si l'enclave résulte de la division d'un fonds par suite d'une vente, d'un échange, d'un partage ou de tout autre contrat, le passage ne peut être demandé que sur les terrains qui ont fait l'objet de ces actes.

Toutefois, dans le cas où un passage suffisant ne pourrait être établi sur les fonds divisés, l'article 682 serait applicable.

Art. 685. — L'assiette et le mode de servitude de passage pour cause d'enclave sont déterminés par trente ans d'usage continu.

L'action en indemnité, dans le cas prévu par l'article 682, est prescriptible, et le passage peut être continué, quoique l'action en indemnité ne soit plus recevable.

DÉCRET DU 11 JUILLET 1882

portant Règlement d'Administration publique pour l'Exécution de la Loi du 4 Avril 1882 sur la Restauration et la Conservation des Terrains en Montagnes. (Voir p. 425.)

Vu la loi du 4 avril 1882, relative à la restauration et à la conservation des terrains en montagnes, notamment l'article 23 de ladite loi, ainsi conçu : « un règlement d'administration publique déterminera les dispositions à prendre pour l'application de la présente loi » ;

Vu le Code forestier et l'ordonnance réglementaire de ce Code, en date du 1er août 1827 ;

Vu la loi du 18 juillet 1837 et le décret du 25 mars 1852 ;

Vu la loi du 3 mai 1841, sur l'expropriation pour cause d'utilité publique ;

Vu la loi du 21 juin 1865, sur les associations syndicales ;

Le Conseil d'État entendu ;

TITRE PREMIER.

DE LA RESTAURATION DES TERRAINS EN MONTAGNES.

CHAPITRE PREMIER.

FIXATION DU PÉRIMÈTRE DES TERRAINS A RESTAURER.

Art. 1er. — L'administration des forêts procède à la désignation des terrains dont elle estime que la restauration est d'utilité publique.

Elle dresse à cet effet un procès-verbal de reconnaissance des terrains, un plan des lieux et un avant-projet des travaux dont elle propose l'exécution.

Art. 2. — Le procès-verbal de reconnaissance expose la configuration des lieux, leur altitude moyenne, les conditions dans lesquelles ils se trouvent au point de vue géologique et climatérique, l'état de dégradation du sol, les circonstances qui ont amené cet état, les dommages qui en sont résultés et les dangers qu'il présente.

Il est accompagné d'un tableau parcellaire donnant, pour chaque parcelle ou portion de parcelle comprise dans le périmètre, la section et le numéro de la matrice cadastrale, la contenance, le nom du propriétaire, le revenu imposable et le mode de jouissance adopté jusque-là.

Le plan des lieux est dressé d'après le cadastre et porte l'indication des sections et les numéros des parcelles.

L'avant-projet fait connaître la nature et l'importance des travaux, ainsi que l'évaluation approximative de la dépense totale.

Art. 3. — Les pièces énoncées en l'article précédent, sont adressées par l'administration des forêts au préfet qui, dans le délai d'un mois au plus, ouvre dans chacune des communes intéressées l'enquête prescrite par l'article 2 de la loi du 4 avril 1882.

L'arrêté prescrivant l'ouverture de l'enquête et la convocation du Conseil municipal est signifié au maire de la commune intéressée et, en même temps, porté à la connaissance des habitants par voie de publications et d'affiches.

Toutes les pièces restent déposées à la mairie pendant trente jours, à partir de ladite signification.

Passé ce délai, un commissaire enquêteur, désigné par le préfet, reçoit au même lieu, pendant trois jours consécutifs, les déclarations des habitants sur l'utilité publique des travaux projetés.

Il est justifié de l'accomplissement de cette formalité, ainsi que de la publication et de l'affichage de l'arrêté du préfet, par un certificat du maire.

Après avoir clos et signé le registre des déclarations,

le commissaire le transmet immédiatement au préfet, avec son avis motivé et les pièces qui ont servi de base à l'enquête.

Art. 4. — Dans la huitaine après la clôture de l'enquête, le Conseil municipal exprime son avis dans une délibération dont le procès-verbal est adressé immédiatement au préfet, pour être joint au dossier. Il désigne en outre deux délégués chargés de représenter la commune dans la commission spéciale instituée par l'article 2 de la loi du 4 avril 1882; ces délégués doivent être choisis en dehors des propriétaires de parcelles comprises dans le périmètre.

Art. 5. — Dans le cours de la session, le Conseil d'arrondissement et le Conseil général désignent chacun un de leurs membres, autres que ceux du canton où se trouve le périmètre, pour les représenter dans la commission spéciale mentionnée à l'article précédent.

Dans l'intervalle des sessions, le membre du Conseil général et le membre du Conseil d'arrondissement sont désignés par la commission départementale.

Art. 6. — Le préfet désigne pour faire partie de la même commission un ingénieur des ponts et chaussées ou des mines et un agent forestier, puis il convoque la commission ainsi complétée.

Celle-ci se réunit au lieu indiqué par un arrêté spécial de convocation, dans la quinzaine de la date de cet arrêté. Elle examine séparément pour chaque commune les pièces de l'instruction, les déclarations consignées au registre de l'enquête, et, après avoir recueilli tous les renseignements nécessaires, elle donne son avis motivé tant sur l'utilité publique de l'entreprise que sur les mesures d'exécution indiquées dans l'avant-projet.

Cet avis doit être formulé sous forme de procès-verbal, dans le délai d'un mois à partir de l'arrêté de convocation.

Art. 7. — Le préfet, après avoir pris l'avis du Conseil d'arrondissement et du Conseil général, adresse au ministre de l'agriculture, avec son avis motivé, toutes les pièces de l'instruction relative à chaque commune, aussitôt que les formalités prescrites ont été complètement remplies.

Si les travaux projetés intéressent plusieurs départements, il est procédé simultanément dans chaque département à l'accomplissement des formalités ci-dessus prescrites.

Le ministre de l'agriculture prépare le projet de loi statuant sur la déclaration d'utilité publique des travaux de restauration : le projet peut comprendre l'ensemble des terrains à restaurer dans un même bassin de rivière torrentielle.

Art. 8. — Le préfet est chargé de l'accomplissement des formalités de publication et d'affichage prescrites par l'article 3 de la loi du 4 avril 1882. Les plans et extraits nécessaires lui sont transmis immédiatement, à cet effet, par l'administration des forêts.

CHAPITRE II.

TRAVAUX OBLIGATOIRES. — INDEMNITÉS. — ACQUISITIONS DE TERRAINS.

Art. 9. — Dans le délai de trente jours, après la notification prescrite par l'article 3 de la loi du 4 avril 1882, les propriétaires et les associations syndicales libres qui désirent bénéficier des dispositions de l'article 4 de la même loi et conserver la propriété de leurs terrains doivent en informer par écrit le conservateur des forêts. Celui-ci leur notifie les travaux à effectuer sur leurs terrains, les clauses, conditions et délais d'exécution, ainsi que le montant des indemnités qui pourront leur être accordées par l'État.

S'ils acceptent ces conditions, ils remettent en double minute au conservateur, et dans un délai de quinze jours, l'engagement mentionné dans l'article 4 de la loi du 4 avril 1882.

Cet engagement doit contenir la justification des moyens d'exécution. Il est soumis à l'approbation du ministre de l'agriculture.

En cas d'approbation, mention en est faite sur l'une des minutes, qui est rendue au propriétaire.

A défaut de déclaration ou d'acceptation dans les délais précités, les propriétaires sont réputés renoncer au bénéfice des dispositions du deuxième paragraphe de l'article 4 de la loi du 4 avril 1882.

Art. 10. — Dans le délai de trente jours, après la notification prescrite par l'article 3 de la loi du 4 avril 1882, les communes et établissements publics, propriétaires de terrains compris dans les périmètres fixés par la loi déclarative de l'utilité publique, ainsi que les associations syndicales autorisées, font connaître au préfet, par une déclaration motivée, leur intention de bénéficier des dispositions de l'article 4 de la loi du 4 avril 1882.

L'administration des forêts leur notifie, par l'intermédiaire du préfet, les travaux à effectuer sur leurs terrains, les clauses, conditions et délais d'exécution, ainsi que le montant des indemnités qui pourront leur être accordées.

Dans le délai de trente jours, à compter de cette notification, les communes et les établissements publics font connaître au préfet, par une délibération motivée, qu'ils acceptent ces conditions.

A défaut de déclaration ou d'acceptation dans les délais précités, les travaux de restauration sont exécutés dans les conditions indiquées par le § 1er de l'article 4 de la loi du 4 avril 1882.

Art. 11. — Le Conseil municipal ou la commission administrative alloue chaque année les crédits ou les journées de prestation, fixés par les conventions comme nécessaires, tant pour l'exécution des travaux neufs sur les terrains appartenant aux communes et établissements publics, que pour l'entretien des travaux effectués. Le refus d'allocation entraîne de plein droit la déchéance de la faculté accordée par le § 2 de l'article 4 de la loi du 4 avril 1882.

Art. 12. — Les travaux neufs ou d'entretien effectués sur leurs terrains avec ou sans indemnité, par les particuliers, les communes ou les établissements publics, sont soumis au contrôle et à la surveillance de l'Administration des forêts.

L'indemnité n'est payée qu'après exécution des travaux, au vu d'un procès-verbal de réception dressé par l'agent forestier local et sur l'avis du conservateur.

En cas d'inexécution dans les délais fixés, de mauvaise exécution ou de défaut d'entretien, constatés par le conservateur des forêts ou son délégué, contradictoirement ou en l'absence des propriétaires dûment convoqués, une décision du ministre de l'agriculture ordonne qu'il soit procédé conformément au § 1er de l'article 4 de la loi du 4 avril 1882.

Art. 13. — Les propriétaires qui sont disposés à céder amiablement leurs terrains à l'État doivent se concerter sans retard avec les agents forestiers. Si l'accord s'établit, le contrat est passé dans les formes et conditions prévues par les articles 19, 56, 58 et 59 de la loi du 3 mai 1841.

CHAPITRE III.

TRAVAUX FACULTATIFS. — SUBVENTIONS.

Art. 14. — Les propriétaires de terrains en montagnes qui désirent prendre part aux subventions accordées par l'État, aux termes de l'article 5 de la loi du 4 avril 1882, doivent en adresser la demande au conservateur des forêts. S'il s'agit d'une commune, d'une association pastorale, d'une fruitière ou d'un établissement public, la demande doit être adressée au préfet, qui le transmet au conservateur avec son avis motivé.

Ces subventions, qui consistent, soit en délivrance de graines ou de plants, soit en argent, soit en travaux, sont accordées par le ministre de l'agriculture.

Art. 15. — Les subventions en graines ou plants alloués aux communes, aux associations pastorales, aux fruitières, aux établissements publics et aux particuliers, sont estimées en argent. Avant la délivrance, l'estimation est notifiée aux propriétaires et acceptée par eux.

Les travaux entrepris à l'aide de subventions de l'Etat sont exécutés sous le contrôle et la surveillance des agents forestiers.

Les subventions en argent sont payées après l'exécution des travaux, au vu d'un procès-verbal de réception dressé par l'agent forestier local et sur l'avis du conservateur. Le montant des subventions en graines ou plants peut être répété par l'État, en cas d'inexécution des travaux, de détournement d'une partie des graines ou des plants, ou de mauvaise exécution constatée comme au § 3 de l'article 12 du présent décret.

Art. 16. — Sont soumis de plein droit au régime forestier les terrains appartenant aux communes et aux établissements publics, sur lesquels des travaux de reboisement sont entrepris à l'aide de subventions de l'Etat.

La restitution des subventions peut être requise dans le cas où les terrains à restaurer viendraient à être distraits du régime forestier. Cette restitution est ordonnée par un arrêté du préfet.

TITRE II.

CONSERVATION DES TERRAINS EN MONTAGNES.

CHAPITRE PREMIER.

FIXATION DU PÉRIMÈTRE DES TERRAINS A METTRE EN DÉFENS. INDEMNITÉS POUR PRIVATION DE JOUISSANCE.

Art. 17. — L'administration des forêts procède à la désignation des terrains dont elle estime que la mise en défens est nécessaire dans l'intérêt du public.

A cet effet, elle dresse un procès-verbal de reconnaissance des terrains et un plan des lieux.

Art. 18. — Les documents mentionnés ci-dessus sont établis conformément aux dispositions de l'article 2 du présent décret.

Le procès-verbal de reconnaissance indique, en outre, la nature, la situation et les limites des terrains à interdire au parcours, la durée de la mise en défens, sans qu'elle puisse excéder dix ans, et le délai pendant lequel les parties intéressées peuvent procéder au règlement des indemnités à accorder aux propriétaires pour privation de jouissance.

Art. 19. — Les documents énoncés en l'article précédent sont transmis par l'administration des forêts au préfet, qui fait procéder dans la forme et les délais prescrits par les articles 3, 4, 5, 6 et 7 du présent décret, à l'accomplissement des formalités mentionnées dans le § 1er de l'article 8 de la loi du 4 avril 1882. Le préfet renvoie toutes les pièces de l'instruction, avec son avis motivé, au ministre de l'agriculture.

Art. 20. — Ampliation du décret prononçant la mise en défens est transmise par l'administration des forêts au préfet, qui le fait publier et afficher dans la commune de la situation des lieux, puis notifier sous forme d'extrait aux divers propriétaires intéressés. Cet extrait contient les indications spéciales relatives à chaque parcelle ; il fait connaître le jour initial et la durée de la mise en défens, ainsi que le délai pendant lequel il pourra être procédé au règlement amiable de l'indemnité annuelle due pour privation de jouissance.

Art. 21. — En cas d'accord avec le propriétaire, le montant de l'indemnité annuelle est définitivement fixé par le ministre de l'agriculture.

Si, à l'expiration du délai fixé par le décret prononçant la mise en défens, l'accord ne s'est pas établi, il est procédé alors au règlement de l'indemnité conformément aux prescriptions de l'article 8 de la loi du 4 avril 1882.

L'indemnité court à partir du jour initial de la mise en défens et se calcule d'après le montant de l'annuité fixée, au prorata du nombre de mois et de jours écoulés. Elle est payée, par chaque année écoulée, dans le courant du mois de janvier de l'année suivante.

Art. 22. — Si l'administration des forêts estime qu'il est nécessaire de maintenir les terrains en défens après l'expiration du délai de dix ans fixé par l'art. 8 de la loi du 4 avril 1882, elle notifie sa décision aux propriétaires de ces terrains avant la fin de la dernière année, et il est alors procédé conformément aux dispositions du chapitre II du titre Ier du présent décret, si le propriétaire le requiert, dans le délai d'un mois à partir de la notification.

Dans le cas où le délai fixé par le décret prononçant la mise en défens serait inférieur à dix ans, si l'administration des forêts croît nécessaire de maintenir les terrains en défens jusqu'à l'expiration du délai de dix ans, elle notifie sa décision aux propriétaires de ces terrains avant la fin de la dernière année du délai fixé par le premier décret.

CHAPITRE II.

RÉGLEMENTATION DE L'EXERCICE DU PATURAGE SUR LES TERRAINS COMMUNAUX.

Art. 23. – Sont inscrites sur le tableau prévu par l'article 12 de la loi du 4 avril 1882, et assujetties à la réglementation prescrite par cet article, les communes sur le territoire desquelles des périmètres de restauration obligatoire ou de mise en défens ont été établis par des lois ou des décrets. Notification de ce tableau est préalablement faite par le préfet à chaque commune intéressée, en ce qui la concerne.

Ce tableau est révisé annuellement et, au plus tard, le 1er octobre de chaque année, sur la proposition de l'administration des forêts. Les modifications qu'il convient d'y apporter sont arrêtées par décret rendu dans la forme des règlements d'administration publique.

Dans le délai d'un mois, les modifications introduites dans la liste sont notifiées par le préfet à chaque commune intéressée, en ce qui la concerne.

Art. 24. — Avant le 1er janvier de chaque année, le maire de chaque commune assujettie à la réglementation du pâturage fait parvenir au préfet, en double minute, le projet de règlement pour l'exercice du pâturage sur les terrains appartenant à la commune et situés sur son territoire, soit sur celui d'une autre commune.

Le projet de règlement indique notamment :

La nature, les limites, la superficie totale des terrains communaux soumis au pâturage;

Les limites, l'étendue des cantons qu'il y a lieu d'ouvrir aux troupeaux dans le cours de l'année;

Les chemins par lesquels les bestiaux doivent passer pour aller au pâturage ou au paccage et en revenir;

Les diverses espèces de bestiaux et le nombre de têtes qu'il convient d'y introduire ;

L'époque à laquelle commence et finit l'exercice du pâturage suivant les cantons et la catégorie des bestiaux.

La désignation du pâtre ou des pâtres communs choisis par l'autorité municipale pour conduire le troupeau de chaque commune ou section de commune;

Et toutes autres conditions d'ordre et de police relatives à l'exercice du pâturage.

Le préfet communique immédiatement ce projet de règlement au conservateur des forêts.

Les projets de cahiers des charges et de baux concernant les pâturages communaux à affermer sont assimilés aux projets de règlement; ils sont, en conséquence, soumis aux mêmes formalités et communiqués au conservateur des forêts.

Art. 25. — Le règlement délibéré par le Conseil municipal conformément à l'article 12 de la loi du 4 avril 1882, est publié et affiché dans la commune.

Les intéressés peuvent adresser leurs réclamations au préfet dans le mois qui suivra la publication de ce règlement, constatée par un certificat du maire.

Art. 26. — Après que le règlement délibéré par le Conseil municipal aura été rendu exécutoire, les deux minutes transmises par le maire sont visées par le préfet, qui retourne l'une de ces minutes à la commune et remet l'autre au conservateur des forêts.

Les règlements établis ou modifiés par le préfet, dans les conditions indiquées par l'article 13 de la loi du 4 avril 1882, sont exécutoires après notification au maire de la commune intéressée.

TITRE III.

DISPOSITIONS TRANSITOIRES ET DISPOSITIONS GÉNÉRALES.

CHAPITRE PREMIER.

DISPOSITIONS TRANSITOIRES.

Art. 27. — La révision des périmètres décrétés antérieurement au 4 avril 1882 est opérée par les agents forestiers et constatée par un procès-verbal.

Les terrains qui font l'objet de cette révision sont divisés en trois catégories, savoir :

1° Terrains dont la restauration est reconnue nécessaire ou doit être continuée, et qu'il y a lieu par l'État d'acquérir pour en former de nouveaux périmètres ;

2° Terrains qu'il convient de rendre à la libre jouissance des ayants-droit ;

3° Terrains boisés ou partiellement boisés appartenant aux communes ou aux établissements publics, et qui doivent être maintenus sous le régime forestier, conformément aux dispositions de l'article 90 du Code forestier.

Art. 28. — Le procès-verbal de révision indique, pour chaque parcelle, le numéro du plan cadastral, la contenance et le nom du propriétaire tel qu'il est désigné à la matrice des rôles.

Il est accompagné d'un plan des lieux dressé d'après le cadastre.

Art. 29. — Ampliation du procès-verbal de révision, approuvé par le directeur des forêts, est transmise au préfet, qui est chargé de notifier à chaque propriétaire un extrait de cet acte concernant les parcelles lui appartenant. Un *duplicata* du plan précité est déposé à la mairie de la commune de la situation des lieux.

Art. 30. — Le mode de paiement par annuités prévu par l'article 21 de la loi du 4 avril 1882, pour les acquisitions faites par l'État, est applicable à tous les terrains compris dans les périmètres décrétés avant le 4 avril 1882 ou institués postérieurement à cette date.

Art. 31. — Pendant le délai de trois ans fixé par l'article 16 de la loi du 4 avril 1882, pour la révision des périmètres décretés antérieurement à cette loi, les délits constatés par les gardes préposés à la surveillance de ces périmètres continuent à être poursuivis comme les délits commis dans les bois soumis au régime forestier.

CHAPITRE II.

DISPOSITIONS GÉNÉRALES.

Art. 32. — Est abrogé le décret du 10 novembre 1864, portant règlement d'administration publique pour l'exécution des lois des 28 juillet 1860 et 8 juin 1864.

Art. 33. — Le ministre de l'agriculture est chargé de l'exécution du présent décret, qui sera inséré au *Bulletin des lois*.

ANNEXE.

Tableau, par département, des communes assujetties à la réglementation du pâturage, annexé au décret ci-dessus, en vertu de l'article 12 de la loi du 4 avril 1882.

ALPES (BASSES-).

Angles.
Archail.
Barcelonnette.
Barrême.
Bayons.
Beaujeu.
Castellane.
Chandon.
Entrages.
Faucon.
Gaubert.
Jausiers.
La Javie.
La Mure.
Le Brusquet.
L'Escale.
Les Dourbes.
Les Thuiles.
Le Vernet.
Marcoux.
Meyronnes.
Montclar.
S.-André-de-Méouilles.
Saint-Jurson.
Saint-Pons.
Selonnet.
Seyne.
Uvernet.
Verdaches.
Vergons.

ALPES (HAUTES-).

Abriès.
Ancelle.
Baratier.
Briançon.
Champcella.
Champoléon.
Chateauroux.
Châtillon-le-Désert.
Embrun.
Espinasses.
Eygliers.
Fressinières.

Guillestre.
La Bâtie-Neuve.
La Fare.
La Motte.
Laye.
Le Monestier-de-Briançon.
Le Noyer.
Les Crottes.
Les Orres.
Manteyer.
Molines-en-Champsaur.
Montmaur.
Névache.
Orcières.
Pelleautier.
Prunières.
Puy-Saint-André.
Puy-Saint-Eusèbe.
Puy-Sanières.
Réallon.
Remollon.
Réotier.
Risoul.
Rochebrune.
Rousset.
Saint-Appollinaire.
Saint-Clément.
Saint-Crépin.
Saint-Jean-Saint-Nicolas.
Saint-Julien-en-Champsaur.
Saint-Léger.
Saint-Martin-de-Queyrières.
Saint-Michel-de-Chaillot.
Saint-Sauveur.
Savines.
Sigoyer.
Théus.
Val-des-Prés.
Vars.

ALPES-MARITIMES.

Saint-Auban.

ARDÈCHE.

Aizac.
Antraigues-sur-Volane.
Borée.
La Bastide-de-Juvinas.
Lachamp-Raphaël.
La Violle.
Le Roux.
Loubaresse.
Mayres.
Montpezat.
St-Andéol-de-Fourchades.
Saint-Etienne-de-Boulogne.
Saint-Martial.
Thueyts.
Valgorge.
Vals.
Vesseaux.

AUDE.

Albières.
Arcques.
Cannes.
Citou.
Fourtou.
Les Bains-de-Rennes.
Lespinassière.
Peyrolles.
Serres.

DROME.

Aix.
Barnave.
Beaumont-en-Diois.
Bonneval.
Boule.
Châtillon-en-Diois.
Fourcinet.
Glandage.
Jonchères.
La Bâtie-Grémezin.
La Bâtie-des-Fonts.
Laval-d'Aix.
Les Prés.
Luc-en-Diois.
Lus-la-Croix-Haute.
Marignac.
Meuglon.
Miscon.
Molières.
Montmaur.
Poyauls.
Treschenu.
Valdrôme.
Volvent.

GARD.

Blandas.
Bréau.
Concoules.
Dourbies.
Génolhac.
Lanuéjols.
Mâlons.
Montdardier.
Ponteils.
Saint-Sauveur-des-Pourcils.

HÉRAULT.

Gambon.
Mons.
Parlatjes.
Prémian.
Riols.
Saint-Étienne-de-Gourgas.
Saint-Julien.
Saint-Pons.
Saint-Vincent.
Soubès.

ISÈRE.

Beaufin.
Bourg-d'Oisans.
Clelles.
Cordéac.
Cornillon-en-Trièves.
Corps.
Côtes-de-Corps.
Entraignes.
Gresse.
Lalley.
La Morte.
La Salette.
Lavaldens.
Lavars.
Livet-et-Gavet.
Mens.
Nantes-en-Rattier.
Oulles.
Pellafol.
Prébois.
Roissard.
Sinard.
Saint-Baudille-et-Pipet.
Saint-Genis.
Saint-Jean-d'Hérans.
Saint-Laurent-en-Beaumont.
Saint-Maurice-en-Trièves.
Saint-Michel-les-Portes.
Saint-Paul-les-Monestier.
Saint-Sébastien.
Treffort.
Tréminis.
Villard-Eymond.

LOIRE.

Arçon.
Chalmazelles.
Le Bessat.
Lérigneux.
Les Noëls.
Roche.
Rochetaillée.
Sauvain.
Saint-Bonnet-le-Courreau.
Saint-Bonnet-des-Quarts.
Saint-Étienne.
Saint-Genest-Malifaux.
Saint-Just-en-chevalet.
Tarentaise.

LOIRE (HAUTE-).

Araules.
Beaulieu.
Brignon.
Cayres.
Chadron.
Chamalières.
Champelause.
Chandeyrolles.
Coubon.
Freycenet-la-Cuche.

Freycenet-la-Tour.
Goudet.
La Farre.
Lantriac.
Laussonne.
Le Bouchet-Saint-Nicolas.
Les Estables.
Mézères.
Monastier.
Montusclat.
Ouïdes.
Pradelles.
Queyrières.
Rosières.
Saint-Arcons-de-Barges.
Saint-Étienne.
Saint-Front.
Saint-Germain-Laprade.
Saint-Hostien.
Saint-Jean-Lachalm.
Saint-Julien-Chapteuil.
Saint-Martin-de-Fugères.
Saint-Paul-de-Tartas.
Saint-Pierre-Eynac.
Seneujols.
Solignac-sur-Loire.
Yssengeaux.

LOZÈRE.

Badaroux.
Balsièges.
Brenoux.
Chadenet.
Chanac.
Chastel-Nouvel.
Cultures.
Esclanèdes.
Lanuéjols.
La Rouvière.
Mende.
Saint-Beauzile.
Saint-Etienne-du-Valdonnez

PUY-DE-DOME.

Ayat.
Blot-l'Église.
Ceyrat.
Chapdes-Beaufort.
Châteauneuf.
Combrailles.
Comps.
Durtol.
Miremont.
Montfermy.
Nohanent.
Orcines.
Pontaumur.
Puy-Saint-Gulmier.
Queuille.
Romagnat.
Royat.
Saint-Angel.
Sainte-Christine.
Saint-Genès.

Saint-Georges-de-Mous.
Saint-Gervais.
Saint-Jacques-d'Ambur.
Saint-Priest-des-Champs.
Sauret-Besserve.
Vitrac.

PYRÉNÉES (BASSES-).

Aste-Béon.
Aydius.
Bedous.
Eaux-Bonnes.
Gère-Belesten.
Laruns.
Lées-Athas.
Lescun.
Lurbe.
Oloron.
Sarrance.
Urdos.

PYRÉNÉES (HAUTES-).

Bazus-Aure.
Betpouey.
Lourdes.
Sers.
Viella.

PYRÉNÉES-ORIENTALES.

Bolquère.
Canaveilles-et-Lhar.
Corneilla.
Escaro.
Fontpédrouse.
Fuilla.
Lujols.
La Llagonne.
Nyers.
Ollette.
Planès.
Ria-et-Sirach.
Saint-Pierre.
Sauto.
Serdinya.
Souanyas.
Thués.
Villefranche.

VAR.

Aiguines.
Artigues.
Ollioules.
Rians.

Chasse. — Louveterie. — *Voir* p. 370.

Loi du 3 août 1882. — Art. 1er. — Les primes pour a destruction des loups sont fixées de la manière suivante : 100 fr. par tête de loup ou de louve non pleine; 150 fr. par tête de louve pleine; 40 fr. par tête de louveteau. — Est considéré comme louveteau l'animal dont le poids est inférieur à 8 kilogrammes.

Lorsqu'il sera prouvé qu'un loup s'est jeté sur des êtres humains, celui qui le tuera aura droit à une prime de 200 fr.

Art. 2. — Le paiement des primes pour la destruction des loups est à la charge de l'Etat. Un crédit spécial est ouvert à cet effet au budget du ministère de l'agriculture.

Art. 3. — L'abatage sera constaté par le maire de la commune sur le territoire de laquelle le loup aura été abattu.

Art. 4. — La prime sera payée au plus tard le quinzième jour qui suivra la constatation de l'abatage.

Art. 5. — Un règlement d'administration publique déterminera les formalités à remplir pour la constatation de l'abatage par l'autorité municipale, ainsi que pour le paiement des primes.

Art. 6. — La loi du 10 messidor an V est et demeure abrogée. (*Voir* p. 368.)

Administration forestière. — *Voir* p. 192.

Décret du 1er août 1882. — Art. 1er. — Les conservations forestières seront subdivisées en inspections, dont le nombre sera fixé par le ministre de l'agriculture.

Art. 2. — Les inspections seront subdivisées en circonscriptions dites d'auxiliaires. — Le ministre de l'agriculture fixera le nombre de ces circonscriptions et la résidence des titulaires, sur la proposition du directeur des forêts.

Art. 3. — Les grades de sous-inspecteur et de garde général adjoint sont supprimés.

Art. 4. — Les sous-inspecteurs des forêts, les gardes généraux ayant satisfait aux examens de sortie de l'Ecole nationale forestière de Nancy, les élèves de ladite école qui auront subi avec succès les mêmes examens auront le grade d'inspecteur-adjoint, jusqu'au jour où ils pourront être nommés chefs de service avec le grade d'inspecteur.

Les gardes généraux et les gardes généraux adjoints, ayant satisfait seulement aux examens de sortie des écoles secondaires, rempliront les fonctions essentiellement actives d'agents auxiliaires, sous les ordres des inspecteurs, avec le titre de garde général.

Art. 5. — Le ministre de l'agriculture nommera les inspecteurs, sur la proposition du directeur des forêts. — Le directeur des forêts nommera à tous les grades inférieurs.

ARRÊTÉ MIN. AGRICUL. DU 1er AOUT 1882. — Art. 1er. — Le nombre des inspections du service ordinaire est fixé à 240.

Art. 2. — Les traitements et classes correspondant aux grades d'inspecteur, d'inspecteur adjoint et de garde général sont réglés transitoirement suivant les indications du tableau ci-dessous :

Agents ayant subi les examens de sortie de l'Ecole de Nancy : *Inspecteurs* : 1re classe, 6000 fr. ; 2e classe, 5000 fr. ; 3e classe, 4500 fr. ; 4e classe, 4000 fr.. *Inspecteurs-adjoints* : 1re classe, 3800 fr. ; 2e classe, 3400 fr. ; 3e classe, 3000 fr. ; 4e classe, 2600 fr. ; 5e classe, 2300 fr. ; 6e classe, 2000 fr.

Agents ayant subi les examens de sortie des écoles secondaires : *Gardes généraux* : 1re classe, 2600 fr. ; 2e classe, 2300 fr. ; 3e classe, 2000 fr. ; 4e classe, 1600 fr. ; 5e classe, 1400 fr.

Art. 3. — Les arrêtés des 27 juillet 1844 et 7 janvier 1861 sont abrogés. (*Voir* p. 195 et 196.)

NOTE.

Depuis l'impression de cet ouvrage, un décret du 14 novembre 1881 a créé le ministère de l'Agriculture. Par décret du 10 janvier 1882, le ministre préside le Conseil d'administration des forêts, et l'article 2 du décret du 28 décembre 1877 a été rapporté (p. 182). Enfin, un décret du 18 février 1882 établit au ministère de l'agriculture, outre le cabinet du ministre et le secrétariat général, quatre Directions : *Agriculture*, *Haras*, *Hydraulique agricole* et *Forêts*. Le Directeur des forêts est chargé de la vice-présidence du Conseil d'administration des forêts.

Par décret du 7 novembre 1881, les bourses instituées à l'École forestière, en vertu du décret du 31 juillet 1856 (p. 217), pourront être accordées aux élèves sans distinction. Cet établissement prend le nom d'École nationale forestière (*décret du 6 mars 1882*). Les élèves de l'Institut agronomique ayant 22 ans au plus au 1er janvier de l'année du concours, bachelier ès sciences et ayant reçu le diplôme de sortie avec une moyenne générale de 15 points et une cote au moins égale en sylviculture, génie rural et mécanique, pourront être admis à l'École forestière au nombre de deux chaque année (*décret du 6 mai 1882*).

TABLE CHRONOLOGIQUE.

www.ingramcontent.com/pod-product-compliance
Lightning Source LLC
Chambersburg PA
CBHW031612210326
41599CB00021B/3149

* 9 7 8 2 0 1 2 5 3 1 0 8 6 *